Complete Works of Lokuang

Vol. 39-1, 39-2

— De Jure Peregrino Missionario In Sinis

— De Potestate Patria In Jure Canonico
Et In Jure Sinico Comparative

Student Book Co. LTD.

De Jure Peregrino Missionario In Sinis

"Respondens autem Jesus dixit illis:
Reddite igitur quae sunt Caesaris, Caesari:
et quae sunt Dei, Deo".
(S. Marc. 12, v. 17).

Student Book Co. LTD.

Parentibus longinquis
longaque separatione vel magis
desideratis ac dilectis
D. D. D.

一九四五年正月九子

此書出版

當年雖未曾想考神學博士又未曾想行博士

論文亦未意料之外至那年的環境裏神學

博士論文成了我的第一頃小著作這些生

是天意如此我只有俯首孤謝

羅光

INDEX

Prooemium

Persuasum nobis est studium juris civilis in terris missionariorum vigentis clericis, qui integrum Ecclesiae bonum vindicare sibi proponunt, non esse extraneum neque parvipendendum, uti nonnulli autumant; etenim studium tale, quod relationes missionum missionariorumque cum jure civili Status in quo opus missionale evolvitur, omnibus ex respectibus inquirit, non tantum novum campum juridicum nobis aperit, sed redintegrat etiam jus missionale. Sicut diffcultates et dubia circa jus ecclesiasticum deesse non possunt in ministerio missionariorum, qui applicationem juris communis in circumstantiis specialibus omni cum certitudine cognoscere nequeunt, ita etiam in exercitio juris civilis missionarii dliquando ancipites inveniantur necesse est, quia jus peregrunum his this temporibus magna adhuc perplexitate laborat. Quando vero missiones catholicae a gubernio terrae missionis non considerantur esse partes Ecclesiae Catholicae Universalis, sed cognoscuntur mere uti religiosae civium exterorum associationes, tunc quaestio de jure et civili missionali speciale momentum acquirit exigitque studium accuratissimum. Hoc quidem erenit pro Missionibus Sinarum. Difficultates et dubia adhuc augentur, cum cives exteri in Republica sinensi commorantes non regantur jure communi peregrinorum sed statutis pactorum, quae conditionem quamdam specialem constituerunt. In conflagratione secundi belli internationali, omnes Status, qui veteribus pactibus jura particularia in Sinis acquisixerant, sponte suo favoribus privilegiisque renuntiarunt et conventiones novas juxta principia juris internationalis inire cum Sinis incipiunt. Necessitas igitur urget operam navandi ut clara cognitio conditionis juridicae missionariorum habeatur ad praecavenda damna futura et ad ingrediendam expedite novam viam.

Nam missionarii qui divino servitio se dedicant, tamen personam juridicam civilem omnino amittere non possunt, et in territorio alieno commorantes jus suae patriae observare non valent, norma igitur juridica specialis pro exerctio eorum jurium civilium stabilienda est ex principiis juris canonici jurisque internationalis. Praecipuus scopus nostri hujus studii consistit praecise in evolvenda hac quaestione relate ad missionarios Sinarum.

Attamen nobis propositum non est ut in hoc studio quaestionem omni ex aspectu funditus tractemus; sufficit nobis, solummodo conspectum generalem tradere et principia annunciare. Nobis igitur non erit culpae vertendum si multoties quaestiones tantummodo tangemus vel canones articulosque simpliciter transcribamus. Tractatio nostra non erit intensiva sed extensiva.

Notandum etiam est quod in decursu tractationis lectores invenient cum quaestiones de jure civili missionariorum tum quaestiones de jure canonico missionariorum et promiscue tam conditionem juridicam missionariorum quam conditionem juridicam missionum tractari. Hoc evenit propter intimam connexionem materiae: nam missionarius in sua persona characterem civilem atque ecclesiasticum secumfert et missiones in terris infidelium saepe saepius considerantur ut associationes religiosae peregrinorum. Non quidem tractantes jus personale missionariorum negligere non possumus personalitatem iuridicam missionum. Objectum igitur nostrum est tractare de norma juridica secundum quam missionarii exteri in Sinis sive ut persona physica sive ut persona moralis agere debent in rebus civilibus.

Quibus declaratis laborem nostrum alacri animo evolvere incipiamus.

Combined Index

Vol. 39-2

Introductio

I. Notio

1. Nomen

Antiquis temporibus, cum communicatio inter diversae regiones ob difficultates locorum nondum superatas raro haberetur, emigratio civium et commercia erant haud facilla nec frequentia. In eodem itaque loco cives unius regni sub eadem potestate civili subque eadem norma juridica convivebant; propterea quaestio de norma juridica pro civibus in alieno territorio viventibus vix haberi potuit, vel si etiam exstiterit, facile componi valuit. Cum vero potestas imperii romani super diversas gentes multaque regna dominari incepisset, communicationes commodae et celeres constructae sunt ad uniendum vastissimum territorium. In jure igitur romano exsistit jus pro peregrinis; quod jus contradistinguitur a jure civili romano. Progrediente cum tempore hominum cultura communicatio inter differentes Civitates semper facilior reddita fuit ita ut his diebus natio, quae additum civibus alienae nationis claudere niteretur, inculta ab omnibus judicaretur. Neminem igitur latet cujusnam sit ponderis quaestio de norma juridica pro peregrinis in aliena Civitate commorantibus, si evitare cupimus quominus peregrini, viventes vel sine lege vel cum lege dubia, tum sibimetipsis tum Civitati hospitali quid detrimenti efferant.

Jus pro peregrino vel pro civibus alterius Civitatis diversis appellationibus ab jurisperitis denominatum est nec commune nomen ab omnibus nunc acceptum habet. Apud Civilistas hoc jus appellatur per saepe jus internationale privatum, necnon raro jus peregrinum; vel titulus pro nomine datur ((De vi atque virtute legis quoad loca vel spatia)) ; vel ((De conflictu legum)); vel etiam ((de applicatione juris)). Accidit saepe ut diversa nomina alicui scientiarum disciplinae conferantur, quando haec disciplina, omnibus respectibus nondum exploratis, naturam qualitatesque suas lucide adhuc non manifestavit.

Cumque libertas seligendi nomen, quod nobis magis idoneum esse videatur, inter tantas discrepantias nobis faveat, tractationem nostram incipiamus a determinanda appellatione normae juridicae pro civibus alterius Civitatis.

Denominamus jus pro civibus alterius Civitatis ((Jus Peregrinum)). Clarissimus S. Romani lucidam explicationem, quam nostram facimus, huic appellationi dedit: ((Nam quod quaeque civitas pro externis, seu pro peregrinis, jubet ac constituit, profecto non inter nationes viget, sed in civitate, ex jure civitatis, nec dici potest jus internationale sed jus civile, lata sua significatione; cum tamen constitutum sit pro peregrinis, ideo appellandum videtur jus peregrinorum, seu, brevius, jus peregrinum, nam et Romani prisci praetorem peregrinis judicandis constitutum appellarunt, brevius, praetorem peregrinum. Quod nomen jus peregrinum illis quoque significandis juribus aptum est, quae conventis pactis constituta sint, et dicenda essent, origine quidem, jus internationale. Itaque nobis jus peregrinum est quo certa in civitate peregrini utuntur)) [1].

Confusio vel dubium suscitari potest ob terminum ((Peregrinus)). Romani antiqui peregrinos appellabant eos, qui cives romani non erant neque Latini [2], et consequenter tum jus politicum (ius suffragii et ius honorum) cum jus civile (jus connubii et jus commercii) eis non tribuebatur atque pro tutela juridica invocari tantum jus gentium

---

(1) S. ROMANI, De norma juris. Roma 1937, p. 386.

(2) ((I proviniciali, siano membri di citta suddite o di citta federate, erano peregrini)), (PIETRO BONFANTE, Istitutzioni di Diritto Romano. Roma 1934, Ed. X, p. 50). ((Nei dirittio romano classico gli uomini liberi si distinguevando in cittadini) e in peregrini (cives e non cives)...I latini erano una classe intermedia fra i cittadini romani ed i peregrini, e si distinguevano in Coloniani e Iuniani)) (FILIPPO SERAFINI, *Istitutzion di Diritto Romano*. Roma 1920, vol. I, p. 126-127), ((Orbene, per le confroversie fra stranieri e fra romani e stranieri il magistrato competente fu, come si disse, a partire dal VI secolo il praetor peregrinus, giudici furono recumperatores. Quando al diritto applicabile, queste autorita giudicanti dovevano per regola ricorrere, non gia al jus civile riserbato ai soli cittadini romani, ma al jus gentium)). Cfr. GIULIO DIANA, *Diritto internazionale*, Milano 1939, II, p. 16.

poterat. Posterioribus vero temporibus appellatio ((peregrinus)) sumitur uti contradistincta ab appellatione ((incola)) et ((vagus)). Definitio classica horum terminorum invenitur in codice juris canonici : ((Persona dicitur: incola, in loco ubi domicilium, advena, in loco ubi quasi-domicilium quod adhuc retinet; vagus, si nullibi domicilium habet vel quasi-domicilium)) (can. 91).

In jure moderno civil distinctio inter incolas et peregrinos jam non multum attenditur pro civibus proprii Status; nam distinctio romana absoleta antiquataque jam evasit nec distinctio canonica semper accipitur. In jurs autem internationali distinctio haec invenitur, in diverso quidem sensu. In hoc enim jure peregrinus intelligitur homo qui in territorio alienae civitatis vivit sive cum domicilio sive cum quasi-domicilio sive sine utroque.

In nostro hoc tractatu peregrinus accipitur in sensu iuris internationalis.

II. NATURA

Si jurisperiti de appellatione juris peregrini nondum conveniunt, multo minus concordes esse possunt quoad naturam hujus juris. Notamus imprimis quod haec juris disciplina non est quaestio de conflictu jurium, tradendo principia ad dirimendos conflictus exortos inter leges diversarum Civitatum [3]. Conflictus enim jurium habetur, quando una lex applicari non potest, nisi aliam legem in eadem communitate vigentem laedat, nunc vero quaestio stat de legibus quibus peregrini sese conformare debent in suis actibus. Si disputatur adhuc de exsistentia legum earumque natura, disputatio haec nuncupari certe non potest quaestio de conflictu legum.

Neque exacte dicitur jus peregrinum esse de applicatione legum. In non paucis Civitatibus modernis jus peregrinum vel in codice juris civilis vel separatim sub titulo applicationis jurium promulgatum est. Dum vero jus non applicatur, nisi conditum fuerit, et applicatio juris

---

(3) HUBER, *De conflictu legum diversarum in diversis imperiis et de jure civitatis libntres.*, Francoforti et Lipsiae 1753. DICEY, Digest on the conflict of laws 1922 (London). STORY, *Confict of Law*, Boston 1852.

in causis judicialibus ordinarie fit, jus peregrinum praecise agit de constituendis legibus pro peregrinis non tantum in judiciis sed in omnibus suis actibus juridicis. Quamobrem applicatio jurium uti appellatio hujus juris non accurate exprimit naturam ejus.

Neque plane repsondet naturae juris peregrini appellatio ((Jus internationale privatum)). Distinctio juris internationalis in publicum et privatum [4] a doctoribus ita describitur: ((Dicitur publicum si spectat relationes Statuum qua talium, privatum si spectat relationes subditorum plurium Statuum... Finis juris internationalis privati est determinare jura et officia subditorum diversorum Statuum in mutuis eorum relationibus... Major pars quaestionum juris privati non reguntur iure internationali, sed jure nationali singulorum Statuum. Singuli Status in suis codicibus habeni leges, quae referuntur ad extraneos; hae leges vocantur leges nationales externae, quae, proinde, non sunt confundendae cum legibus juris internationalis privati. Eaedem sunt relationes, diversa est auctoritas legislativa)) [5]. Nostrum quidem non est diffuse tractare de distinctione juris internationalis; praetereuntur etiam a nobis discussiones possint ne individua esse subjecta juris internationalis; sed affirmamus tantum appellationem juris internationalis privati non adaequate exprimere naturam juris quo peregrinus regitur. Etenim fons efficiens juris internationlis cum publici tum privati est consensus Statuum inter se contrahentium; leges vero, quibus peregrini reguntur, partim constitui possunt ex pactis internationalibus, partim, imo magna ex parte constituuntur ex ordinationibus principum singulorum Statuum. Continet igitur jus peregrinum duas partes legum quarum una est jus internationale privatum, altera pars est jus mere internum. Haec posterior priorem superat sive in quantitate sive

---

(4) PROSPERO FEDOZZI, *Il diritto internazionale privato*, Padova 1939. - NIBOYE I.P., *Manual de droit internat*. prive, Paris 1928. - AGO R., *Teoria del diritto internazionale privato*. Padova 1934.

(5) JOSEPH PASQUAZI, *Jus internationale publicum*, pars I. Roma 1935. p. 1. Cfr. NIBOYET I.P., *Manual de Droit internat. prive*. Paris 1928, p. I. ((Le dro international prive est la branche du droit public qui a pour object de fixe la nationalite des individus, de determiner les droits dont jouissent les etran gers, de resoudre les conflicts de lois relatifs a la naissance (ou a l'extinction des droits. et d'assurer, enfin, le respect de ces droits)).

in efficacia; ideoque pars potior in parte infirmiore comprehendi non sinitur.

Jus peregrinum, juxta significationem a nobis supra datam, denotat complexum jurium constituentium normam quandam juridicam quam peregrini in suis actibus observare tenentur. Hoc jus intra ambitum juris civilis comprehendi non potest, tangit enim jus publicum Civitatis necnon jus poenale et processuale. Quaestio de jure peregrino radicem saum abscondit in disputatione perdifficili de territorialitate et personalitate legum, germina protendit in alteram non minus perplexam discussionem de imperio exclusivo principis in suo territorio, postea evolvitur ad stabilienda principia juris pro actibus peregrinorum et tandem ad solvendas difficultates remissionis atque ultramissionis devenit.

ARTICULUS II. PRINCIPIA COMMUNIA JURIS PEREGRINI MODERNI

I. PRINCIPIA COMMUNIA

Cum commercia atque emigrationes inter Civitates hodiernis diebus fere quotidie · eveniant, discrepantia juris peregrini magnum incommodum gravesque difficultates cum peregrinis tum judicibus affert. Etenim peregrini propter facillimas communicationes negotia proprietatesve in diversis Statibus habere possunt eodem tempore, et confusionem necnon detrimentum pati saepe coguntur, cum ipsi pro eadem relatione juridica diversis juribus subjiciantur. Desiderium igitur est omnium ut quaedam uniformitas tam in studiis quam in codicibus tandem adveniat.

Breviter evolutionem doctrinalem juris peregrini percurrentes, videre atque aestimare possumus praeclarissimorum magistrorum conamina, qui, indefessis viribus viam posteris elucidare sategerunt; laudes nonstras etiam tribuamus doctoribus qui forti animo defatigaverunt in Congressibus internationalibus ut unitas juris peregrini in toto orbe terrarum mirifice manifestetur in legibus [6]. Hic nos fruc-

---

(6) GIANNINI A., *Convenzioni di diritto internazionale privato*. Milano 1928.

tus majorum colligentes principia juris peregrini communia exponamus, quibus explicationes quasdam addere studebimus.

1. Rationes quae concurrunt ad efformanda principia

Monendum inprimis est quod unica ratio non sufficit nec sufficere potest ad efformanda juris peregrini principia communia; concurrere debent multiplices rationes tum ex natura potestatis vel jurisdictionis legiferae et legis cum ex subjecto passivo.

A. Potestas legifera

Haec potestas est functio quaedam auctoritatis quae principi societatis a natura confertur ad dirigenda omnia membra adque coordinanda universa media in ordinem consecutionis finis communis. Potestas igitur ista exercetur a principe societatis et cadit directe in membra societatis et indirecte in omnia media. Cives unius Civitatis quatenus membra societatis subjiciuntur directe potestati legiferae sui principis; territorium quidem non est elementum essentiale societatis sed est medium necessarium (sine qua non) pro Statibus modernis et qua tale, subjicitur tantum indirecte potestati legiferae principis. Propterea potestas legifera characterem magis personalem quam territorialem habet et consequenter peregrini per se non cadunt sub potestate loci commorationis [7].

B. Natura legis

Lex est rationalis ordinato a principe societatis promulgata ad consequendum bonum commune. Natura juridica legis consistit in ordinatione obligatoria data alicui communitati. Ordinatio a principe communitati data obligat directe ipsam communitatem quae ex suis membris coalescit, non vero ex territorio nisi uti conditione sine qua non. Consequens est quod lex in natura sua magis person-

---

(7) ((Utrum vero, si in eo loco versantur (peregrini) quasi in termino, flant subditi ejus loci, prout advenae, non satis conveniunt: nonnuli affirmant, et S. Alphonoso videtur satis probabile, communis negant; et recte)). (D'ANNI-BALE, *Summa Theologiae moralis.* Roma ed. III. vol. I. n. 86).

alis est quam territorialis, sed in ordine practico potest esse diversa propter commoditatem. Peregrini igitur per se legibus loci commorationis non subsunt [8].

C. Finis legis

Finis legis est consecutio boni communis. Bonum commune, quod finem consociationis constituit, dat rationem qua alique lex promulgatur. Ad obtiendum vero finem legis, obligatio ejus efficax sit opportet quoad omnes qui ad bonum propositum vel directe concurrere vel directe illud impedire possunt, secus finis legis frustrabitur. Illi, qui directe concurrunt ad bonum propositum legis, sunt membra ipsius societatis; illi qui directe impedire possunt bonum propositum, sunt omnes qui degunt in ipsa societate. Attamen omnes leges, etiamsi pro suo fine bonum commune semper habeant, non eodem modo neque pari gradu ad illus consecutionem tendunt; sunt etenim leges quae directe ad bonum commune societatis consequendum ordinantur, sunt etiam leges quae directe ad bonum individuale ordinantur, sunt etiam leges quae directe ad bonum individuale ordnantur et ad bonum commune indirecte tantum. Leges pro bono communi directe datae absolutam exsecutionem exigunt et obligant omnes, qui intra communitatem vivunt, et omnia membra extra communitatem degentia, quia istae leges primario respiciunt communitatem qua talem, cujus bonum promovere ac defendere conantur leges, secundario respiciunt subjecta passiva sua. Bonum communitatis promovere ac defendere tuto non possunt leges nisi ipsae absolutam et universalem obligationem secumferunt pro omnibus suis membris et peregrinis; etenim tam hi quam illi bonum communitatis defraudare valent.

---

(8) ((Per se leges natura sua territoriales non debent esse, seu territorialitas non est qualitas essentialis legum; nam leges natura sua non aliud exigunt nisi ut ferantur communitati perfectae; atqui possunt esse societates perfectae quae sint personales et carent territorio; istis igitur communitatibus leges non erunt territoriales; imo etiam leges communitatum territoriallum sunt primario regula vel mensura actuum humanorum... Quare potius ex causis extrinsecis leges habentur territoriales)). (P. MAROTO, *Institutiones* I. C. Roma ed. III, p. 179).

D. Objectum legis

Hic objectum legis intelligitur a nobis id quod directe sub legem cadit; lex enim tendit semper ad tuendum aliquod jus; jus ergo est objectum legis. Jus potest esse personale aut reale, prout subsistit in aliqua persona vel in aliqua re. Idcirco objectum legis est vel persona vel res. Ut autem lex sit ordinatio rationalis, lex debet adaptari suo objecto i. e. vel personae vel rei; personae vero et res in societate multis diversisque conditionibus afficiuntur; ad quas conditiones lex attendere debet. Propterea leges positivae de personis vel de rebus differentes habentur in singulis Statibus. In jure peregrino principium de convenientia legis ad suum objectum servari etiam debet, in quantum non contradicit alii principio altiori.

E. Leges personales

Ex supra dictis de relatione legum quoad personas et territorium emanat quaestio de lege personali et territoriali. Lex in genere per se nec est exclusive personalis nec exclusive territorialis; sed de facto aliquae leges possunt esse personales, aliquae territoriales. ((Porro olim ardebat quaestio num lex natura sua sit personalis an territorialis, lex scilicet quae subditum attingat immediate an per territorium, atque adeo num eum teneat ubique an dumtaxat intra principis territorium; communis sententia favebat territorialitati legis; ei adhaeret Codex juris canonici, non tamen sine discrimine, jubens legem ecclesiasticam non praesumi personalem sed territorialem nisi aliud constet (can. 8 § 2); ideoque reor etiam in jure orientali)) [9].

Quaeritur igitur, quaenam sint leges personales? Doctores jurisperiti communi ore respondent: leges personales sunt leges quae directe personam afficiunt eamque sequuntur ubique; leges territoriales sunt illae leges quae personam non sequuntur extra territorium. Ulteriores quidem quaestiones proponi possunt: quaedam sunt leges quae personam sequuntur ubique et cur istae leges personam sequuntur et non aliae?

---

(9) S. ROMANI, *Institutiones* I. C., Roma 1941, vol. I, p.82.

Ratio, cur quaedam leges personam sequuntur extra suum territorium, ultimatim non reperitur in voluntate legislatoris, quia sunt aliquae leges, quae, non obstante contraria voluntate principis, subditum suum in alieno territorio degentem sequi non possunt; ratio igitur ultima inveniri debet in ipsa natura legis. Cum lex pro suo objecto habeat defensionem juris sive communitatis sive privati, necesse est ut ex objecto et ex fine legis profluat intima ratio legis personalis. Quando finis legis consistit in quodam jure communitatis et consecutio finis exigit ut subditus, prout casus fert, vel actus ponat vel sese ab agendo abstineat ubicumque ipse degat: tunc lex ista non limitatur intra ambitum sui territorii, sed subditum sequitur eumque ad adimpletionem cogit ubique; nam obligatio talis legis in omnibus locis efficax haberi debet pro suis subditis. Deinde quando finis alicujus legis consistit in aliquo jure privato et fundatur in qualitatibus personalibus et objectum ejus secumfert obligationem tantum personalem, tunc lex ista attingit directe personam et sistit in persona sicut capacitas agendi; talis lex est personalis.

Si magis ad concretum accedimus, possumus dicere leges personales esse eas: a) quae pertinent ad jus publicum et si non observantur a suo subdito e territorio absenti, communitas detrimentum patitur v.g. tributa, conscriptio obligatoria militaris...; b) quae pertinent ad jus privatum ordinis privati, propterea magis dependent a voluntate privata; c) quae pertinent ad jus privatum ordinis publici et ad statum personalem, propterea adhaerent personae.

2. Principia communia

A. Principium juris patriae

Jus patriae regit statum civilem peregrini. ((Status civilis hic sumitur in sensu qui denotat complexum jurium personalium quibus persona constituitur ac definitur, jura scilicet libertatis, civitatis ac familiae, tum adminicula sexus, domicilii, deminutionum capitis omne genus, capacitates juris, tum habendi cum etiam exercendi, ideoque et utraque testamentificatio, tum activa cum etiam passive; quinimo et res mobiles, quae nos sequuntur quocumque locorum; quae omnia igitur demetiri oportet ex jure civili proprio peregrini)) [10].

B. Principium juris loci rei sitae

Jus loci rei sitae regit res immobiles. Omnia quibus utimur aut uti possumus, media ad nostrum ultimum finem, latissimo sensu appellantur bona, et in jure bona et res idem significant et promiscue adhibentur [11].

Quatturo genera enumerantur rerum immobilium; sive natura, sive incorporatione, sive destinatione, sive analogia.

Principium juris loci rei sitae docet pro rebus observandum esse jus loci in quo res sistit. Quod principium jam a Majoribus juris internationalis privati propugnabatur et nunc generatim recipitur a jurisperitis. Discussio vero de applicatione hujus principii ad res mobiles non omnino est absoluta, sed opinio hoc principium applicari tantum ad res immobiles affirmans praevalet apud juristas civiles.

C. Principium juris loci actus

Jus loci actus regit actus formam ejusque valorem atque effectus. Actus juridici sunt illi actus humani qui relationes juridicas vel producunt vel mutant vel exstinguunt: qui actus possunt esse vel liciti vel illiciti; illi dicuntur negotia juridica, hi appellantur delicta vel quasi-delicta. Cum negotium juridicum sit manifestatio voluntatis confor-mis legi positivae intendens ad constitutionem, modificationem vel extinctionem juridicae relationis, subest proinde praescriptionibus juris positivi et in requisitis ad validitatem et in effectibus producendis, tam in forma quam in defensione. Neque aliter se habet actus illicitus, qui relate ad responsabilitatem et ad reparationem a jure positivo dependet. Accidere nunc potest et non raro de facto accidit ut praescriptiones juris positivi circa haec omnia differentes sint in codicibus singulorum Statuum. Principium igitur enuntiatum statuit actum regi jure loci

---

(10) S. ROMANI, *De norma juris* (Roma 1937), p. 450.

(11) ROMANI, *De bonis Ecclesiae temporalibus*, Roma 1937, p. 336 sq.

in quo actus fit. Cum vero elementa actus diversis gradibus ordini publico loci actus intersint, applicatio hujus principii modo absolute modo libere procedit. Forma actus regitur semper jure loci actus; jus pro requisitis proque effectibus in contractibus a voluntate contrahentium depdendet; in aliis actibus jus loci actus semper praevalet, si jus positivum aliter statutum non fuerit.

D. Principium ordinis publici ac bonorum morum

In omnibus salvantur semper ordo publicus et boni mores loci commorationis.

Principium praesens magnum pondus sibi vindicat in jure peregrino necnon graves exceptiones statuere potest relate ad principia supra exposita. Quaestio sive de statu civili personae, sive de rebus, sive de actibus, quando intervenit timor quominus ordo publicus vel boni mores aliquid detrimenti capiant ex applicatione legis exterae, tunc praeferendum semper est jus loci in quo peregrinus commoratur.

Si obvium ac evidens videtur esse hoc principium, obscura tamen et vega habetur interpretatio terminorum ((Ordo publicus)) et ((Boni mores)). Cum sensum materialem et finem termini ((ordo)) inquirimus, percipimus ordinem significare bonam dispositionem vel ordinatam juxtapositionem partium ut communis pax et tranquillitas securitasque habeantur. Inde ordo publicus societatis intelligit bonam dispositionem partium societatis et ut communis tranquillitas ac securitas habeantur in ipsa societate. Quid-quid ergo ad tuendam tranquillitatem ac securitatem socialem sese confert, pertinet ad ordinem publicum. Quamobrem ordo publicus non est confundendus cum jure publico; prior terminus enim latior patet quam posterior.

Mos significat modum vivendi continuum ac universalem a Majoribus traditum et nunc in societate vigentem. Dicitur bonus mos: non intelligitur tantummodo de moribus bonitati naturali conformibus, sed etiam bonitati supernaturali. Si vero quaeritur quomodo boni mores in Civitatibus paganis aestimentur; procedi debet primo ab existentia alicujus moris et deinde a conformitate hujus moris ad leges naturales. ((Cum enim Gentes, quae legem non habent, naturaliter ea, quae legis sunt, faciunt, eiusmodi legem non habentes, ipsi sibi sunt lex:

qui ostendunt opus legis scriptum in cordibus suis, testimonium reddente illis conscientia ipsorum...)) [12].

ARTICULUS III. DE REMISSIONE

I. NOTIO

Cum jus peregrinum in modernis codicibus juris civilis consideretur uti applicatio juris in judiciis, quaestio nata est de remissione deque ultramissione juris. Quaestio tamen haec non est confundenda cum quaestione de receptione juris; receptio enim juris intelligitur de insertione juris exteri in codicem juris interni ita ut jus exterum insertum fiat jus internum atque observandum sicut ceterae leges; applicatio vero juris exteri indicat jus quod judex in certis causis decidendis observare debet, et vocari potest simplex missio quia judex in his causis cognoscendis mittitur a jure proprio ad externum alicjus Civitatis jus, secundum quod judex causam decidat. Remissio habetur quando jus exterum ad quod judex a jure propriae patriae mittitur, eum remittit ad jus patriae. Fieri etiam potest ut jus exterum ad quod judex mittitur prima vice, eum mittit ad jus tertiae Civitatis; tunc habetus transmissio; si jus tertiae Civitatis judicem iterum remittit, vel ad jus patriae ejus, vel ad jus a quo secunda vice remittitur judex, vel ad jus alterius Civitatis, tunc habetur ultramissio.

II. SOLUTIO QUAESTIONIS

Quid nobis est dicendum? Inprimis videndum est id quod statutum est in jure positivo uniuscujusque Civitatis: si in codice clare dicitur: ad jus substantivum vel ad jus normativum judex mititur, tunc disputatio erit otiosa; si vero in codice nihil habetur vel habetur quid obscure, tunc quaestio solvenda erit secundum pra xim interntionalem tribunalium.

Si interrogamur, quid circa hanc disputationem in ordine theoretico nos sentiamus, respondere non haesitamus mentem nostram incli-

---

(12) *Epist, ad Romanos.* II. 14-15.

nari ad jus substantivum. Nam in principio tractationis jam notavimus jus peregrinum non esse complexum normarum de applicatione juris in judicio sed esse normam juridicam agendi peregrinorum. Si jus peregrinum concipitur ut norma agendi, quaestio de remissione vel ultramissione exsistere nequit, quia jus exterum accipitur pro peregrinis non per applicationem juris sed per receptionem juris, ita ut jus exterum fiat jus internum, pro peregrinis quidem tantum observandum. Praeterea in paragrapho de rationibus principiorum attente examinavimus rationes juridicas propter quas peregrini, aliquando observare debent jus patriae, aliquando jus loci rei sitae, aliquando jus loci actus, aliquando jus loci commorationis; ideoque quando legislator dicit in casu jus patriae peregrinum vel jus loci rei sitae vel loci actus esse observandum, plane intelligi debet de jure substantivo civili, sin minus ratio juridica non salvabitur neque finis legis obtinebitur.

ARTICULUS IV. JUS PEREGRINUM IN JURE CANONICO

I. NOTIO

Praetermissa introductione de jure peregrino in genere nunc progrediamur ad jus nostrum canonicum, inquirendo de principiis, quae jus peregrinum canonicum constituunt, ut elementa ad jus peregrinum missionarium efformadum colligi possint.

Ecclesia Christi, utpote ex divina institutione una universa-lisque pro toto genere humano et subjecta monarchicae auctoritati Romani Pontificis, in sinu suo quaestionem de jure peregrino sicut in jure internationali civili agitare non potest; nullus enim fidelis nomen peregrini sortitur respectu ad potestatem Vicarii Christi, neque ullus sese substrahere valet ab efficacia legum universalium ecllesiasticarum. Nam codex J.C., doctrinam dogmaticam comprehendens, statuit : ((Romanus Pontifex... habet... supremam et plenam jurisdictionis potestatem in universam Ecclesiam... Haec potestas est vere episcopalis, ordinaria et immediata tum in omnes et singulos ecclesias, tum in omnes et singulos pastores et fideles, a quavis humana auctoritate independens)) (can. 218).

Opinari aliquis fortasse potest infideles respectu ad potestatem pontificiam esse veluti peregrinos. Sed, re profundius examinata, talis opinio veritati objectivae non perfecte correspondet. In jure civili omnes Status civiles sunt societates perfectae pares ejusdem ordinis; quando quaestio de peregrinis agitur, Status suum imperium vindicat in suo territorio contra ingerentiam alterius Status et per jus suum peregrinos regere conatur. Ecclesia autem et Status civilis non sunt aestimandi uti societates pares, quia prior praeest posteriori ratione finis altioris, et hae duae societates imperium suum dividunt non per territorium sed per personam subditam. Infidelis ante receptionem baptismi nunquam directe cadit sub jurisdictione Ecclesiae; si vero cadit sub jurisdictione ecclesiastica ratioe indirecte, tunc jus ecclesiasticum praevalere semper debet.

Multo magis haeretici et schismatici nuncupari peregrini quoad potestatem pontificiam romanam nequeunt; isti enim omnes post validam receptionem baptismi fiunt subditi Ecclesiae Christi et subjiciuntur legibus universalibus a Romano Pontifice promulgatis, nisi aliter statuerit ipse legislator.

Exclusa quaestione de jure peregrino in proprio sensu, datur in jure canonico quaestio de jure peregrino in sensu lato. Cum enim Ecclesia Catholica sub potestate suprema Romani Pontificis constituta in numerosas divisiones cum proprio pastore legifero subdividatur, fideles unius divisionis, in territorio alterius divisionis commorantes, extranei sunt respectua ad jurisdictionem loci commorationis et vocantur peregrini. Appellatio ((peregrinus)) in jure canonico, uti notavimus, alia habetur ac in jure internationali; cum peregrini in jure canonico sint subditi ejusdem auctoritatis supremae. Propterea quaestio de jure peregrino non potst haberi quoad leges universales, quae omnes pro quibus datae sunt obligant, sed tantum quoad leges locales. Attamen licet differentia adsit, principia juridica juris peregrini civilis applicantur etiam in jure nonstro.

Antiquis in temporibus Decretistae et Decretalistae quaestionem de obligatione peregrinorum atque absentium non neglexerunt eamque conati sunt solvere juxta principium territorialitatis. Quae opinio tenens submissionem peregrini ad leges particulares loci commorationis diu viguit et a Suarez [13] aliisque pluribus canonistis ac theologis propugnabatur. Attamen contraria opinio inde a saeculo XVII magis floruit et devenit communior doctorum saeculo XIX. Peregrini per se non tenentur leges particulares loci hospitis observare, quia sunt in territorio, sed non de territorio; isti tamen indirecte tenentur aliquibus statutis localibus tum ratione scandali tum ratione contractus et rei sitae. Codex juris canonici, principia communia juris peregrini civilis moderni sequens, doctrinam Majorum aliquantulum mutavit [14].

II. Principia communia

1. Peregrini observare debent leges particulares loci commorationis quando ordo publicus vel boni mores loci talem observantiam exigunt (can. 14, § I, n. 2).

Codex noster, postquam principium hoc annuntiavit, ad casus particulares non descendit, sed relinquit doctoribus et judicibus ad consequentias concretas inde deducendas. Nimius esset labor nec non infructuosus, si intenderemus omnes casus concretos hujus principii determinare. Conamur tantum ad modum exempli quosdam casus adducere, qui in codice juris canonici jam enumerantur, quamvis non explicite.

Opinamur, quando codex juris canonici imponit observantiam legum Ordinarii loci faciendam esse a religiosis exemptis, imponi quoque observantiam illarum legum peregrinis; can. 1261, 512, 1279, 1293, 1274, 612, 831, 1381, 1382, 1378, 1345.

Supra enumerati casus pertinent ad ordinem publicum; quod ad defensionem bonorum morum, codex affirmat jus Ordinarii loci etiam supra religiosos exemptos et consequenter supra peregrinos; can. 616 § 2: ((Si extra domum delictum commiserit nec a proprio Superiore

---

(13) F. Suarez, *Tractatus de lege L. III*. c. 33. (Parisiis 1856, tom. V. p. 303-307).

(14) Van Hove, *De legibus eccles.* Mechliniae 1930, p. 124-127.

praemonito puniantur, a loci Ordinario puniri possunt, etsi e domo legitime exierint et domum reversi fuerint)) et can. 307 § 2: ((In casu autem publici scandali possunt ipsi (Ordinarii loci) audito consilio et si agatur de religiosis, praemonito, in quantum fieri potest, Superiore, missionarium statim removere, facta tamen illico certiore Apostolica Sed)). cfr. etiam can. 617.

Quando loci Ordinarius pro custodia bonorum morum prohibet clericos vel fideles certis conventibus intervenir vel certos locos adire, religiosis exemptis neenon peregrinis incumbit obligatio obsevandi has prohibitiones.

2. Peregrini tenentur observare leges particulares loci rei sitae. Canon 726 definit sensum termini ((Res)), dicens: ((Res de quibus in hoc libro agitur quaeque totidem media sunt ad Ecclesiae finem consequendum, aliae sunt spirituales, aliae temporales, aliae mixtae)). De rebus spiritualibus leges universales uniformiter cavent pro tota Ecclesia; tamen non absolute excluduntur leges quaedam particulares; quae leges si qua sint, peregrini eas observare tenentur, e.g. circa calendarium ecclesiae in qua quis sacrificium litare cupit, cirea dispositionem pro concione habenda et circa administrationem sacramentorum.

Pro rebus mixtis, speciatim pro beneficiis, principium de jure loci rei sitae plane admittitur. Nam tum quoad electioem et praesentationem beneficiarii, tum quoad fundationem beneficiorum et patronatuum, codex juris canonici large indulget juribus particularibus. Relate ad hos omnes casus, si peregrinus quandam partem habet, leges particulares loci rei sitae sancte observet oportet ipse.

Pro rebus temporalibus codex juris canonici vel dat praescriptiones proprias vel recipit praescriptiones juris civilis respectivae nationis. In primo casu, si codex jus particulare admittit, et de facto quaedam lex particularis exsistit, sicut de stipendio Missae, de tributis solvendis in tribunalibus... peregrini has leges observandi obligatione tenentur. In secundo casu codex recipiendo jus civile sequitur etiam principium juris loci rei sitae a civilistis admissum.

Hoc principium confirmatur quoque in codice, quando codex

statuit de competentia tribunalium: ((Ratione rei sitae pars conveniri potest coram Ordinario loci, ubi res litigiosa sita est, quoties actio in rem directa sit)) (can. 1564). ((Forum necesarium habent: A. Actiones de spolio coram Ordinario loci rei sitae; B. Causae respicientes beneficium, quamvis non residentiale, coram Ordinario loci beneficii)) (can. 1560). Ratio qua codex competentiam horum tribunalium statuit, invenitur in hoc quod judex loci rei sitae melius cognoscit jus loci.

3. Quoad actus, peregrini sequi debent leges loci actus exceptis contractibus pro quibus peregrini jus sibi observandum eligere valent. Pro contractibus jus canonicum, salvis salvandis, jus civile respectivae Civitatis recepit. Cum in jure civili fere omnium Civitatum voluntas paciscentium pro electione juris quo contractus regitur, praeferatur ceteris juribus, idem servari debet in jure canonico. Ceteroquin in codice juris canonici non desunt indicia quae admissionem hujus principii in nostro jure indubie demonstrant. Canon enim 31 § 2 dicit: ((Quod attinet ad tempus uregendi contractuum obligationem, servetur, nisi aliter expressa pactione conventum fuerit, praescriptum juris civilis in territorio vigentis)). Expressa igitur pactio contrahentium praevalet legi civili quoad temporis supputationem. Et n canone 1565 § 2, dicitur: ((In actu autem contractus permittitur contrahentibus, obligationis declarandae cogendae vel implendae gratia, locum eligere, in quo etiam absentes citari et conveniri possint)).

Relate ad ceteros alios actus juridicos leges loci actus etiam observantur a peregrinis, sicut pro actibus illicitis ita statutum est: ((Ratione delicti reus forum sortitur in loco patrati delicti. Licet post delictum reus e loco discesserit, iudex loci jus habet illum citandi ad comparendum et sententiam in eum ferendi)) (can. 1566).

Proinde jam possumus concludere in jure canonico jus peregrinum simile esse ac in jure civili quoad ea quae ad principia communia referuntur, salva semper natura differentia juris canonici. Jus etenim canonicum, dum agit da jure peregrino, non intendit tradere completam normam novam juridicam pro peregrinis, cum peregrini in agendo normam e legibus universalibus sumere jam possinit. Quaestio ergo de jure peregrino in Ecclesia non fit nisi de paucis legibus particularibus.   In jure civili quaestio differenter perhibetur, quatenus versatur ad constituendam quandam normamn novam et completam pro civibus alienae Civitatis; isti enim cives qui sese degunt extra propriam patriam, secum ferre non possunt jus propriae patriae nec sese submittere queunt omnibus legibus Status commorationis. Quamobrem constituenda est norma propria juridica, quae actus peregrinorum regat.

Caput I

Jus Peregrinum Missionarium

Clara omnino apparet omnibus illa distinctio quae distinguit jus missionarium in genere a jure peregrino missionario: illud enim tractat de normis juridicis missionariorum in jure ecclesiastico, hoc de normis missionariorum in juribus civilibus. Missionarii in suis vicariatibus vel praefecturis apostolicis non possunt aestimari peregrini versantes extra locum proprii domicilii vel quasi-domicilii, sed sunt in proprio territorio sub potestate proprii Ordinarii loci. Quando vero aliquod jus particulare datur missionariis, jus hoc non constituit jus peregrinum missionarium, quia jus datum est non ratione personae, quatenus missionarii veluti peregrini, sed ratione rei, quatenus missionis. Ideoque jus peregrinum missionarium non intelligtur in respectu ad ius ecclesiasticum: sed intelligitur in respectu ad jus civile, quia missionarii, relate ad auctoritatem civilem terrae missionis, sunt veri peregrini sensu juris internationalis accepto, scilicet cives alienae Civitatis. Quaestio proinde exsurgit de norma agendi missionariorum uti civium alienae Civitatis in juribus civilibus. Ad hanc quaestionem solvendam conamur efformare jus missionarium peregrinum, quod proinde est complexus normarum juridicarum missionariorum in juribus civilibus.

Neque verum est quod missionarii, uti cives exteri, quoad jura civilia observare debent jus peregrinum quod datum est omnibus peregrinis a gubernio terrae missionis. Etenim in unica persona missionarii adsunt duo characteres personales: character ecclesiasticus civilisque character et hi duo sese compenetrantur inter se; propterea missionarius, uti civis exterus, quoad jura civilia non est in omnibus aequiparandus cum ceteris peregrinis negligendo characterem personae ecclesiasticae. Ut jus peregrinum missionarium perfecte ac complete constitui possit, elementa juridica ex jure canonico, atque ex civili jure seligi oportet. Intervenit jus ecclesiasticum, quia Ecclesia exercitia jurium civilium missionariis restringere vel moderari potest, sive per leges communes, sive per leges speciales, sive per pacta internationalia seu concordatum. Intervenit jus civile, quia Civitates, tum patria missionariorum tum Status loci missionis, jurisdictionem super missionarios exercentes relate ad jura civilia, valent leges proferre pro exercitio jurium civilium, sive de propria potestate sive de concessione Romani Pontificis. De his omnibus in praesenti capite discurremus.

ARTICULUS I.   JUS ECCLESIAE IN MISSIONARIOS

I. MISSIONARII DEPENDENT AB AUCTORITATE ECCLESIASTICA

1. Missionarii uti clerici

In inquisitione de ecclesiastica jurisdictione in missionarios divisio flat oportet ut expositio majorem lucem recipere possit; nam disquisitio ex duobus capitibus procedere potest, tum ex ministerio missionariorum tum ex privilegio fori missionariorum.

A. ex capite ministerii missionariorum

Ecclesia vindicat ob voluntatem sui Fundatoris divini officium ac jus sibi suisque ministris ad praedicandum Evvangelium omnibus gentibus; inde statuitur etiam in canone 1322: ((Christus Dominus fidei depositum Ecclesiae concredidit, ut ipsa, Spiritu Sancto jugiter assistente, doctrinam revelatam sancte custodiret et fideliter exponeret. — Ecclesiae, indipendenter a qualibet civili potestate, jus est et officium gentes omnes evangelicam doctrinam docendi: hanc vero rite ediscere veramque Dei Ecclesiam amplecti omnes divina lege tenentur)).

Vindicat praeterea Ecclesia sibi jus inviolabile administrations sacramentorum et regiminis hierarchici; propter quod Ecclesia, constituta uti societas perfecta, ad finem suum prosequendum socialiter procedere debet. In codice juris canonici solemnes affirmationes de hoc jure passim inveniuntur (can. 1327, 1328, 1352, 1375, 1260, 1016, 731, 1495, 218, 215, 329, 335).

Dependentia missionariorum ab auctoritate ecclesiastica in omnibus supradictis rebus non definitur praecipue ratione personae, sed ratione ministerii, quia omnes et singulae personae, quamvis non sint clerici, si partem habere volunt in his rebus, jurisdictionem ecclesiasticam amplecti obligantur.

B. ex parte privilegii fori missionariorum

((Clerici in omnibus causis sive contentiosis sive criminalibus apud julicem ecclesiasticum conveniri debent, nisi aliter pro locis partcularibus legitime provisum fuerit)) (can. 120 § 1). Huic privilegio certo certius gaudent missionarii, qui secundum definitionem ab Ecclesia datam ((sunt sacerdotes a Sede Apostolica mediate (i.e. mediante societate religiosa cujus missionarius est membrum), vel immediate missi, ad fidem Christi infidelibus praedicandam, et ad eam fidem in jam conversis excolendam sub dependentia Vicarii vel Praefecti Apostolici, aut Superioris missionis))[1]. Tamen Ecclesia, conscia de immensi laboris missionis et sollicita de auxilio sacerdotibus praebendo, mittit ad missiones operarios quam plurimos, qui dignitate sacerdotali non sunt ornati et titulo ((missionarius)) lato sensu decorantur. De privilegio fori istorum missionariorum non sacerdotum quaestio non aliter habetur quam quaestio de privilegio fori religiosorum laicorum; nam missionarii laici sunt religiosi utriusque sexus. In jure communi privilegium fori extenditur ad omnes religiosos tum ordinum tum congregationum necnon ad societates sine votis (can. 614) [2].

2. Jus et officium Ecclesiae ad protegendos missionarios

Cum Ecclesia Catholica, materno affectu ducta, ab impugnationibus, periculis detrimentisque tam internis quam externis proprios filios omni nisu defendat, majori cum sollicitundine, pluribusque cum mediis ipsa protegere debet suos missionarios, qui missi sunt in terras

---

(1) PCS n. 89, p. 55.
(2) P. MAROTO, *Institutiones I. C.* (Roma ed. III), p. 600-605.

in quibus tum propter odium fidei tum propter conflictus politicos multiplicia eis pericula adesse possunt. Sedes Apostolica nunquam deficit in his specialibus curis quas documenta pontificia continue attestantur.

Ecclesia in protectione procuranda inprimis quidem respicit bonum ministerii sacri, ut id in tuto collocetur, sed attendit etiam, in quantum fas est, ut jura civilia missonariorum incolumia remaneant.

3. Missiones unice dependent ab auctoritate ecclesiastica

Nomen ((missio)) intelligi potest in diversis significationibus: nam missio significare potest complexum universorum operum Evangelii praedicandi in terris infidelium; significare etiam potest totam missionum terram in qua hierarchia constituta non est, vel etiam, si hierarchia constituta sit, res adhuc aliquid imperfecti praeseferunt; significare denique potest diversas terrae missionum partes quae reguntur ab eis qui vicem Romani Pontificis tenent. Hic nos speciatim consideramus missiones sub significatione ultima, de partibus terrae missionum. Imprimis jurisdictio, quae paesidet his partibus, penes Romanum Pontificem est. Quarpropter missiones, licet regantur a missionariis exteris, considerari nequeunt tamquam associationes peregrinorum, multo minus confundi possunt cum iis.

Cum vero non raro accidat ut missio catholica a gubernio terrae missionum recognoscatur uti associatio religiosa peregrinorum et subjiuciatur legibus datis pro talibus associationibus, et aliquando pejus accidat ut missio catholica consideretur ut associatio talis nationis exterae cujus nationalitatem missionarii secumferunt, grave periculum pertinaxque obstaculum inde exsurgunt missionibus catholicis ex ista perniciosa confusione. Omnes conatus in his casibus sunt faciendi ut missiones catholicae ad suum sensum genuinum reducantur; et si obtineri non potest ut praescriptiones juris canonici plenum vigorem habeant, nitendum est saltem ut missiones catholicae a gubernio terrae missionum considerentur uti associatio peregrinorum distincta ab omnibus Statibus civilibus et subjecta directe auctoritati Romani

Pontificis. In evitandis his scopulis Ecclesia nonnunquam imponit missionariis ut quaedam sua jura civilia abjiciant.

II. CONCORDATUM

Mos est pactum fieri internationale, si quando duo vel plures Status relationes inter se pacifice et secure moderari cupiunt; hic mos non est alienus Ecclesiae, quae societatis perfectae qualitatibus ac juribus gaundens, pactum cum civilibus guberniis inire valet ad dirimendas vel praecavendas quaestiones. Cum missiones et missonarii ab ecclesiastica auctoritate dependentes, plurimas et complexas relationes cum Statibus contrahere possint, Ecclesia igitur saepe quaerit concordiam mediante concordato cum civilibus guberniis. Nemo potest negare capacitatem Sanctae Sedis ad ineundum concordatum cum Civitatibus de rebus ecclesiasticis sive in terris hierarchice constitutis sive in terris missionum [3]. Pro rebus missionalibus Sancta Sedes duplici via, scilicet vel cum Civitatibus missionarios mittentibus vel cum Civitatibus terrae missionum, concordatum inire solet ad finem imponendum omnibus quqestionibus.

Praetermittimus concordatum quod de jure publico et jure privato Ecclesiae tractatur, quaerimus tantum de concordatis quae jura civilia seu ius peregrinum missionarium tangunt.

Quaeritur valeatne Summus Pontifex convenire cum aliquo Statu de norma juridica missionariorum quoad jura civilia? Anno 1940 die 9 mensis Maii, duo concordata Sanctam Sedem inter et gubernium Lusitanorum inita sunt quorum unum appellaptur concordatum missionarium, cujus objectum versatur circa opus missionale in colonis lusitanis. Articulus 2 hujus concordati missionarii claris verbis statuit normam juridicam missionariorum relate ad jura civilia, dicens: ((Gli Ordinari delle diocesi e delle circonscrizioni missionarie, quando non vi siano missionari portoghesi in numero sufficiente, possono d'accordo con la Santa Sede e col Governo, chiamare i missionari esteri,

---

(3) ALP. OTTAVIANI, *Institutio juris publ. eccles.*, vol. II. Romae 1936, p. 322 sq.

che saranno ammessi nelle missioni dell'organizzazione missionaria portoghese, a condizione che dichiarino di sottomettersi alle leggi ed ai tribunali portoghesi. Tale sottomissione sara quale si couviene agli ecclesiastici)) [4].

In hoc articulo directe tractatur de admissione missionariorum exterorum in colonias Lusitaniae et admissio conceditur a gubernio lusitano sub conditione ((quod missionarii exteri sese submittunt legibus et tribunalibus lusitanis)). Idcirco Sancta Sedes pacta est cum Lusitania ut missionarii exteri in coloniis lusitanis observent jus civile lusitanum relate ad res civiles.

((A facto ad posse valer illatio)): cum Sancta Sedes in suis juribus fundamentalibus adhibendis falli non possit, concludere igitur debemus Romanum Pontificem jus habere ad regulanda jura civilia missionariorum. Dubium fortasse excitatur in quibusdam civilistis; nam videtur Summus Pontifex hoc facere non posse, quia missionarius, qui suam nationalitatem non amisit nec ei renuntiavit, in materiis civilibus dependet a potestate civili patriae suae potius quam a Sancta Sede. Propterea quod ad normam juridicam missionariorum pro rebus civilibus Civitas, Patria, agere debet cum Civitatibus terrae missionum. Attamen Romanus Pontifex pleno jure normam juridicam istam constituere missionariis valet: etenim missionarii magis dependent a Romano Pontifice quam ceteri clerici in patria degentes; ipsi enim familiam patriamque deserentes servitio praedicandi Evangelium unice sese mancipaverunt et sunt missi ad terram missionum ab auctoritate pontificia. Quamobrem Romanus Pontifex de tota persona missionarii disponere potest et consequenter etiam de juribus ejus civilibus. Praeterea missionarius, missus a Romano Pontifice et laborans sub ejus dependentia, tutelam ab eo recipere debet. In multis vero casibus concordatum, de juribus civilibus missionariorum agens praecautiones considerat medium necessarium ad melius tuendam libertatem et vitam missionariorum. Nec infima est ratio illa quae adjudicat jus Summo Pontifici concordatum de juribus civilibus missionario-

---

(4) A.A.S. vol. XXXIII, n. 7. p. 237.

rum ineundi cum Civitatibus ad praecavendum vel tollendum praejudicium contra religionem adque procurandam tutelam missionibus necessariam.

Concluditur igitur quod Romanus Pontifex in concordatis non tantum de rebus ecclesiasticis sed etiam de juribus civilibus missionariorum convenire potest licite et valide; in prioribus rebus Summus Pontifex agit jure suo directo, in potesterioribus jure suo indirecto. Quamobrem si pro missionibus alicujus nationis exsistit concordatum de jure quo missionarii in materiis civilibus utuntur, tale concordatum fontem potissimum juris peregrini constituit. Pro missionibus in Sinis concordatum non habetur, exceptis missionariis non lusitanis residentibus in dieoces Macaonensi; quae dioecesis, utpote in coloniis lusitanis sita, subjicitur normis statutis in memorato concordato inter Sanctam Sedem et gubernium Lusitanom recenter initum.

III. CONCILIA PLENARIA TERRAE MISSIONUM

Praesules missionum, ut praedicatio Evangelii magis fructuose maglaque expedite progrediatur, data opportunitate, in unum conveniant oportet ad media apta communi consensu in Conciliis decernenda; quae concilia sunt aut provincilia aut plenaria. Objecta conciliorum in jure indicantur: ((quae ad fidei incrementum, ad moderandos mores, ad corrigendos abusus, ad controversias componendas, ad unam eandemque disciplinam servandam vel inducendam opportune fore pro suo cujusque territorio videantur)) (can. 290). Resigitur quae in conciliis terrae missionum tractantur non excedunt ambitum necessitatis et utilitatis Ecclesiae et circumscribuntur inter septa jurium ecclesiasticorum; attamen si quando conditio temporum locorumve exigit ut aliquid circa jura civilia missionariorum statuator in conciliis, Patres id faciendi plenum jus habent. Neminem enim latet, concilia propter rationes pastorales tum limites tum modos exercendi jura civilia missionariis imponere posse. Et hae decisiones inter fontes juris peregrini missionarii recenseri debent.

Cum sermo noster sit de jure peregrino missionario alicujus nationis, inter fontes exsistendi enumerandum est tantum concilium plenarium istius nationis, quamvis concilia provincialia et synodi diocesanae jus particulare introducere possint. Rationes, quibus concilia plenaria ad jus peregrinum missionarium stabiliendum permoventur, sunt plerumque pastorales, ideoque modus procedendi in iis conciliis saepe magis adhaeret prudentiae pastorali quam tramiti juridicae.

Juridice quaeri potest utrum concilium plenarium statuere valeat nec ne de tota norma juridica quam in materia civili omnes missionarii illius Civitatis observare teneantur, v.g. supponatur Concilium plenarium sinense statuisse quod omnes missionarii in Sinis observare debeant jus sinense in exercitio jurium civilium. Jus legitime et valide hoc statuendi competit certe Sanctae Sedi, quae vel per leges proprias vel per concordatum jus hoc exercet. De jure autem concilii plenarii hoc stabiliendi, nobis videtur esse affirmative respondenfum; cum concilium plenarium, quod est una ex auctoritatibus legiferis Ecclesiae et participat potestatem Romani Pontificis, jus peregrinum missionarium ob bonum Ecclesiae statuere valet, et si quando aliquid statutum fuerit in concilio, missionarii illius districtus id observare adstringuntur. Tamen id practice fieri nequit sine difficultatibus, nisi conventio diplomatica intecesserit inter Sedem Apostolicam et gubernium. Propterea concilium plenarium ab hoc faciendo sese semper abstinet et totam rem Sanctae Sedi relinquit sibique reservat tantum facultatem statuendi particulares quasdam regulas quoad jurium civilium exercitium.

ARTICULUS II. JURISDICTIO STATUS CIVILIS IN MISSIONARIOS

Sicut fidelis quivis duplicem characterem praesefert et duabus potestatibus subjicitur, ita missionarius, characterem sacrum et civilem in se continens, ab utraque potestate dependet, imo dici potest, missionarium dependere a duabus potestatibus civilibus, scilicet a potestate Status patriae et a potestate Status terrae missionum. Inquirimus igitur in praesenti articulo de dependentia missionariorum a potestate civili.

I. JURISDICTIO CIVILIS IN MISSIONARIOS IN GENERE

Missionarii, qui vel clerici vel religiosi laici vitam totam Deo devoverunt et, relictis patriis, petunt terram alienam praedicandi Evangelium causa, sunt personae sacrae servitio divino unice mancipatae: nihilominus ipsi remanent in mundo nec possunt renuntiare omnibus suis juribus civilibus. De omnibus his rebus Ecclesia partim proprias leges condidit, partimque res remittit ad jus civile respectivae Civitatis. Quamobrem pro juribus officiisque civilibus missionarii leges civiles observare tenentur.

Sed quaeritur ulterius, quid intelligatur per terminos ((jura et officia civilia))? Jura et officia civilia indicant illum complexum jurium et officiorum quae evibus tribuuntur a jure Civitatis. Nonnulli auctores distingung jura civilia a juribus politicis [5]. Cum vero missionarii sint clerici vel religiosi, ipsorum non omnia jura civilia et officia intersunt; ambitus igitur jurium atque officiorum civilium missionariorum determinatur a charactere personae sacrae juxta praescripta juris canonici; unusquisque missionarius sibi retinet illa quae secundum jus ecclesiasticum ipsi conveniunt et supportat illa officia civilia quae suo statui sacro non contradicunt.

II. JURISDICTIO CIVITATIS PATRIAE IN MISSIONARIOS

Patria alicujus personae in civili jure intelligitur de illa Civitate cujus nationalitatem quis sibi retinet. Jus civile vigens in omnibus Statibus determinat, sitne aliqua persona sibi subdita, non per domicilium sed per nationalitatem, quae est aliquod factum juridicum et acquiritur vel per nativitatem vel per aggregationem legalem (naturalizzazione).

---

(5) J. PASQUAZI, *Jus internationale publicum*, vol. I, p. 211 (Roma 1935). In jure romano classico: ((I soli cittadini romani godevano di tutti i diritti civilli e politici... I diritti politici erano l'ius suffragii e l'ius honorum... I diritti civilli poi consistevano nell'ius connubii e nell'Ius commercii.... cfr. FILIPPO SERAFINI, *Istituzioni di Diritto Romano*, Roma 1920, Vol. I, p. 126.

Clericus vel religiosus, quando invenitur in sua patria, subest jurisdictioni et legibus suae Civitatis quoad jura et officia civilia suo statui convenientia. Cum vero clericus vel religiosus missus est a Sancta Sede ad terram missionum, exerceturne adhuc super ipsum jurisdictio Civitatis patriae? Responsio datur per partes juxta principia supra dicta: missionarius, longis temporibus longisque spatiis a sua patria absens, potestati suae Civitatis subest usquedum ipse non mutaverit suam nationalitatem. Quod vero ad leges nobis videtur solutionem theoreticam dari posse juxta principia exposita in introductione de jure peregrino in genere (6).

Altera quaestio specialis habetur circa protectionem missionariorum. Diximus missionarios esse missos a Sancta Sede et ab ipsa protegi debere; quaeri autem etiam potest utrum Civitas patria jus ac officium habeat protegendi missionarios utpote suos cives an non? Hisce temporibus Civitates quam maximam curam adhibent ad suos cives in alieno territorio residentes protegendos, et historia missionum testatur plures interventus Civitatum pro tutela vitae libertatisque missionariorum suae propriae nationis. Si quaestio juridice consideratur, dicendum est quod protectio missionariorum primario pertinet ad Sedem Apostolicam, quia missionarii, opera et vitam Deo devoventes, magis considerandi sunt cives Ecclesiae quam cives Civitatis terrenae, et quia protectio directa Civitatis patriae persaepe confusionem praejudiciaque gignit cum detrimento missionum. Tamen non licet negare jus Civitatis patriae ad tutelam vitae et libertatis missionariorum suae nationis. Recte quidem est intelligenda haec protectio, quae missionariis tribuitur inquantum sunt cives talis Civitatis nec extenditur ad res missionales sine consensu Sanctae Sedis. ((Quod si quibusdam in regionibus rerum publicarum administratores Ecclesiae patrocinium interdum susceperunt, hoc ipsa non in indigenarum detrimenta usa est, sed unice ut se suosque in tuto ab malaorum hominum vexationibus

---

(6) Cfr. J. PASQUAZI, *Jus inter. pub.*, vol. I, p. 239 (Roma 1935); ((Ex defectu legislationis scriptae communis quae determinet limites juridictionis Statuum in cives proprios in alieno territorio commorantes, haerendum est particularibus conventionibus, si initae fuerint, secus regulis ex praxi internationali inductis)).

collocacret. In comperto enim est, id ad quamlbet rempublicam, jure proprio ac nativo, spectare, ut omnium civium suorum ubique terrarum commorantium vitam, jura et bona tueatur; quam quidem tutelam, praesertim cum vexarentur, ipsi missionales experti sunt. Itaque Apostolica Sedes ejusmodi defensionem non recusativ, eo dumtaxat consilio ut sacras missiones ab arbitriis atque injuriis malorum hominum subtraberet: minime vero ut iis aliis faveret propositis, quae forte gubernatores exterarum gentium, data opportunitate, cives suos protegendo, haberent)) [7].

III. JURISDICTIO CIVITATIS TERRAE MISSIONUM IN MISSIONARIOS

Cum missionarii, uti peregrini, in territorio alienae Civitatis commorentur, vinculum subjectionis exsurgit inter illos et Civitatem terrae missionum. Civitas enim commorationis peregrinis tribuit jura civilia eosque protegit et aliquando illos maleagentes expellit. Jurisdictio vero talis nobis videtur non esse directa, quia missionarii uti ceteri peregrini remanent sub jurisdictione patriae suae, est potius indirecta, quatenus Civitas commorationis ratione boni communis exercet potestatem super cives exteros. Haec exercitio explicatur secundum normas tum in conventibus internationalibus statutas tum in ordinationibus internis sive pro specialibus materialis sive pro judiciis datis; quae normae constituunt jus peregrinum uniuscujusque Civitatis.

Quamobrem jus peregrinum apaplicatur etiam missionariis in iis rebus quae juxta principium juris ecclesiastici sunt in competentia auctoritatis civilis.

Praeter jus peregrinum, Civitas terrae missionum jus et officium habet protegendi missionarios, quis jus internationale, sequens praeceptum juris naturalis, id imperat. Quaeritur autem, si quando Civitas terrae missionum ob rationes speciales securitatis quosdam limites peregrinis imponit quibus peregrini prohibeantur ne ad quosdam locos ingrediatur vel ex certis locis aut ex toto territorio exeant, tenenturne

---

(7) Epistola ((Ab ipsis pontificatus)) Pii XI, 15 Junii 1926. Cfr. *Sylloge*, p. 263.

missionarii has praescriptiones observare? Res sat clara habetur in dando responso negativo, quia unusquisque potest renuntiare favorem sibi datum et protectio recensetur esse favor; praeterea officium evangelium praedicandi exigit ut missionarii vitam ministerio postponant. Hoc principium hisce diebus per facta passim confirmatur [8].

Altera quaestio habetur circa jus Status commorationis expellendi missionarios reos vel perniciosos. Fas per se non est Statui terrae missionum expellere missionarios; nam Status iste certe non potest expellere missionarios ratione culpae religiosae, secus agit contra jus divinum; neque potest Status expellere missionarios ratione culpae civilis vel politicae, in istis enim casibus judex erit semper judex ecclesiasticus et superior missionum dijudicare debet de expulsione. Status quidem commorationis in omnibus his casibus superiorem missionum monere et expulsionem legitimam exposcere valet.

IV. DE PATRONATU ET PROTECTORATU MISSIONUM

Quaestio de patronatu et protectoratu religioso pertinet magis ad jus publicum ecclesiasticum quam ad jus peregrinum missionarium. Hic nos inquirimus de influxu tantum patronatus et protectoratus missionum in jus peregrinum missionarium.

---

(8) ((Ma la nostra pazienza cristiana non dispensa, naturalmente, il governo della Cina dall'alto e imprescindibile dovere di assicurare ai missionari, non d'altro rei che di dedicarsi anima e corpo al bene dei fratelli cinesi, quel tanto di liberta e sicurezza che domanda il Santo Padre, e che e garantito in tutti i paesi civili del mondo. Noi apprezziamo veramente la buona volonta del Governo cinese e ci auguriamo che esso in breve possa realizzare le promesse fatte nei suoi recenti programmi di ricostruzione nazionale)). CELSO COSTANTINI, *La crisi cinese e il cattolicismo*. Roma 1931, p. 12-13.

((Durante i primi torbidi rivoluzionali, i ministri protestanti abbandonarono in massa le missioni dell'interno della Cina; questi (cattolici) rimasero tutti o quasi tutti al loro posto. Il Ministro di una nazione estera mi disse un giorno: ((Noi abbiamo dato ordine al nostri missionari di ritrovarsi nei porti. La prego d'insistere pereche si mettano in salvo)). ((Signor Ministro — risposi — i missionari sono sentinelle avanzate; lo non posso consigliare loro di essere disertori...)) CELSO COSTANTINI, *Aspetti del problema missionario*. Milano 1935, p. 89.

Distinquendus est patronatus a protectoratu[9]; prior est complexus jurium et officiorum ad promovendas et protegendas missiones alicui principi vel gubernio a Sede Apostolica concessorum; posterior est institutum juridicum a Sancta Sede expliciter vel impliciter recognitum, quo quoddam gubernium onus suscipit ad tuendas missiones in quodam territorio. Patronatus plus habet quam protectoratus et magis connectitur cum jure ecclesiastico [10]. Sicut vidimus, jus et officium est Ecclesiae missiones suscipiendi et missionarios protegendi et hoc jus exercetur ab Ecclesia vel directe per suam potestatem vel indirecte per auxilia Civitatis; protectoratus et patronatus missionum exsistere igitur possunt sine offensione juris divini.

Nature et extensio patronatus missionum variantur de casu in casum e.g. patronatus Lusitaniae identicus non est cum patronatu Hispaniae neque cum patronatu Galliae, quia concessio pontificia, circumstantiis concretis adhaerens, non eadem fuit pro omnibus in respectu ad jura et officia. Unitas magis elucescit in protectoratu, qui, licet aliquas variationes habeat in diversis casibus, in prcincipalioribus rebus eodem modo invenitur apud omnes qui protectortum exercent.

---

(9) Haud nobis placet terminologia clar. Theodori Grentrup, qui quidem dicit: ((Protectoratus est institutio, quae exclusive ad jus gentium (internationale) et ad solam tutelam diplomaticam spectat; patronatus e contra in jure ecclesiastico civilli fundatus erat et varia jura nec non officia erga missiones comprehendebat)) (Cfr. GRENT-RUP, *Jus missionarium*, vol. I, Steyl Hollandiae 1925, p. 360) Melius est dicere patronatum fundari in jure ecclesiastico publico. Protectoratus non fundatur injure internationali sic simpliciter, quia nullus Status jure internationali protectoratum missionum susripere debet et potest, eum vero suscipit inquantum intervenit concessio explicita vel implicita Sedis Apostolicae; protectoratus igitur fundatur etiam in jure ecclesiastico publico, neque limitatur ad tutelam tantum diplomaticam missionum, quia secumferre potest (sempre ex concessione Sanctae Sedis) privilegia ecclesiastica vel saltem honores liturgicos.

(10)Neque est admittenda Georgii Soulie de Morant opinio quae affirmat: ((Le protectorat religieux (c'est-a-dire la fonction de protecteur de la religion) est une forme de l'exterritorialite, puisqu'il a pour but d'entraver, ou de modifier les lois d'un pays en faveur d'une categorie d'etrangers et d'indigenes)). (Cfr. DE MORANT, *Exterritorialite et interet etrangers en Chine.* Paris 1925 p. 349) Confundit ipse protectoratum cum uno modo ipsius exercitii; protectoratus per se nullo modo dicit extraterritorialitatem, cum qua aliquando potest consistere.

Relatio inter haec duo instituta et jus peregrinum fere eadem est. Imprimis nationes, quae patronatum vel protectoratum missionum exercent haud valent directe imponere normas juridicas missionariis quoad jura civilia, nisi missionarii sunt de earum nationalitate, quia missionarii ratione patronatus, multo minus ratione protectoratus, non flunt subditi Civitatis illud jus exercentis. Proinde si aliquando Civitates, quae patronatum vel protectoratum exercent, constituerunt quasdam normas juridicas pro rebus civilibus missionariorum, hoc evenire potuit tantum vel propter consensum Sauctae Sedis vel per aliqua pacta internationalia, secus sunt abusus.

Quaestio de patronatu et protectoratu, theoretice simplex sed practice valde complexa, hisce temporibus jam fere antiquata evasit.

V. PACTA INTERNATIONALIA

Sicut concordatum, una e diversis speciebus pactorum internationalium, multum infert in jus peregrinum missionarium, ita cetera pacta internationalia possunt influxum exercere in jus peregrinum missionarium.

Pacta quae relationes cum jure peregrino missionario habere possunt, dividuntur in duas species: pacta de jure peregrino in genere et pacta explicita de missionibus.

Prima species comprehendit conventiones internationales de jure internationali privato quae initae sunt diversis vicibus inter plures Civitates, e.g. inter Civitates Americae meridionalis an. 1878 in civitate Lima et an. 1889 in civitate Montevideo; inter Civitates totius Americae an. 1928 in civitate Havana; inter Civitates Europae in civitate Haga an. 1892, an. 1894, an. 1900, an. 1904, an. 1925 et an. 1928.

Quoad relationem ad jus peregrinum missionarium notandum est primo quod in his pactis nihil de missionariis explicite tractatur et missionarius tangitur in quantum est civis exterus; secundo quod haec pacta non obligant Civitates contrahentes ad observandas articulos statutorum sed ad promulgationem juris peregrini juxta principia stabilita. Itaque istae conventiones possunt esse tantummodo fontes juris peregrini auxiliares.

Secunda species indicat pacta inter Civitates explicite inita de missionibus. Conventio de quibusdam juribus missionariis valide et licite iniri potest a Civitatibus, quae officio patronatus vel protectoratus missionum funguntur, cum Civitatibus terrae missionum, servatis semper de jure servandis, valide et licite etiam ineuntur pacta de missionibus a Civitatibus jure patronatus vel protectoratus missionum fruentibus inter se ad moderandum exercitium sui muneris suique juris, servatis item de jure servandis. Extra casus enumeratos Civitates non valent inter se convenire in conventibus ad agendam quaestionem missionariam. De facto exsistunt paucae conventiones inter nationes catholicas, initae, quae missiones tangunt [11].

COROLLARIUM: **Nationalismus exaggeratus in missionibus**

Historia ecclesiastica testatus quanta mala passa sit Ecclesia Christi ex abusibus potestatis civilis; abusus isti habiti sunt non tantum in terris fidelium, quando quaestio de investitura acriter agitabatur, sed evenit quoque in terris missionum cum non minoribus detrimentis. Abusus potestatis civilis in terris infidelium provenire possunt a tribus partibus, scilicet a parte Civitatis patriae missionnariorum vel a parte Civitatis terrae missionum vel a parte ipsorum missionariorum. Hae exaggerationes vel abusus potestatis civilis vilis comprehenduntur in unico termino ((Nationalismus exaggeratus)). Pro damnatione istorum abusuum habemus multa documenta pontificia: ((Intelligentes igitur vestrum unicuique dictum a Domino: obliviscere populum tuum et domum patris tui, menineris non hominum debere vos imperium propagare, sed Christi, nec patriae, quae hic est, sed

---

(11)THEODORUS GRENTRUP, *Jus missionarium* (Steyl Hollandiae) vol. I, 1925; p. 422-428. Convent. Santi Germani 17 sept. 1919. art. 11 (((Partes contrahentes) protegeront et favoriseront, sans distinction de nationalite on de culte, les institutions et les entreprises religieuses, scientifiques ou cdaritable, crees et organisees par les ressortissants des autres puissances signataires et des Etats, Membres de la Societe des Nations, qui adhereont a la presente Convention, qui tendront a conduire les indigenes dans la voie du pregres et de la civilisation...)). Milano 1941.

patriae, quae sursum, cives adiicere. Ac miserum sane fore, si qui ex missionariis ita suae dignitatis immemores viderentur, ut potius de terrenu patria quam de caelesti cogitarent, ejusque plusaequo studerent potentiam dilatare gloriamque super omnia extendere. Esset haec quidem apostolatus pestis teterrima, quae in Evangeli praecone omnes caritatis animarum nervos elideret, ipsiusque vulga debilitaret auctoritatem)). Cfr. Encyclica ((Maximum Iliud)) Benedicit XV. die 30 nov. 1919 (Sylloge p. 119-120).

((Sanctissimum tamen missionarium opus istic uberius proveherectur, si vana illa fallaxque erstirparetur opinio, quae longe lateque in dies percrebrescit, quaeque in isotrum hominum, praesertim juvenum, animis — ut sunt plerumque rudes atque ignari — radices penitus agit. Ecclesiac nempe catholicae ejusque missionalium opera non ad ea dumtaxat spectare quae Religionis sunt, sed publicis studiis consiliisque exterarum gentium servire, atque idcirco obstare quominus populi a se doctrina evangelica collustrati vel sui juris flant vel ea, quae sunt rationis postulata, libere vindicent)). (Cfr. Epistola ((Ab ipsis pontificatus primordiis)) Pii XI die 15 Junii 1926 (Sylloge, p. 260).

((Si dice spesso nella stampa laica che i Missionari sono preziosi propagatori dell'idea e della influenza nazionale del proprio paese. Non intendo di proferire giudizi sul passato; parlo delle condizioni odierne delle missioni; e non esito a fare questa affermazione: il Missionario che porta all'estero il proprio nazionalismo, inquina e sterilizza la propria propaganda sia religiosa che politica. Oggidì i popoli guardano con sospetto a tutto cio che puo intraccare il lore patrimonio politico e, se si accorgono che un Missionario ha altri fini oltre quelli religiosi, lo avversano, lo disprezzano e, se possono, lo scacciano)) (Celso Costantini : ((Clero e Cesare nelle missioni)). Cfr. : ((Va e annunzia il Regno di Dio)), Brescia 1943, vol. I, p. 231-232).

((La parola dunque che il Santo Padre voleva dire e questa: Guardatevi, si, anche dalle altre cose pericolose, ma guardatevi sopratutto dall'esagerato nazionalismo, perche c'e nazionalismo e nazionalismo. E' come dire che c'e umanita e umanita, personalita e personalita. Ci sono le nazioni e c'e anche il nazionalismo, è le nazioni le ha fatte Iddio. Dunque c'e luogo per un giusto, moderato, temperato nazionalismo, associato a tutte le virtu. Ma guardatevi dall'esagerato nazionalismo come da una vera maledizione. Ci pare purtroppo tutti gli eventi ci diano regione quando diciamo vera maledizione, perche e una maledizione di divisione, di contrasti, con pericolo di guerre. Per le missioni poi e una vera maledizione di sterilita, perche non e per quelle vie che la fertilita della grazia si riversa nelle anime e fa fiorire l'apostolato)). (Le parole di S.S. Pio XI agli alunni del Collegio de Propaganda Fide 21 Agosto 1938. Cfr. Alma Mater Collegii de Propaganda F., Gennaio 1929, p. 30).

Caput II

Jus Peregrinum Missionarium In Sinis

Centum fere abhinc annis Civitas Sinarum relationes internationales cum exteris Statibus inivit et portam peregrinis aperuit. Pacta permulta inita sunt his ultimis saeculis Sinas inter et ceteras nationes: quae pacta paucis ante annis constituebant unicam fere fontem juris peregrini sinensis. Principium fundamentale quod totum jus peregrinum sinense antiquum penetravit, consistit in jurisdictione extraterritoriali, quae plures immunitates civibus exteris contulit. Ultimis vero temporibus Civitas Sinarum tali jugo sese liberare anhelans, extraterritorialitatem partim destruxit, partim modificavit et tandem eam totaliter abolere potuit. Propterea conditio peregrinorum in Sinis singulariter sese offert et jus peregrinum sinense sat obscurum manet.

Major singularitas perhibetur relate ad conditionem juridicam missionariorum in Sinis, qui propter protectoratum missionum specialia jura a gubernio sinensi obtinuerunt quae statum juridicum missionariorum distinctum a ceteris peregrinis efformant. Attamen propter iniuriam temporum propterque malam suspicionem Primum Concilium Plenarium Sinense, quod habitum est a. 1924 in civitate Shanghai, conabatur conditionem juridicam missionum ad normalitatem, in quantum fas est, reducere. Inde sat scabrosum est tractare de jure peregrino missionario in Sinis vigenti; ex una enim parte sarta tectaque sint oportet jura Ecclesiae, ex altera parte pactis internationlibus vigor suus est tribuendus, denique auctoritas Civitatis Sinarum non est vilipendenda.

Praesens caput intendit illustrare quomodo jus peregrinum missionarium in Sinis constitutum sit.

ARTICULUS I. BREVIS CONSPECTUS HISTORIOUS PACTORUM SINAS INTER
ET EXTERAS CIVITATES

I. PRIMA PERIODUS

Historia pactorum Sinas inter et exteras Civitates summatim dividitur in tres periodos; quarum prima ab anno 1689 ad annum 1840; est
periodus tentaminis ad incipiendas relationes diplomaticas; secunda
periodus currit ab anno 1840 ad annum 1911, periodus pactorum
veterum vel, uti vulgo appellatur, pactorum inaequalium; tertia periodus ab anno 1911 usque ad hodierna tempora protrahitur, periodus
pactorum novorum.

Sermo fieri non potest de historia diplomatica inter Sinas et
exteras Civitates nisi relate ad tempora recentissima. Etenim antequam dynastia Yuan (1280-1368 p. C.) imperium suum ad Europam
extendit, imperatores sinenses cum Europa necessitudines non coniunx-
erant, licet cum regibus vicinioribus multis vicibus multisque modis
pacta inivissent, sed ista pacta erant potius conventiones inter auctoritatem dominatricem et principes sibi subditos; proinde haec pacta non
sunt internationalia proprie dicta. Dynastia Yuan viam inter Euro-
peam et Asiam aperuit et legatos misit ad Europam atque ex ea legatos
etiam recepit. Post dissolutionem hujus dynastiae communicatio inter
Sinas et europeas Civitates interrupta est et tandem post multos annos
via maritima inventa est et sensim sine sensu communio facilio reddita
est. Sub dynastia Yuan relatio inter gubernium Sinarum et Sedem
Apostolicam potius amica erat favens missionibus; postea vero imperatores sinenses aditum ad Sinas exteris populis clauserunt, etiam
missionariis [1].

Initium pacti internationalis in Sinis habitum est ani 1689, nempe
inter Sinas et Russiam; quo anno pactum quoddam de limitibus

---

(1) PASQUAL D'ELIA, Historia missionum in Sinis. Shanghai 1934, p. 24-54. H.
BERNARD, Aux Portes de la China des Missions du XVI siecle (traducteur
Siaosoei-fa). Shanghai 1936, p. 27-42.

duorum imperiorum firmatum est inter legatos Songetu exparte sinensi et Theodorum Golovin ex parte russa. Crescente commercio internationali, cum plures negotiantes occidentales petivissent Sinas et graviter ferrent se prohiberi ingressu in territorium sinense, regnum Anglorum obstaculum istud removere voluit misitque legatum Macartney anno 1792 ad imperatorem Kao-tsong de dynastia T'sing, ut pactum commerciale peteret. Post hanc primam infructuosam missionem, secunda missio an. 1816 missa est praeside Lord Amherst, sed propter quaestionem praeliminarem de caeremoniis audientiae imperialis legatus anglicus expulsus est ab imperatore. Tunc Anglia dereliquit desiderium pactum iniendi, sed studuit relationes contrahere cum auctoritate provinciae Kwan-tung. Anno 1833 Lord Napier nominatus est a gubernio anglico commissarium generalis commerciorum apud Sinas; qui commissarius occasionem quaesivit ad ineundas relationes cum auctoritatibus localibus sinensibus; tamen auctoritates locales sinenses eum uti legatum recognoscere noluerunt. Post eum J.E. Davis officium commissarii generalis commerciorum assumpsit anno 1834 sed post mensem ipse officio se abdicavit. Successor J.B. Robinson invenit easdem difficultates, et tandem anno 1836 gubernium Anglorum revocavit officium commissarii et simpliciter commist munus tracttandi quaestiones Carolo Eliot.

Eodem tempore non defuerunt tentamina aliorum guberniorum, sed nullum ex istis portqm imperii sinensis aperire valuit [2].

II. SECUNDA PERIODUS [3]

Anno 1840 bellum ab Opio nuncupatum committitur inter Sinas et Angliam, et post duos annos pax redditur Sinis pacto Nankinensi. Hoc pactum a Sinensibus consideratur initium pactorum inaequalium.

---

(2) (Pro historia diplomatica sinensi adhibemus opera sequentia) The diplomatic history of modern China. — S.T. Kin, Shanghai 1930. Chisa and Powers. — Sir Frederick Whyte (translated by Wang-ngo-sun, Shanghai 1928).

(3) *Cfr. Essai sur le regime des capitulations en Chine*, R.H. Ouang. Paris 1933, p. 34-93. *Historia sexaginta annorum relationum inter Sines et Japoniem.* - Wang Yiin Sen. TienTsien 1933.

Terminus ((Pactum inaequale)) non adhibetur quidem ad designanda omnia pacta, sed ad illa tantum, quae onera graviora, cum laesione justitiae, Sinis imponunt quam alteri parti contrahenti. Proexacta intelligentia istius termini gubernium sinense recenter dedit interpretationem officiosam [4], secundam quam inaequalitas consistit in quinque rebus: non-autonomia in stabiliendis vectigalibus pro commercio externo, jurisdictio extraterritorialis, privilegium navigandi in fluminibus internis, concessiones et stabiles custodiae militares in territorio sinensi.

Historia pactorum sic dictorum inaequalium incepta a pacto Nankinensi, rapide evoluta fuit in multis sequentibus pactis cum diversis nationibus [5]. Objecta istorum practorum fere eadem habentur, aliquando etiam in verbis. Ultimum ex istis pactis initum est inter Sinas et alias octo nationes quae bellum an. 1900 indixerunt Sinensibus propter turbationes ((Boxer)); diximus hoc pactum esse ultimum

---

(4) ((The first step, therefore, in the realization of the police is to determine what exactly are the inequalities which have held China in political and economic bandage. As had been so impressed upon the Chinese public by Dr. C. T. Wang upon his assumption of office (of the minister of Foreign Affairs on June 14th 1928) that they had become platitudinoeus even to the ignorant mass. They are 1) the absence of tariff autonomy, 2) the existence of extraterritoriality, 3) the privileges of island and coastal navigation by foreign ships, 4) the existence of foreign settlements and concessions, and 5) the privilege of stationing foreign troops on Chinese soils.)) (Two years of Nationalism in China - edited by the Ministry of Foreign Affairs, Shanghai 1930, p. 99).

(5) Pacta vetera principalia:

Pactum	cum	Anglia	1842 die 29 Augusti et an. 1858.
Pactum	cum	Suecia et Norvaga	1847 Martii.
Pactum	cum	Gallia	1858.
Pactum	cum	S.U.F. Americae Sep	1858 18 Junii.
Pactum	cum	Russia	1860.
Pactum	cum	Germania	1861 20 Sept.
Pactum	cum	Dania	1863 13 Julii.
Pactum	cum	Hollandia	1863 6 Oct.
Pactum	cum	Hispania	1864 10 Oct.
Pactum	cum	Belgio	1865 2 Nov.
Pactum	cum	Italia	1866 26 Oct.
Pactum	cum	Austria	1869 2 Sept.
Pactum	cum	Brasilia	1881 3 Oct.
Pactum	cum	Lusitania	1871 13 Dec.
Pactum	cum	Japonia	1887 1 Sept.

hujus generis, quia reliqua pacta minoris momenti inita post hunc annum et ante Reipublicae fundationem, sunt potius aliquod hujus pacti vestigium.

III. Periodus revisendi pacta[6]

Post haud exiguas experientias infelices ministri dynastiae Ts'ing, ineunte saeculo hoc praesenti, cognoverunt detrimenta quam maxima causata esse nationi sinensi pactis inaequalibus atque operam erroribus corrigendis navare inceperunt captis singulis opportunitatibus. Hoc conamen jam reperiebatur in pacto cum Anglia (Machey Tready an. 1902) relate ad jurisdictionem extraterritorialem; dicitur enim in pacto: ((Gubernium Sinarum ardet desiderio ordinandi codices jurium ita ut jus sinense communia principia ac codices ceterorum Statuum occidentalium habeat. Ad hoc opus perficiendum gubernium Angliae auxilia pro viribus conferre sincere promittit. Cum vero postea de facto constiterit codices sinenses relate ad processus et alias res conjunctas ad gradum perfectionis deductos esse, tunc gubernium Angliae jurisdictionem extraterritoialem renuntiare non tardabit)) (art. 12) [7].

Anno 1911, fundata Republica Sinensi, conatus revisendi pacta antiqua in dies intensio factus est atque urgentior, cum finis principalis evolutionis politicae consisteret in liberanda natione sinensi a jugo exterorum Statuum. Attamen conatus gubernii Sinarum fructum saepe non sortitus est, tum propter renisum aliarum nationum tum propter bella nterna. Cum anno 1918 Conventus pacis post primum bellum europeum Parisios convocatus fuisset, delegati Sinenses desideria sui gubernii palam fecerunt legatis ceterarum Civitatum exposcendo mutationem pactorum quae juribus Sinarum praejudicium inferebant. Responsum autem negativum praeter omnium expectationem datum est ob hanc rationem: ((rem ad competentiam Conventus pacis

---

(6) Cfr. R.H. OUANG, o.c., p. 248-367.
(7) PVNS, vol. II, tom. 17, p. 8.

non pertinere. Quamobrem legati Sinenses pactum cum Germania subscribere noluerunt [8].

Duobus post annis Status Foederati Americae Septentrionalis ad conventum convocaverunt in civitatem Washington legatos novem nationum [9] ut multiplices quaestiones ad archipelagum Pacificum spectantes communi consilio tractarent. Quaestiones igitur tractandae maxime ac intime intererant Reipublicae Sinensi propter situm geographicum; proinde legati Sinenses suas petitiones decem cum articulis conscriptas Conventui exhibuerunt. In articulo quinto petitio talis habetur: ((Omnes limitationes vel ligamina Nationi Sinensi imposita adversus libertatem tum politicam tum judicialem supprimantur oportet statim vel saltem juxta opportunitatem temporum)) [10] Disputatione ((contra aut pro)) his petitionbus actae sunt quam plurimae, sicut accidit in omnibus conventibus politicis internationalibus, et tandem delegati Conventus devenerunt ad conclusiones annuendo partim desideriis gubernii sinensis. In primo articulo hujus Conventus ita statuitur: ((Sartae tectaeque sint nationis Sinarum auctoritas, independentia atque integritas territorii et potestatis politicae)) [11]. Praeterae commissio specialis constituta est ab isto Conventu, ut ipsa diligenter examinaret conditiones exercitii potestatis juridicialis in

---

(8) Legati Sinens inter alia rogaverunt ((n. 4 quoad jurisdictienem extraterritorialem gubernium sinense promittit ante finem anni 1924 promulgare quinque libros codicis et in civitatibus majoribus singulas provincias instituturas esse modernum ribunal; propterea ceterae nationes promittere velint renuntiare jurisdictionem extraterritorialem et supprimere omnia tribunalia specialia; promittere etiam velint ante realem renuntiationem se interim applicaturas esse sequentes dispositiones: a) causas inter peregrinos et cives sinenses a tribunali Sinarum sine interventu consulis exterae nationis judicari; b) intimationes et sententias tribunalis sinensis posse exsecutioni mandari in Concessionibus et domibus peregrinorum nulla habita significatione consuli exterae nationis)) (cfr. Sir FEDERICK. *China and Powers,* Shasghai 1928, p. 85-86).
(9) Novem nationes, S.F.U. Americae S., Sinae, Anglia, Galiia, Japonia, Holtandia, Italia, Lusitania et Belgium.
(10) Sir FEDERICK, o.c., p. 88.
(11) S.T. KIN, *The diplomatic history of modern China.* Shanghai 1930, p. 212.

Sinis et viam ad abolitionem jurisdictionis extraterritroialis attende perpenderet.

Nova evolutio politica interim in Sinis exoritur et nationes exterae magis ad defendenda jura atque incolumitatem peregrinorum coguntur quam ad renuntianda jura acquisita. Propitio autem Deo, unitas tandem advenit, cum anno 1927 Factio politica Kuomintang gubernium nationale in civitate Nankino fundavit. Desiderium revidendi pacta vetera illico manifestatum est a gubernio nationali cum principio aequalitatis internationalis. Nam fundator istius factionis, Doctor Sun-yat-sen (1866-1925), per annos fere quadraginta libertatem populi praedicavit [12] atque in suo testamento exhortationem suis sequacibus ad abolenda pacta vetera inscripsit [13].

Quapropter gubernium nationale sinense, directionem Factionis Kuomintang sequens, revisionem pactorum recensuit esse unam ex suis principalioribus activitatibus eamque alacriter prosecutum est non obstantibus magnis aliarum nationum oppugnationibus [14]. Primus effectus hujus conaminis obtentus est in vectigalis maritimi autonomia, quae per pactum cum S.F. Americae Septentrionalis die 25 Julii 1928 initum proclamata et per subsequentia cum aliis nationibus pacta confirmata, vigorem habere incepit die 12 Martii 1930 [15]. Alter felix exitus, quamvis partialiter tantum, habitus est in redimendis Concessionibus, nam paucos intra annos quattuor loca recuperata sunt ab jurisdictione anglica, scilicet Concessiones in Civitatibus Hankow, Chiukiang Chingkiang et territorium Weihaiwei; aliam

---

(12) Cfr. SUN-YAT-SEN, *The triple Demism* (translated by P.P. D'Elia, S.J.) Wushang, 1931, p. 528-533 etc.

(13) ((As the revolution is not yet completed, all my followers must endeavour to carry it out according to the teaching which I laid down in my works.... They must lead this revolution to success. They must likewise call together the national Assembly and abolish unequal treaties within to least possible delay according to my latest recommendation)). Cfr. The triple Demism (P. D'Elia) p. 702.

(14) Cfr. Two years of Nationalism in China, Sanghai, 1930, p. 29-30.

(15) Cfr. Two years of Nationalism in China, Shanghai, 1930, p. 102.

Concessionem in civitate Tientsing ab jurisdictione Belgii nostrates recuperaverunt [16].

Magna difficultas econtra reperta est tractando abolitionem jurisdictionis extraterritorialis; gubernium sinense considerat exercitium hujus jurisdictionis maximam injuram contra suam indipendentiam politicam graviaque pericula contra justitiam judicialem et propterea exigit abolitionem completam aut statim faciendam aut intra breve ac determinatum tempus; exterae autem Civitates existimant conditionem tribunalium sinensium adhuc perfectam non esse nec tutam pro defensione juris indeque procrastinant auferre jurisdictionem extraterritorialem. Attamen labor a parte sinensi indefessus continuatur et gubernium jamjam abolitionem unilateralem paraverat, quae suam executionem habuisset, si impedita non fuisset recenti bello. Tandem pendente adhuc hoc bello praesente, Civitates exterae anno 1942 jura extraterritorialia renuntiaverant et pacta nova parant contrahere cum Sinis [17].

Ex hac brevi narratione devenimus nunc ad quaestionem: quomodo peregrini sese habent in Sinis? Respondendum est per distinctionem. Dantur quattuor classes peregrinorum juridice differentium in Sinis [18]:

---

(16) Cfr. Two years of Nationalism in China, Shanghia, p. 92, 121, 127. N.B. Legitur in libro ((Two years of Nationalism in China)) (p. 93-94): ((In order to reliterate the attitude of the National Government of the Republic of China in regard to treaties and agreements with foreign Governments and their Nationalis the Minister for Foreign Affairs deems it appropriate to make the following declaration: 1) As there is no reason for the existence of the unequal treaties and agrements concluded between former Chinese Governments and the Governments, corporations and individuals of foreign States, they shall be abrogated by the National Government within the shortest possible period. 2) Those treaties and agreements whose term has expired, have, as a matter of course, become null and void)).

(17) Cfr. *Two years of Nationalism in China,* p. 105-106. Sino-foreign Treaties, published by the Ministry of Foreign Affairs, 1928, p. 51q.

(18) JEAN ESCARRA, *Le Regime de concessions etrangeres en Chine.* Recueil des Cours 1928. II, p. 91-94.

1. Peregrini, cives nationum, quae cum Sinis pacta nondum iniverunt. Hi peregrini subjiciuntur legibus et tribunalibus Sinarum. (Nunc etiam Hispania).

2. Peregrini, cives nationum, quae pacta cum Sinis iniverunt et privilegium extraterritorialitatis non acquisiverunt vel ei renuntiaverunt, hi peregrini regulantur secundum pactum et subjiciuntur legibus et tribunalibus Sinarum. (Germania, Austria, Hungaria, Russia, Mexicum, Finlandia, Persia, Graecia, Bolivia, Cekoslowakia et Polonia).

3. Peregrini, cives nationum, quae pacta de exterritorialitate cum Sinis antea iniverant sed nunc cessato hoc pacto novas conventiones praeparant. Interim peregrini harum nationum legibus et tribunalibus sinensibus non subjiciuntur.

ARTICULUS II. JURISDICTIO EXTRATERRITORIALIS

I. NATURA

Jurisdictio extraterritorialis vel simpliciter extraterritorialitas est unus de illis terminis conventionalibus quorum sensus vagis notionibus exprimitur indeque variatur in singulis casibus [19] Auctores, qui quaestionem hanc studuerunt tractare, diversas interpretationes huic termino dederunt [20]. Franciscus Piggott distinguit extra-territorialitatem ab exterritorialitate: haec jurisdictionem consularem indicat, illa vero immunitatem legatorum diplomaticorum designat [21]. Proinde terminus exterritorialitas (exteritorialite) communiter praefertur a doctoribus ad designandam quaestionem de privilegiis immuni-

---

(19) Cfr. GEORGES SOULTE DE MORANT, *Exterritorialite et interêts etrangers en Chine*. Paris 1925, p.1.

(20) ((D'une maniere generale, il est impossible de trouver une definition universellement admise du terme ((exterritorialite)). Pour, les uns, il equivaut a celui d'immunite de jurisdiction, interpretation restrictive et erronee. Pour d'autres. il inclut toute une serie de droits vagues ed indetermines, interpretation excessive)). Cfr. G. SOULTE DE MORANT, *Exterritorialite et interêts etrangers en Chine*. Paris 1925, p. 1.

(21) FANCIS PIGGOT, *Exterritoriality*. London 1907, p. 2-3.

tatum peregrinorum in Sinis; nec tamen concordia habetur circa significationem hujus termini. Opinio sinensis reperitur apud Welligton Koo, qui in suo libro de Statu juridico exterorum in Sinis ait: ((Juxta id quod respicit Potentias (The Powers) in tractatibus, potest dici quod exterritorialitas tribuit jus eis exercendi auctoritatem super suos cives in Sinis, sed hoc exercitium perficitur methodis judicialibus et legibus vigentibus ab Imperatore Sinensi datis. Notio hujus auctoriatis ita facile describitur: ipsa continet tantummodo facultatem moderandi suos cives in Sinis cum observatia juris localis, quia quaestiones circa constitutionem tribunalium, circa leges processuales, circa modum judicii, circa regulas testificandi, circa imputabilitatem responsabilitatis, circa mensuram, gradus, sortes et modos poenarum et circa alias res analogas sunt secundum jus locale. Suprema auctoritas legesferendi intacta remanet apud Imperatorem Sinensem, qui potest leges ferre quas ipse judicat opportunas ad conservandum ordinem publicum et pacem, ad conservandos decorem et bonos mores populi, et ad conservandum Bonum commune Status vel ad alios legitimos fines)) [22].

G. Soulé de Morant econtra affirmat extraterritorialitatem reponi super personalitate legis in oppositone ad territorialitatem etesse illum statum specialem et variabilem pro unaquaque forma civium exterorum constitutam per exceptiones a jure communi locali. Hic terminus igitur secundum eum comprehendit tria objecta distincta: 1) praerogativas diplomaticas legatorum; 2) immunitates jurisdictionis; 3) exemptiones vel exceptiones a jure communi [23].

Nobis autem videtur imprimis improbandum esse terminum ((exterritorialitas)), quia hic terminus vel confunditur cum extraterritorialitate vel inepte adhibetur; nos igitur adhibemus terminum ((extraterritorialis)). Extraterritorialitas in jure intarnationali nune accipitur pro quacumque immunitate a jure territorii data peregrinis vel personis ad eos aequiparatis. Jurisdictio extraterritorialis illam specialem immuni-

---

(22) WELLINGTON KOO, Status of aliens in China. Columbia 1912, p. 217.

(23) SOULIE DE MORANT, Exterritorialite et interets etrangers en China. Paris 1925, p. 4.

tatem denotat quae subtrahit peregrinos a jurisdictione judiciali territorii eosque submittit jurisdictioni judiciali suae patriae [24].

Jus internationale publicum hodiernis temporibus admittit immunitatem personalem et realem Principis et legatorum alienae Civitatis, et jus internationale privatum tenet etiam principium exemptionis a jure locali circa statum civilem peregrini. Nulla igitur quaestio habetur relate ad has res per se claras. Spiritus vero iuris internationalis magis favet territorialitati quam personalitati legis; proinde peregrini per se subjici debent jurisdictioni judiciali Status commorationis ejusque legibus, exceptis jure excipiendis. Si quando aliqua specialis immunitas habetur sive relate ad jurisdictionem judicialem sive relate ad leges locales, haec immunitas provenire debet vel ex conventionibus internationalibus vel ex liberis concessionibus Status commorationis. Inde clarum est quod uniformitas non datur in his immunitatibus quae unice dependent a positiva voluntate hominum et mensurantur per respectiva documenta constitutiva.

Ante annum 1830 omnes causae exortae vel inter peregrinos et cives sinenses vel inter ipsos peregrinos judicabantur semper a tribunalibus sinensibus, sicut causa criminalis inter navem S.F. Americae Septentrionalis et cives sinenses an. 1821; causa criminalis inter navem anglicam et cives sinenses an. 1789. Omnes istae causae criminales penes tribunalia sinensia judicatae sunt et rei juxta jus poenale sinicum damnati sunt, tamen anno 1827 cum Lusitanus quidam in districtu Macaonensi homicidium contra vitam alicujus civis sinensis commisisset, auctoritas lusitana reum ad suum tribunal detulit eumque punivit juxta proprias leges, non obstantibus intimationibus tribunalium sinensium. Item actum est ab auctoritate anglica anno 1830, quando homicidium perpetratum fuit a quodam cive anglico contra ducem navis Hollandiae in mari sinensi. Ex quo anno auctoritas sinensis tacite toleravit exercitium jurisdictionis judicialis aliarum Civitatum in territorio Sinarum relate ad cives proprios.

---

(24) Non adprobamus morem scriptorum Sinensium, qui indiscriminatim vacant jurisdictionem extrat. cum termino jurisdictionis consularis. Cfr. R. H. OUANG, o.c., p. 9.

Pactum, quod primum de jurisdictione extraterritoriali agit, fuit illud supplementarium ad pactum Nankinense inter Sinas et Angliam anno 1843. In hoc vero pacto res verbis velatis dicitur, in subsequentibus pactis cum Gallia, cum Anglia et cum Statibus Foederatis A.S. res clare determinata fuit [25].

II. OBJECTA

Objectum jurisdictionis extraterritorialis theoretice determinari non potest, sed sequitur determinationem positivam in pactis vel concessionibus quae has immunitates constitunt; quia licet jurisdictio extraterritorialis generaliter tendat ad exemptionem peregrinorum ab jurisdictione judiciali Status commorationis, tamen modus et limites exemptionis intime adhaerent pactis et concessionibus. Jurisdictio extraterritorialis in Sinis juxta pacta et decreta sequentibus limitibus describitur:

1. Causae sive contentiosae sive criminales duorum peregrinorum ejusdem Civitatis, quae jurisdictione extraterritoriali in Sinis gaudebat, judicabantur a tribunali eorum nationali [26].

2. Causae sive contentiosae sive criminales duorum peregrinorum, quorum unus est civis Civitatis jurisdictione extraterritoriali in Sinis gaudentis, subtractae sunt a jurisdictione judiciali sinensi [27].

---

(25) De jurisdictione extraterriloriali agit in pactis: Art. 28 cum S.F. Americae S. an. 1858; Art. 35 cum Germania anno 1861; Art. 17 cum Anglia an. 1858; Art. 24 cum Norvegia et Suecia an. 1847; Art. 35 cum Gallia an. 1858; Art. 17 cum Dania an. 1863; Art. 6 cum Hollandia an. 1863; Art. 14 cum Hispania an. 1864; Art. 16 cum Belgio an. 1865; Art. 17 cum Italia as. 1866; Art. 38 cum Austria an. 1869; Art. 12 cum Peruvia an. 1874; Art. 9 cum Brasilia an. 1881; Art. 51, 50 cum Lusitania an. 1874...

(26) ((Causae inter Anglos, sive relate ad jura personalia sive relate ad jura patrimonialia, juridcantur a tribunali anglico)). (Art. 15 cum Anglia an. 1858; cfr. PVNS vol. II, tom. II, p. 4.).

(27) ((Causae exortae inter cives gallicos in omnibus portis judicantur ab auctoritate Galliae; quaestiones inter cives gallicos et cives alius tertiae nationis ne videantur ab auctoritate sinensi)) (pactum cum Gallia Art. 39, anno 1858). Cfr. PVNS, vol. IV, tom. I, p. 10.

3. Causae criminales inter cives Sinarum et peregrinum nationis jurisdictione extraterritoriali gaudentis, judicabantur a tribunali rei et
poena decidebatur juxta leges patriae eius [28].

4. Causae contentiosae inter civem sinensem et peregrinum nationis
jurisdictione extraterritoriali gaudentis, judicabantur sive a
tribunali national partis convent, sive a tribunali mixto secundum
diversitatem pactorum [29].

5. Antea causae contentiosae et criminales Concessionum Internationalium et Concessionis Galliae in civitate Shanghai subtractae erant
a tribunali sinensi, nunc vero reguntur uti causae numeri 3 et 4 [30].

Ex altera parte videamus competentiam tribunalis sinensis circa
causas peregrinorum:

1. Causae sive contentiosae sive criminales inter duos peregrinos tum
ejusdem nationis tum duarum differentium nationum, quae privilegium juricdictionis extraterritorialis non habebant, erant de
competentia tribunalium sinensium.

---

(28) ((Si quis anglicus delictum commiserit (in Sinis) punitur ab auctoritate
anglica. Si quis Sinensis injuriam vel delictum contra cives Anglicos
commiserit punitur ab auctoritate sinensi...)) (pactum cum Anglia an. 1858,
art. 16) Cfr. PVNS, vol. II, tom. II, p. 4.

(29) ((Cum civis Anglicus actiones contra civem sinensem movere velit, libellum
litis consuli anglico praestare debet, qui causam perpendet actori que
persuadebit ut ipse litem evilet. Idem a consule anglico est faciendum, cum
ipse libellum litis contra civem anglicum a cive sinensi receperit. Si vero
persuasio infructuosa evaserit, tunc consul anglicus et auctoritas sinensis
causam simul videant justeque judicent)) (pactum cum Anglia an. 1858, Art.
17. Cfr. PVNS, vol. Ii, tom. II, p. 4.).

((Cum in portibus sinensibus causae mixtae judicentur a tribunali communi et
accidere possit confusio propter diversitatem jurium duarum partium, nunc
conventum est ut tribunal auctoritatis partis conventae sit competens ad libellum receipiendum et ad causam judicandam; jus autem sit auctoritati partis
actoris mittendi assessorem ad tribunal, qui processui assistat et, si casus
ferat, interrogationes et defensiones proponat judici...)) (Pactum cum Anglia
an. 1876, Art. 2, cfr. UVNS, vol. II, tom. V, p. 2.).

(30) CPSJ, p. 22-30, tom. X.

2. Causae sive contentiosae sive criminales inter civem sinensem et civem nationis jurisdictione extraterritoriali non gaudentis, judicabantur a tribunali sinensi.

3. Causae criminales, quarum reus erat civis sinensis, judicabantur a tribunali sinensi.

4. Causae contentiosae, quarum pars conventa erat civis sinensis, vel judicabantur a tribunali communi, vel a tribunali sinensi, juxta statuta pactorum.

III. Jus applicabile

Cum tribunal exterum in Sinis constitutum est, tunc duplex quaestio exsurgit de jure appalicabili: una quaestio circa jus processuale istius tribunalis, altera circa jus secundum quod causa decidi debet. Auctores de jurisdictione extraterritoriali in Sinis loquentes generatim inquirunt de prima quaestione et tacent de secunda. Nobis autem non licet silentio praeterire secundam quaestionem, quia ab ea dependet jus peregrinum sinense.

De jure processuali tribunalis exteri in Sinis res sat clara apparet. Nobis videtur admittenda non esse opinio clarissimi Welligton Koo, qui dicit jurisdictionem extraterritorialem esse exemptionem a jurisdictione judiciali locali, ita tamen ut natio hoc privilegio gaudens tribunal in Sinis constituere possit et exercitium jurisdictionis judicialis perficiat juxta jus processuale locale. Nam jurisdictio extraterritorialis tribuit facultatem alicui Civitati ut ipsa suos cives in Statu contrahenti commorantes judicare possit per proprium tribunal vel permanenter constitutum intra territorium Status concedentis vel extra ejus territorium. Sed Status, qui proprium tribunal in alieno territorio constituere potest et jurisdictionem judicialem exercere valet, non obligatur ad observandum processuale jus locale, quia jus processuale sequitur forum.

Jus processuale tribunalium exterorum in Sinis statutum est a respectivis guberniis, quae tribunalia in Sinis constituerunt [31].

Altera quaestio est de jure applicabili in his tribunalibus exteris pro causis decidendis. Solutio hujus quaestonis multum confert ad jus peregrinum sinense, nam jus secundum quod causa judicatur, constituit etiam jus seu normam secundum quam peregrinus in Sinis in suis actibus agere debet.

G. Soulie de Morant hanc quaestionuem paucis verbis absolvit, dicens in tribunalibus gallicis jus applicabile partim esse Gallicum et partim esse jus locale sinense, in tribunalibus anglicis jus applicable esse jus conforme et juridicis principiis Angliae et consuetudinibus sinensibus, in tribunalibus americanis jus applicabile esse complexum Actorum Congressuum et Jus commune (Commun Law) [32]. J.

---

(31) ((Je rappellerai succintement ceux qui sont en vigueur et s'appliquent ala Chine (in tribunalibus gallicis): 1) Ordonnance de la Marine, aout 1681 (livre 1, titre IX) sur les attributions consulaires; 2) Edit du roi, Versailles 28 juin 1778 reglement sur les fonctions judiciaires et police; 3) Loi du 28 mai 1836 revisant la jurisdiction consulaire d'apres les lois nouvelles de la France; 4) Loi du 8 juillet, jurisdiction des consuls en Chine et a Mascarte; 5) Loi du 28 avril 1869 attribuant a la cour de Saigon les appels et la connaissance des affaires criminelles des circonscriptions consulaires de Chine et de Siam; 6) Loi du 15 juilles 1910 attribuant aux chambres de la cour d'appel siegeant a Hanoi les appels et la connaissance des affaires criminelles des circonscriptions du Yunan... (In tribunalibus anglicis) Un ordre en conseil du 24 Octobre 1904 (dont le texte se trouve dans Hertslet, China treaties, II, p. 834) reconstituant la cour supreme et les tribunaux consulaires et revisant anciens reglements, forme un veritable code d'administration judiciaire et de procedure pour la Chine... (In tribunalibus S.F. Americae Septentrionalis) Ils comprennent: 1) des tribunaux consulaires ((Consular Courts)); 2) La cour des Etats Unis ((United States Court for China)). Les differents textes de legislation americaine donnant pouvoir a ces tribunaux sont: l'acte du Congres du 11 aout 1848 remplace par l'acte du 22 juin 1860, instituant les pouvoirs judiciaires des consuls et du ministre a Peking; tous deux modifies par les actes du 28 juillet 1866 et du ler juillet 1870; la substance de ces lois se trouvant maintenant aux sections 1983-4130 des Revised Statues. Puis vient l'acte du 30 juin 1906 instituant la cour des Etats-Unis pour la Chine et des clauses des deux Diplomatic and consular appropriation act, l'un du 2 mars 1909 accordant pouvoirs judiciaires au vice-consul general a Shanghai; l'autre du 4 mars 1915 accordant les memes pouvoirs au vice-consul a Shanghai)). Cfr. G. SOULIE DE MORANT , *Exterritorialite et intercts etrangers en Chine*. Paris 1925, p. 126-145.

(32) G. SOULIE DE MORANT, *Exterritorialite et interets etrangers en Chine*. Paris 1925, p. 132 etc.

Escarra tenet etiam jus applicabile tribunalium exterorum in Sinis esse jus patriae tribunalium, quia ipse affirmat jurisdictionem extraterritorialem seeumferre exemptionem tum a jurisdictione judiciali tum a jurisdictione legifera loci commorationis [33].

Attamen res neque in principiis neque in factis est tam simplex, sed continet complexum difficultatum. Conamur certa de incertis seligere et communia de particularibus adstruere.

Tenendum imprimis est jurisdictionem extraterritorialem natura sua secumferre tantummodo exemptionem a jurisdictione judiciali locali non vero exemptionem a jurisdictione legifera: etenim jurisdictio extraterritorialis de se dicit privilegium quo Civitas aliqua potest exercere jurisdictionem judicialem super proprios cives in Sinis commorantes; hoc privilegium non est confundendum cum principio juridico de personalitate legis, qua peregrinus secum habet jus propriae patriae quocumque pergit, sed est concessio vel facta unilateraliter a gubernio sinensi vel per mutuum consensum in conventionibus; propterea si exemptio a legibus localibus sinensibus datur, haec exemptio fundatur et mensuratur secundum documentum suum constitutivum. Erronea atque injusta est opinio quae credit peregrinos vi jurisdictionis extraterritorialis exemptos esse omnino ab observantia legum sinarum; nam legati diplomatici qui immunitatibus perpluribus fruuntur, observare leges civiles gubernii commorationis tenentur. Hoc etiam confirmatur ex modo dicendi in pactis initiandis recenter inter Sinas et alias Civitates; in novis enim pactis constanter dicitur: cives alterius partis in territorio alterius partis commorantes subjiciuntur legibus et tribunalibus localibus; distinctio igitur recognoscitur inter subjectionem ad leges locales et tribunalia localia, ita etiam distinctio facienda est inter exemptiones a subiectione jurisdictionis judicialis et exemptiones a subjectione jurisdictionis legiferae. Nec tamen negamus jurisdictionem hanc in Sinis pratice obtinuisse aliquas exemp-

---

(33) J. Escarra, *La Chine et le droit international*. Paris 1931, p. 38.

tiones etiam a legibus sinensibus, sed exemptio talis provenit vel ex pactis vel ex praescriptione. Praeter exemptiones obtentas peregrini in Sinis obligantur ad observatiam legum sinensium [34].

ARTICULUS III. LEGES INTERNAE RESPICIENTES PEREGRINOS

Reformatio juris veteris sub influxu systematum juridicorum occidentalium incepta est a primordiis Republicae; codices juris civilis, poenalis ac commercialis, maturo consilio praeparati successive publicati sunt, necnon normae pro institutis specialibus plures sunt promulgatae et tribunalia novis regulis sunt reordinata. Jus peregrinum, quod ante Rempublicam, exceptis principiis statutis in pactis, relictum erat consuetudinibus et arbitrio judicum, nunc lente evolutum est in jus quoddam scriptum et distinctum. Difficultas quidem nunquam defuit, quia res in se nimis complexa est. Inde necessitas urgebat ut omnia quae in pactis statuta non erant claris terminis constituerentur tum ad evitandas nimias quaestiones propter crescentia commercia facile oriundas tum ad retundendos abusus tribunalium.

Leges internae sinenses in diversis occasionibus promulgatae peregrinos tangentes possunt reduci ad tres classes: prima classis legum respicit exercitium jurisdictionis extraterritorialis; secunda classis legum respicit jus civile peregrinum; tertia classis legum respicit jura peregrinorum.

I. LEGES INTERNAE

Relate ad exercitium jurisdictionis extraterritorialis principalis cura gubernii sinensis consistit in tentaminibus abolendi hanc jurisdictionem, sed nihil omnissum fuit ut ea omnia quae in sua potestate sunt,

---

(34) ((En pratique, les tribunaux consulaire jugent selon un melange de lois nationales et de coutumes locales. La diversite des systemes choisis par les Puissances consiste dans le dosage different des deux elements legislations nationales et coutumes locales)) R.H. OUANG, o.c., p. 174.

recte ordinarentur. Gubernium enim republicanum sinense dissolvit omnia sua tribunalia autea instituta pro causis mixtis et reduxit omnes causas istas ad tramitem ordinariam judicialem et providit ut eae omnes causae, quae secundum terminum pactorum non sunt sub jurisdictione extraterritoriali, exacte procederent juxta jus processuale sinense, et definit etiam dubia quaedam circa exercitium jurisdictionis extraterritorialis. Haec omnia nobis magis clare apparebunt quando tractabimus de judiciis.

Pro exercitio juris civilis peregrinorum in Sinis, jus sinense plane recepit principia iuris internationalis et per Normas de applicatione juris constitutuit jus civile peregrinum [35]. In capitibus sequentibus videbimus quomodo gubernium sinense pro actibus juridicis peregrinorum jus sat perfectum dederit partim in legibus de codice juris civilis exequendo [36] partim in Normis de applicatione juris. In statuendo jure civili peregrinorum jus sinense secutum est communem opinionem de conflictu jurium. Jus enim sinense non directe tradidit normas juridicas peregrinis, sed suis tribunalibus. Attamen clarum est istas normas de applicatione juris indirecte indicare peregrinis quoddam jus quod observare ipsi debent in suis actibus, quia si istud jus non observatur, jus non concedit protectionem. Si vero aliquod jus non protegitur, tunc jus egreditur ordinem stricte juridicum et remanet in ordine morali.

Ad definienda jura peregrinorum pacta vetera non paucas normas suppeditant, sed non sufficienter. Successivae ordinationes per decreta a gubernio sinensi publicatae sunt, in quibus declaratur quid a peregrinis fieri possit et quid fieri non valeat. De his sermo erit in capite de statu civili peregrinorum.

---

(35) NAJ, publicatum est 5. Augusti 1918. (habetur in apendice).
(36) CJCS, p. 390.

ARTICULUS **IV.** PRIMUM CONCILIUM SINENSE

I. PRAESCRIPTIONES PRIMI CONCILII SINENSIS

Postquam novimus partem civilem juris peregrini missionarii in Sinis, jam nostrum est perpendere partem canonicam, cum jus peregrinum missionarium constituatur potissimum quidem jure civili, sed etiam ex praescriptionibus juris ecclesiastici elementa magni ponderis assumit. Non exsistit adhuc concordatum pro missionibus sinensibus, excepto concordato lusitano pro dioecesi Macaonensi. Quod ad concilia plenaria attinet, habetur Primum concilium Sinense anno 1924 in civitate Shanghai celebratum; inter cujus acta plura reperiuntur decreta quae jus peregrinum tangunt.

Etenim circumstantia specialis in qua opus missionale in Sinis explicatur, persuasit Patribus Concilii ad prudentes cautiones stabiliendas quominus quid detrimenti missiones caperent ex modis agendi missionariorum. Opinio evasit communis illis temporibus apud paganos Sinenses quod ((Ecclesiae nempe Catholicae ejusque Missionalium operam non ad ea dumtaxat spectare quae Religionis sunt sed publicis studiis consiliisque exterarum gentium servire, atque idcirco obstare quominus populi a se evangelica doctrina collustrati vel sui juris fiant vel ea, quae sunt suae nationis postulata, libere vindicent)) [37].

Quamobrem Patres Concilii Sinensis statuerunt in parte generali:

((Add finem sui ministerii consequendum, Missionarii Catholici, hoc nomine digni, omnes vias persequantur, nullamque negligant cautionem.

((Unde vitent patrii sermonis inter alienigenas propagandi studium nisi forte agatur de linguis quae alumnorum utilitati cedere queant et quae ab ipsis discendae quaerantur...))

---

(37) Sylloge, p. 260. (Epistola A Pontificatus primordiis).

((Abstineant omnino a promovendo adiuvandoque commercio sive cum patria propria sive cum aliis regionibus...)) (Num. 23)[38].

((Oportet ut religio catholica indigenarum mentibus parum excultis non appareat religio unius vel alterius nationis, sed perspicue fulgeat nota universalitatis quam a suo divino Fundatore accepit. Similiter evangelizationis opus oportet ut servet characterem praedictae catholicitatis, ita ut summo omnium missionariorum studio arceatur periculum confirmandi apud indigenas inveteratum praejudicium quod fidei propagatio inserviat commodis et utilitatibus unius vel alterius gentis procurandis)) (Num. 24).

((Ex hoc tanti momenti principio sequentes conclusiones deducuntur:

1. Religio Catholica officiali probatoque nomine ((T'ien-chu-kiao)) vocetur. Attamen alia nomina, quae essentialia Ecclesiae attributa referunt, non reporobant.

2. In fronte ecclesiarum unus tantum, characteribus sinicis conscriptus, ponatur titulus, scilicet ((Tien-chu-t'ang)).

3. Pro missionum domibus, omissis omnibus appellationibus quae missionariorum nationem designant, haec sola inscriptio usurpetur: ((Catholica Missio)).

4. In capite epistolarum documentorumque officialium una sit intestatio: vel Catholica Missio: vel nomen Loci, Vicariatus aut Praefecturae apostolicae, praetermissis omnibus denominationibus, quae missionariorum patriam significant.

5. Omnes justae leges reipublicae sinensis observari debent sive a fidelibus, sive a missionariis et sacerdotibus, iis non exceptis legibus quae jura protectionis in catholicos aliis nationibus agnoscunt.

Quaestiones tamen omnes quae hujusmodi ((protectoratum)) respiciunt, supremo S. Sedis judicio reservantur.

---

(38) PCS, p. 34.

6. Ad opem exterarum auctoritatum quam minime confugiendum est,
id est, quando, ad negotia componenda, praeclusae sunt omnes
aliae viae)) (Num. 25) cfr. POS. p. 34-36.

Hae praescriptiones sapienter dirigunt missioarios in suis actibus
ut caveant suspiciones et ambiguitates; respiciunt quidem hae praescriptiones directe missiones catholicas, sed indirecte etiam missionarios in suis exercitiis jurium civilium, sicut prohibitio docendi linguam
patriae suae, promovendi commercia et praeceptum observandi leges
sinenses.

II. Quid relate ad jus peregrinum missioarium?

Dubium potest suscitari a verbis ((Omnes justae leges sinenses
observari debent... sive a missionariis...)) Intenditne Primum Concilium Sinense in hoc praecepto statuere obligationem missionariorum ad
observantiam legum sinensium in materia civili, scilicet debentne
missionarii in omnibus suis exercitiis jurium civilium observare jus
civile sinense an non? Responsio videtur debere esse affirmativa, quia
canon aequiparat missioarios ad fideles et sacerdotes indigenas, qui in
suis actibus civilibus certo certius observare debent jus civile sinense.
Attamen res ita se habere non potest. Gravis sane est res statuere
subjectionem missionariorum ad jus civile in omnibus suis exercitiis
jurium civilium, nec potest hoc statui obiter per aliquam affirma-
tionem genericam. Leges igitur sinenses in mente Patrum Concilii
accipiuntur in suo sensu completo et comprehendunt omnes normas
juridicas promulgatas a gubernio sinensi; propterea missionarii, fideles et sacerdotes indigenae tenentur observare illas leges, quae a
gubernio sinico pro iis latae sunt, et missionarii in suis actibus prae
oculis habere debent non jus civile sed jus peregrinum. Nam
gubernium sinense adhuc non aequiparat missionarios cum suis civibus
et dedit permultas normas speciales pro actibus juridicis missionariorum.

Praeter praescriptiones generales Primum Concilium Sinense
decrevit etiam regulas pro aliquibus casibus particularibus, ut quoad

scholas in Num. 782, quoad acquisitionem bonorum immobilium in Num. 541, quoad causas judiciales in Num. 720... De his omnibus videbimus in decursu tractationis nostrae.

COLLORARIUM I: De protectoratu missionum in Sinis

Dum sermo fit de missionario jure in Sinis, licitum non est silentio praeterire protectoratum religiosum, quamvis res ipsa nunc jam pertineat magis ad historiam quam ad vitam missionum.

Auctoritas imperialis Sinarum, exceptis paucis regnantibus, aegre semper ferebat ingressum peregrinorum in Sinas propter vexationes quas peregrini Sinensibus deferebant. Indeque propagatio fidei in Sinis obstaculis vexationibusque libera esse non potuit, non obstantibus audacia et prudentia missionariorum. Cum vero nationes exterae, mediantibus pactis, negotia commercii in Sinis protegere incepissent, gubernium gallicum sibi munus ac honorem assumpsit protegendi missiones catholicas per suos legatos in civitate Pekino residentes, et multum inde laboravit in favorem missionum. Ex quo lente acquirebatur protectoratus religiosus in Sinis ab auctoritate gallica. Exercitium protectoratus consistebat in 1) dando documentum ((Passport)) missionariis novis; 2) tractando omnes quaestiones religiosas cum auctoritate sinensi per consules gallicos; 3) impetrando favores missionibus per ministrum gallicum in civitate Pekino residentem. Pertinebat etiam ad protectoratum protegere libertatem religiosam fidelium in pactis statutam [39].

Postquam missionarii germanici in Sinas pervenerunt, gubernium germanicum statim protectionem super suos missionarios exercere voluit et, licet protectoratum gallicum plene ejicere non valuisset, obtinut tamen paritatem juridicam super missionaros saltem germani-

---

(39) Gubernium gallicum considerabat christianos Sinenses, esse suos ((Proleges)) , ((Les chinois chretiens, bien qu'en vertu des traites ils soient exemptes de certaines contributions et assures de dedommagement en cas de troubles anti-religieux)). Cfr. R.H. OUANG, o.c., p. 106.

cos tum ex parte gubernii sinensis tum ex parte Sanctae Sedis. Exemplum Germanorum sequuta est Italia, quae suos proprios missionarios a protectoratu gallico subtrahere conabatur et, superatis studiis oppositis, de facto jus par ac Germania acquisivit.

At gubernium sinense quaestiones religiosas cum Sancta Sede directe tractare cupit et frustratis ob causas extraneas conatibus ad relationes diplomaticas cum Romano Pontifice ineundas, excogitavit modum agendi quo protectoratus religiosus practice inutilis redditus est: etenim gubernium sinense nunc recognoscit documentum ((Passport)) missionariis datum ab omnibus et singulis Statibus, qui relationem diplomaticam cum Sinis habent, et quaestiones religiosas, quae missiones catholicas tangunt, directe cum Delegato Apostolico tractat, omissis omnibus deviationibus et interventibus legatorum exterarum Civitatum, et tandem suum Legatum ad Sanctam Sedem permanenter misit anno praeterito [40].

----

(40) ((Gubernium sinense bis tentavit a Sancta Sede Nuntium Apostolicum obtinere, ut cum illo res ecclesiasticas tractaret... Prima vice quaestio Nuntiaturae Apostolicae erigendae a. 1881 a Lihuntschiang, vice-rege provinciae Tscheliensis, excitata est. Anno 1885 gubernium pekinense a Leone XIII petiit ut consilium hoc executioni mandaret. Romanus Pontifex votis annuit. Attamen legalus Galliae apud Sanctam Sedem contradixit et minatus est fore ut concordatum rescinderetur, nisi Sancta Sedes a suo consilio resiliret. Romanus Pontifex voluntati Galliae cedendum esse putavit. Iterum gubernium sinense, mense Julio an. 1918 conatum suscepit, ut Nuntiatura Apostolica Pekini institueretur. Romanus Pontifex illico Nuntium designavit. Gallia autem, provocans ad conventionem an. 1858, a gubernio Pekinensi postulavit, ut consilium suum relinqueret. Sinae praecepto gallico se subjecerunt. Delegatur Apostolica, quae brevi Apostolico d. 9 Augusti 1922 pro Sinis instituta est, protectoratum directe non tangit)) (T. GRENTRUP, *Jus missionarium.* Steyl Hollandiae 19225, vol. I, p. 398).

Caput III

De Conditione Juridica Missionum In Sinis

Peregrinus extra suam patriam in Civitate aliena commorans, jure sibi a natura collato, privari non debet neque tutela juridica spoliari. Antiquis quidem temporibus peregrini considerabantur ab auctoritate loci commorationis sive ut hostes quibus nullum jus competit, sive ut extranei quibus parvum jus tribuitur; hodernis autem temporibus jus ac consuentudo internationalis conditionem juridicam peregrinorum jam recognoverunt et jus internum singulorum Statuum tribuit peregrinis vel omnia jura, sicut civibus incolis, vel principaliora jura [1].

Missionarii, considerati uti personae privatae, in materiis civilibus sequuntur conditionem juridicam, quam Status commorationis concessit peregrinis in genere, nisi concessio specialis adsit. Conditio juridica peregrinorum, quae secundum leges Status commorationis indicat complexum jurium atque officiorum peregrinis attributorum, in uno Statu eadem pro omnibus peregrinis necessario non est, quia Status commorationis in aliquo pacto potest concedere jura vel imponere onera secundum propriam voluntatem; propterea missionarii in terris missionum possunt habere conditonem eandem ac ceteri peregrini, possunt etiam habere conditionem juridicam specialem.

Missiones, utpote partes Ecclesiae Universalis, per se non sequuntur conditionem juridicam missionariorum relate ad jura civilia, quia jura et onera Ecclesiae quoad materiam civilem jam stabilita sunt vel a jure divino vel a jure ecclesiastico et tantummodo quoad modum exercendi remittuntur ad jus civile. Tamen si quando in terris infidelium missiones a gubernio non recognoscuntur opus divinum et considerantur potius associationes peregrinorum exterorum uti associationes commerciales; tunc jura civilia missionariorum confunduntur

---

(1) Cfr. J. PARSQUAZI. *Jus internat. Publicum*, Roma 1935, vol. I, p. 241.

cum juribus civilibus missionum et intra spheram juris peregrini missionarii etiam comprehenditur norma juridica missionum relate ad materiam civilem.

Quamobrem cum res ita sese habeat in Sinis, pro nostro studio, quod per se respicit tantum jura civilia misionariorum praemittere oportet brevem expositionem de conditione juridica missionum in Sinis.

ARTICULUS I. VICISSITUDINES HISTORICAE

Theodorus Grentrup in suo libro de jure missionario scribit: ((Vicissitudines historicae, quae in relatione Gubernii et legislationis Sinensis ad missiones evenerunt, in sex periodos apte dispertiuntur, et quidem: 1) Tempus, quo regnaverunt imperatores ex Mongolia oriundi, ab an. 1280 usque ad annum 1367: viguit omnium religionum liberatas; 2) Tempus, quo regnaverunt imperatores orti ex familis, quae vocatur Ming, ab an. 1368 usque ad an. 1644: praeter Confucianismum omnes aliae religiones lege generali interdictae erant. Doctrina christiana lege speciali non fuit prohibita, sed continebatur in vetito generali; 3) Tempus duorum imperatorum familiae Manchutartarichae, ab an. 1644 usque ad an. 1722: religio christiana ad plenam exsistendi et agendi libertatem ducta est. Gubernium Sinense proprio motu Ecclesiae Catholicae sacrorum jus concessit; 4) Tempus imperatorum ab an. 1722 usque ad an. 1842: religio christiana legibus specialibus sub gravissimis poenis proscripta est; 5) Tempus imperatorum ab an. 1842 usque ad an. 1912: gubernium Sinense a civitatibus christianis coactum est ad fidem christianam ejusque propagationem tolerandam; 6) Tempus gubernii reipublicae ex an. 1812 deinceps: generalis religionum libertas in legibus fundamentalibus ceu Constitutionalis ultro conceditur)) [2]

Divisio haec, sat clara et in rebus sat fundata, pro nostro studio minus apta videtur. Nostrum enim studium magis fundamento juridico

---

(2) T. GRENTRUP, *Jus missionarium.* Steyl Hollandiae 1925, vol. I, p. 127.

adhaerere debet quam factis; nam aliquando missionarii in jure nullam tutelam habent et nihilominus de facto tutelam et libertatem a regnantibus recipiunt. Dividimus ergo vicisitudines historicas relate ad missiones in Sinis in tres periodos:

1. Periodus sine reognitione juridica, a primordio catholicismi an. 1280 usque ad an. 1692, in qua periodo propagatio fidei in Sinis recognitonem juridicam nondum obtinuerat, sed unice dependebat a nutu regnantium. Missionarii relate ad jus sinense omnino extranei erant, licet ipsi conati sint in omnibus sese adaptare moribvs juribusque sinicis.

2. Periodus conditionis juridicae specialis, ab an. 1692 ad an. 1919. In qua periodo Missiones catholicae ab jure sinensi recognitae sunt et recipiebant complures favores qui constituunt quandam conditionem specialem neque omnino secundum jus ecclesiasticum neque secundum jus internationale.

3. Periodus conditionis juridicae normalis. Ab an. 1919 in posterum conditio juridica missionum catholicarum sensim sine sensu reducitur ad conditionem normalem secundum jus internationale et jus ecclesiasticum.

De unaquaque periodo paululum diffusius dicendum est.

I. PERIODUS SINE RECOGNITIONE JURIDICA

Primi aratores evangelici in Sinis, quorum memoria in scriptis nunc conservatur, sub dynastia Yuan laboraverunt. Quae dynastia an. 1280 thronum imperialem in Sinis constituit ibique regnavit fere per unum saeculum et tandem an. 1368 expulsa est a partibus internis Sinarum. Successit familiae mongolensi dynastia Ming, quae erat de familia sinensi proprie dicta, et potestatem imperialem tenuit usque ad an. 1644. Quo anno, cum ultimus hujus dynastiae imperator suicidio sibi vitam abstulisset, familia Manchuliensi in Sinis regnare coepit. Periodus quae decurrit ab an. 1280 usque ad an. 1692, extendtur ad tempora quae comprehendunt dynatiam Yuan, dynastiam Ming et principium dynastiae Ts'ing; in qua periodo missiones catholicae varias vicissitudines felices infelicesve subierunt. Durante tota dynastia Yuan missiones catholicae favores imperatorum principumque habebant et relationes inter imperatores et Romanum Pontificem ita sincerae et frequentes erant ut legati ex utraque parte mitterentur. Attamen pactum inter Sanctam Sedem et gubernium sinense non intervenit, nec quaedam lex libertatem iuraque missionibus concedens invenitur. Missiones igitur de facto sub tutela gubernii stabant, sed non sub tutela juridica et proinde nullam conditionem juridicam realem possidebant.

Dejecto throno dynastiae Yuan de Sinis, successor ejus evertere voluit ea omnia quae ab imperatoribus mongolensibus creata erant. Inter ea etiam favor et tutela missionibus catholicis facta recensentur; propterea missionarii coacti sunt deserere Sinas, fideles dispersi sunt, ecclesiae destructae sunt atque intra paucos annos missiones florescentes penitus extinctae.

Ab initio dynastiae Ming usque ad adventum Ricci in civitatem Pekinum (an. 1601) missiones catholicae interdictae erant sub duplici titulo: nempe uti religio falsa et uti religion extera. Sub fine dynastiae Yuan plures sectae religiosae exortae sunt, quae populum ad superstitiones et ad rebellionem excitabant; dynastia Ming multum laboravit ad eas exstirpandas et inde omnes associationes religiosas praeter Confucianismum, Buddhismum et Taoismum, prohibuit gravibus sub poenis. Cumque deturbata fuisset communicatio inter Europam et Asiam a dominatione Mahometanorum, nec missionarii nec mercatores ad Sinas pervenire jam valerent, imperatores sinenses, capta occasione, clauserunt omnino portas Sinarum omnibus civibus exteris. Cum primi missionarii post S. Franciscum Sinas petere cupiebant, imprimis laborabant ut permissionem ingrediendi obtinerent. Facultas vero ingrediendi videbatur posse dari, si missionarii poterant sese exhibere mercatores vel legatos exterarum Civitatum; etenim mercatores exteri possibilitatem habebant ingrediendi provinciam Cantonensem, et legati valebant etiam pergere ad civitatem imperialem, Pekinum. Per utramque viam missionarii tentamina indefesse fercerunt et tandem Matthaeus Ricci S.J. ad civitatem Pekinum, ingenti gaudio, pervenire potuit an. 1601. Post ingressum in hanc civitatem, missionarii debuerunt excogitare media ad obtinendam permissionem permanendi et petitionem significaverunt auctoritati sinensi, adducentes rationes non propagandi fidem religiosam sed studendi culturis sinensibus et docendi scientias occidentales; sic P. Michael Ruggeri S.J. an. 1583 jam potuerat domum in civitate Chiao-chow aedificare, et postea Mathaeus Ricci in civitate imperiali permanere.

Licet Ricci ejusque successores favores ac honores consecuti fuissent in civitate Pekino, tamen nondum potuerunt obtinere ab imperatoribus sinensibus tutelam juridicam omnium missionum. De facto missionarii jam multas provincias internas peragrabant et fidem evangelicam ubique praedicabant.

II. PERIODUS CONDITIONIS SPECIALIS

Anno 1692 die 22 Martii imperator Kanshi de dynastia Ts'ing decretum promulgavit, quo tutelam legalem missionariis conceditur, dicitur enim: ((Viri ex regione occidentali oriundi, qui in provinciis resident, nihil mali agunt nec ullo modo partes habent in rebellionibus movendis. Non constituunt sectam perversam ad populum decipiendum et ad tumultus excipiendos. Liberum est unicuique visitare templa Lamaismi et Buddhismi atque ibi afferre incensa; si igitur idipsum prohibitum est pro viris ex occidente oriundis, qui nihlil machinantur in leges, justitia videtur laedi. Quapropter convenit permittere, ut ecclesiae in provinciis exstructae conserventur, sicut temporibus praeteritis erant, et ut illi, qui incensum afferunt et honorant Deum, libertate gaudeant, sicut antea, sic faciendi, neque necessarium est eos impedire)) [3].

---

(3) T. GRENTRUP, Jus missionarium (Steyl Hollandiae 1925), vol. I, p. 134. LE G OBIEN CHARLES S.J., Hitoire de l'edit de l'empereur de Chine en faveur de la Religion chretienne. Paris 1698. JESEPHUS SIAO, *Historia ecclesiastica*. Shiensien. ed. IV, vol. II, p. 170.

Hoc decretum prima vice recognovit exsistentiam missionum catholicarum in Sinis. Videtur nihil novi dictum esse in decreto, nam praescriptiones continuo referuntur ad statum temporis praeteriti; tamen realiter multum in jure factum est; quia status temporis anteacti erat status tantummodo facti, post vero hoc decretum status factus est juridicus et legalis. Jura, quae missionariis, semper uti personis privatis, concessa sunt, consistunt in libertate cultus, scilicet habere locum cultus et facultatem exercendi cultum; libertas autem propagandi fidem evangelicam silentio tegitur nec prohibitio antea vigens renovata est.

Post hoc decretum missiones catholicae tum ob quaestiones de ritibus tum ob invidiam aliquorum ministrorum imperialium favores imperatorum cito amiserunt et usque ad an. 1842 complures passae sunt persecutiones, etiam cum effusione sanguinis martyrum. Attamen decretum imperatoris Kanshi juridice semper remansit in vigore, quia posteriores persecutiones motae, tam contra missionarios propter propagationem fidei quam contra christianos incolas propter professionem religiosam, sunt secundum vigorem hujus decreti; nam concessiones in eo factae respiciunt tantum libertatem cultus missionariorum, ideoque permissio per se data non erat vel ad propagandam fidem vel ad profitendam fidem per cives sinenses. Legitur in decretis successivis contra religionem christianam:

((... Pastores indigenae (Presbyteri) qui nostris temporibus in omnibus provinciis inveniuntur, severiorem prohibitionem obtineant necesse est. Indigenae, qui hunc titulum (Presbyteri) gerunt, ab iis certe non multum differunt, qui a barbaris dignitates officiales acceptant, quod gravibus poenis animadvertitur. Sed benigne respicio, quomodo ignorantes decepti et pecunias, praesidia, auxilium exoptantes, ab iis viris (missionariis Europaeis) allecti sint. Quapropter, casu eorum accurate inquisito, in exilium ad illi mittentur ibique ad servitutem redigentur; si pencuniam a barbaris obtinuerint, bona familiae, ad quam spectant, in favorem potestatis publicae sequestrabuntur. Sic igitur ille, qui religioni propagandae se obtulerit, ad ILLI in servitutem mittendus erit, ut omnibus manifestum fiat, horum criminum poenas adhuc exsistere, quae ceteros terrent. 'Per se patet, cives qui parentibus repugantibus fidem christianam amplexi sunt, ad pristinam redire cogendos esse. Eorum libri, scripta aliaeque res deleantur oportet)) (decretum imperatoris Kien-long, an. 1784) [4].

((... Quapropter, Europaei, si libellos religiosos imprimi fecerint vel coram populo praedicaverint, et hac occasione multos veneno (doctrinae suae) occiderint, et in errorem impulerint; aut milites, si Europaeos adierint, in occulto eorum praedicatores sese constituerint ad complures falsa doctrina inficiendos ii, qui principaliter in culpa fuerint, postquam sufficientibus et veris testimoniis sunt convicti, nulla interposita mora strangulabuntur. Ii, qui errorem propagaverint, neque magnam multitudine seduxerint nec ex officio id agere jussi fuerint, strangulabuntur, cum dilatatione vero executionis, usquedum sententia examini denuo subjecta fuerit. Sectatores simplices, qui religionem amplexi fuerint eamque relinquere noluerint, relegabuntur in Helonkiang et in Tartarorum servitutem tradentur, si sint milites, simul ex militia ejicientur. Europaeis residentibus Pekini mandatur ut solummodo calculationes et astromias in specula ad stellarum motus observandos instituant, nisi fortasse alias habeant facultates reipublicae utiles. Cur autem permittamus, ut illi, qui scientiae astronomicae sunt ignari, inter nos degant et tumultos excitent? Hi vice-regi duarum provinciarum Kwang-tong tradentur, qui prima navigandi occasione uterns eos domum redire faciet ...)) (Decretum imper. Kiaking an. 1811, die 18 Julii) [5].

Possumus igitur dicere temporibus illis missionibus uti religioni non competivisse jura, missionariis vero permissionem permanendi habentibus competivisse libertatem cultus.

Anno 1842, prima conventio commercialis inita est inter Sinas et Angliam, qua conventione gubernium sinense quinque portus esse apertos declaravit, in quibus peregrini exteri commercium agere ibique

---

(4) T. GRENTRUP, *Jus missionar.* vol. I, p. 139. Cfr. DE GROOT, *Sectarianism and religious persecution in China.* Amsterdam, vol. II, 1904, p. 329.

(5) T. GRENTRUP, *Jus mission.* vol. I, p. 141.

commorari possent. Hoc factum dedit illi systemati initium, quod evolvitur postea in subsequentibus pactis; secundum hoc systema peregrinis plures favores conferuntur, sed possibilitas negotia agendi limitatur in portibus apertis. Cum jus ingrediendi portum ibique permanendi omnibus civibus exteris oblatum fuisset, hoc jus missionariis etiam datum est. Tamen tale jus iis parum conutlit, quia si praedicatio Evangelii limitari debuisset intra loca portuum, religio catholica nunquam propagata esset in Sinis. Inde cum anno 1858 novae conventiones inter Sinas et Galliam, Angliam et Status Foederatos U.S.A. initae fuissent, missionarii obtinuerunt specialem permissionem ut ipsi ingredi possent regiones internas Sinarum et praedicare Evangelium ubique necnon possidere bona immobilia. Conditio igitur juridica missionum et missionariorum creata est per pacta internationalia et est specialis ac distincta a ceteris peregrinis, defenditur etiam a jure internationali; et in casu defectionis a parte Sinarum intervenerunt aliae Civitates contrahentes, non praetermissa vi militari ad urgendam obligatiaonem.

III. Periodus conditionis normalis

Jura in pactis missonariis concessa viguerunt usque ad fundationem Reipublicae Sinensis (an. 1911). Cum auctoritas reipublicae post constitutionem gubernii declarasset omnia pacta a gubernio sinensi praecedenti inita continuo vigere, conditio juridica missionum non est mutata sub regimine novo.

Mutatio conditionis juridicae missionum potest evenire vel a parte ecclesiastica reducendo missiones ad jus commune ecclesiasticum vel a parte civili reducendo missiones ad jus internationale commune pro peregrinis. Ultimis annis mutatio conditionis juridicae missionum in Sinis effecta est ab his duabus auctoritatibus.

1. Ex parte potestatis civilis: Post primum magnum bellum europaeum in conventione pacis Austria renuntiavit omnia privilegia acquisita in Sinis et remisit suos cives in Sinis commorantes ad jus commune internationale peregrinum. Quod exemplum secuutae sunt

Germania et Russia. Germania enim in pacto novo cum Sinis die 20 Maji 1921 inito convenit quod: ((Cives unius ex duabus Civitatibus qui in territorio alterius commorantur, juxta tramitem legum et ordinationum reipublicae libere fruuntur facultate migrandi, residendi, agendi commercium ac industriam quaestuosam, in omnibus illis locis, quibus cives alius nationis hoc facere possunt. Quod attinet ad personas et temporalia bona, jurisdictioni tribunalium localium subjecti sunt; legibus loco commorationis vigentibus obedire tenentur. Vectigalia et tributa iis impoenda non transcendent illa quae ipsi cives solvunt)) [6].

Cum vero conditio juridica peregrinorum mutata fuisset, conditio missionariorum, quatenus sunt personae civiles privatae, etiam mutatur. Hoc confirmatur ex declatione Sanctae Sedis: quando enim novum gubernium sinense in civitate Nankino fundatum est, Cardinalis Petrus Gasparri, a Segretis Status nomine Romani Pontificis felicitationem mandavit toti nationi sinensi, in qua felicitatione clare dicitur: ((Per il raggiungimento di questa pace si augura Sua Santità che siano pienamente riconosciute le legittime aspirazioni ed i diritti di un popolo che e il piu numoroso della terra; popolo di antica cultura, che ebbe periodi di grandezza e di splendore, ed al quale, ove si mantenga nelle vie della giustizia e dell'ordine, un grande avvenire non puo mancare. Vuole il Santo Padre che le Missioni cattoliche portino il loro contributo alla pace, al benessere, al progresso della Cina; e, secondo quanto scriveva nella lettera del 15 Giungo 1926 ((Ab ipsis pontificatus primordiis)) diretta agli Ordinari della Cina, ripete ora che la Chiesa Cattolica professa, insergna e predica il rispetto e l'ubbidienza alle autorita legittimamente costituite e che essa domanda per i suoi missionari e fedeli la liberta e la sicurezza del diritto commune)) [7].

2. Ex parte potestatis ecclesiasticae: Primum Concilium Sinense magnam attentionem adhibuit in constituendis praescriptionibus, ut

---

(6) *Collectio legum et decretorum.* Shanghai 1924, p. 354-355.
(7) Cfr. CELSO COSTANTINI, *La crist cinese e il Cattolicismo.* Roma, 1931, p. 137.

missiones catholicae in Sinis charactere religioso et catholico clare refulgerent et recognoscerentur a Sinensibus distinctae a Statibus civilibus occidentalibus, sed dependenes a Romano Pontifice. Quaestio de protectoratu a Concilio non tangitur, sed quidam modus procedendi missionariis impositus est qui practice exercitium protectoratus ad minimum reduxit. Statuit enim in Num. 25: ((Ad opem externarum auctoritatum quam minime confugiendum est, id est, quando ad negotia componenda praeclusae sunt omnes aliae viae)) et in Num. 700 ((Recursus ad auctoritates exteras pro negotiis tractandis in casu necessitatis tantum, omnibus primum tentatis mediis ad eum vitandum, id est postquam missionarii prosecuti sunt omnes vias ad rem cum auctoritatibus Sinensibus localibus componendam, nec aliud omnino superest refugium ad servanda Ecclesiae jura. At nunquam missionarius recurrat inconsulto Episcopo. Maxime vero cavendum ne, ob parvum bonum vindicandum, odium in religionem suscitetur)) [8].

Si conferimus has praescriptiones cum praxibus antiquis et cum modis in jure procedendi, intelligimus statim has constitutas esse directe ad auferendos interventus protectoratus [9].

Optandum igitur est fore ut relationes inter Sanctam Sedem et gubernium sinense, quae nunc de die in diem frequentiores sunt et intimiores, deveniant ad statum juridicum normalem per conclusionem concordati et sic Ecclesia in Sinis propriam conditionem juridicam acquirat.

In articulis successivis hujus capitis agemus de juribus missionum in specie ut conditio juridica missionum in Sinis magis illustretur.

---

(8) PCS, p. 36, 275.

(9) Imperator Kuan-chu ob petitiones legatorum exterorum die 5 maritii 1899 sancivit decretum ministerii pro negotiis exteris ut omnes quaestiones inde nasciturae circa missiones catholicas tractarentur per legatos nationum protectoratum religiosum exercentium cum ministerio pro negotiis exteris praeposito. Cfr. G. SOULIE DE MORANT, *Exterritorialite et interets etrangers en Chine.* Paris 1925, p. 362 sq.

ARTICULUS II. LIBERTAS EVANGELIUM PRAEDICANDI

I. LIBERTAS INGREDIENDI SINAS

Ecclesia, vi institutionis suae divinae, jus Evangelium libere praedicandi sibi vindicat ubique, cum Redemptor in coelum ascensurus officium edocendi Evangelium omnes populos Apostolis eorumque successoribus dederit simulque etiam jus id libere faciendi constituerit. Sinae autem ante annum 1840 clausae erant peregrinis omnibus, indeque etiam missionariis; post pactum Nankinense portus quidam aperti sunt exteris civibus, sed regiones internae semper remanebant interdictae ingressui extraneorum populorum.

Cum vero missionarii noluissent restringere zelum suum intra ambitum portus, sed petivissent regiones intimas Sinarum, auctoritates locales, vel propter inimicitias personales vel propter odium contra religionem, saepe missionarios apprehenderunt eosque condamnarunt ad mortem. Accidit ita an. 1856 in provincit Kwangshe, ut P. Aug. Chapdelaine cum pancis christianis occisus fuerit. Gallia igitur occasionem cepit et bellum una cum exercitu anglico gessit contra Sinas; finito bello conventiones initae sunt an. 1858; in quibus conventionibus libertas ingrediendi internas regiones sinenses missionariis concessa est. ((Cum Religio Catholica habeat pro suo fine ducere hominem ad rectam viam vivendi; christianis (Sinensibus) dari oportet protectionem vitae et familiae. Missionarii deinceps gaudebunt libertate cultus publicos exercendi praecesque effundendi. Isti autem qui juxta normam articuli 8 documentis legitimis muniti sunt, libere possunt ingredi regiones internas Sinarum Evangelium praedicandi causa; auctoritas localis sinensis eos benigne tractare et diligenter protegere sataget ...)) [10].

Permissio ingrediendi internas regiones sinenses missionariis conceditur sub conditione, quod isti pagellam seu documentum suae missionis secumferant juxta praescriptum articuli 8 supercitati pacti;

---

(10) PVNS, vol. IV, tom. I, p. 5.

articulus vero octavus ita se habet: ((Permittitur civibus gallicis ut ingredi possint regiones, ad quas naves exterae pervenire non valent, visitationis causa; sed ipsi cives gallici dabent habere secum pagellam conscriptam in lingua sinensi et gallica, datam a legato vel consule Galliae, et sigillatam ab auctoritate locali Sinarum...)) [11]. In principio gubernium Galliae, Sibi jus protectoratus vindicans, solum concedebat pagellam requisitam omnibus missionariis; nunc vero gubernium sinense legitimam habet pagellam concessam ab omnibus guberniis.

II. LIBERTAS PRAEDICANDI EVANGELIUM

In pactis quae libertatem ingrediendi Sinas missionariis procuraverunt, clare dicitur missionarios ingredi Sinas praedicandi Evangelium causa, eisque liberum esse id facere. In libertate praedicandi Evangelium comprehenditur simul triplex respectus hujus libertatis: scilicet libertas praedicandi, libertas credendi et libertas profitendi. ((... Inde auctoritas localis sinensis eos (missionarios) Benigne teactare et diligenter protegere satatget. Quisquis ex Sinensibus, quireligionem catholicam profiteri vult, non prohibetur, et christianus, si vitam juxta leges bene ducit, puniri non debet propter religionem. Prohibitiones hujus generis antea acripate vel sculpatae ab auctoritate contra religionem catholicam ubique revocandae sunt)) (Art. 13 pacti cum Gallia an. 1858).

In articulo 8 pacti cum Anglia an. 1858 ita legitur: ((Religio protestans et religio Romana sunt religiones, quae homines ad bonum faciendum ducunt et ut ament proximos sicut seipsos. Propterea omnes propagatores et profitentes harum religionum sine distinctione a jure protegentur et, si isti bene vivunt, ab auctoritate sinensi nec male tractari nec impediri possunt)) [12].

Idem habetur in articulo 29 pacti aum Statibus Foederatis A. S.;

---

(11) PVNS, ibid.
(12) PVNS, vol. II, tom. II, p.3.

ad complementum hujus articuli pactum an. 1969 initum aliquid addidit in articulo 4, dicens: ((In articulo 29 pacti antecedentis stabilitum erat ut omnes propagatores et profitentes religionem protestantem et romanam a lege sine distinctione protegerentur, et si isti bene vivant, ab auctoritate male tractari non possent. Nunc iterum conventum est ut deinceps omnes cives Americani in Sinis degentes non debeant injuriam pati nec mala sufferre propter diversitatem religionum, eodemque modo cives Sinenses in America degentes nihil detrimenti habere debent propter diversitatem religionum. Sepulcra vero, quae a civibus Americanis possidentur in Sinis, vel a civibus Sinensibus possidentur in America, vigilanter protegentur quominus ulla profanatio adveniat)) [13].

In articulis supra citatis praeter libertatem ingrediendi regiones internas Sinarum sancitur libertas praedicandi Evangelium. Haec libertas Missionariis catholicis et protestanticis competit et protegitur a jure atque ab auctoritate locali sinensi. Sancitur etiam libertas profitendi religionem catholicam vel protestanticam, quia gubernium sinense promisit ut prohibitiones antea latae contra religionem catholicam vel protestantem amplectendam cessarent; consequenter sancitur etiam libertas cultus publicos exercendi, quia id claris verbis affirmatur in pacto cum Gallia; et etiamsi affirmatio explicita defuisset, hoc venire debuit quasi per se.

ARTICULUS III. JUS ACQUIRENDI BONA IMMOBILIA

I. VICISSITUDO HISTORICA

Gubernium sinense in pactis benignum sese praebuit semper in concedendis multiplicibus privilegiis, sed valde avarum fuit quoad jus acquirendi bona immobilia. Concessum quidem est in pactis ut peregrini in portibus apertis conducere bona immobilia possent; attamen jus emendi fundos nunquam datum est. In pactis an. 1858, quae

---

(13) PVNS, vol. III, tom. III, p. 2.

missionariis facultatem ingrediendi Sinas ibique Evangelium praedicandi attribuerunt, nihil de jure acquirendi bona immebilia dicitur, et licet hoc jus necessarium sit operae missionali, tamen praesumi haud valuit. Itaque anno 1860 Gallia in pacto supplementario adjunxit in sexto articulo jus acquirendi bona immobilia: ((Permittitur missionariis gallicis in omnibus provinciis conducere et emere fundos ibique aedificia aedificare)) [14].

((Jus acquirendi immobilia missionariis adscriptum, Berthemy, legatus Galliae, a Gubernio Pekinensi rite acceptandum curavit. Die 20 Februarii an. 1865 communicavit Tsungliyamen (Ministerium pro negotiis exteris) cum Berthemy concedendo missiones catholicas immobilia emere posse eaque sub titulo missionis possidere. Difficultates, quae ex exortate erant, quod auctoritates locales validitatem emptionis dependere fecerint a sua licentia antecedente, anno 1895 sublatae sunt per interventionem Augusti Gerard (Ministri Galliae). Sufficiebat emptionem factam auctoritati locali notificare et taxam congruam solvere. Anno 1912 auctoritas Pekinensis (Bureau Central de Police de Pekin) iterum postulavit, ut in emptionibus immobilium, quae ab alienigenis et missionariis fierent, tum venditor tum emptor praeviam auctoritatis localis permissionem sibi pro curarent, et quidem sub poena nullitatis actus et insuper gravis mulctae pecuniae. Quae ordinatio interveniente legato Galliae retractata est)) [15].

Attamen novae normae pro acquisitione bonorum immobilium a Gubernio Nationali Nankinensi promulgatae sunt die 18 Julii 1928. Quae normae ita se habent:

((Art. 1. Religio extera, quae nosocomia vel scholas in regionibus internis Sinarum construere vult et facultatem construendi secundum pacta vigentia suae nationis cum Sinis habet, potest nomine religionis locare fundos et construere, vel locare et emere domos.))

((Art. 2. Religio extera, quae in regionibus internis Sinarum

---

(14) Pvns, vol. IV, tom. II, p. 2-3.
(15) T. Grentrup, *Jus mission.* Steyl 1925, vol. I, p. 146.

locat fundos et construit aedificia vel locat et emit domos, debet observare leges sinenses nunc vigentes vel tempore futuro ferendas circa
bona immobilia et vectigalia.))

((Art. 3. Religio extera, quae in regionibus internis Sinarum
fundos locat et construit edificia, vel locat et emit domos, debet
insimul cum proprietario (venditore) contractum denuntiare auctoritati competenti (civili) approbationemque ab ea petere. Post adprobationem obtentam contractus incipiet valere.))

((Art. 4. Quando vero religio extera in regionibus internis
Sinarum locat fundos et construit aedificia vel locat et emit domos; et
superficies fundi vel quantitas domorum superat necessitatem, auctoritas competens adprobationem contractui dare non debet.))

((Art. 5. Si compertum est quod religio extera fundos locat et
construit aedificia vel locat et emit domos propter emolumentum
quaestuosum vel propter commercia, auctoritas competens potest eam
prohibere vel irritare contractum locationis et emptionis.

((Art. 6. Religio extera, quae ante has normas promulgatas
fundos et domos usque nunc possidet, debet, mediante auctoritate
competenti civili, illud denuntiare gubernio nationali sinensi. Et si
fundus ab ea possidetur titulo proprietatis ob contractum emptionis,
deinceps possidebitur sub titulo emphyteusis perpetuae.))

((Art. 7. Hae normae provisoriae vigere incipient die promulgationis)) [16].

II. Normae vigentes

88. Transcriptis normis recenter a gubernii sinensi datis, nunc
aggrediamur quaestiones de valore istarum normarum relate ad
missiones catholicas.

Inprimis notandum est quod hae normae respiciunt tantummodo

---

(16) CCJV, tom. V, p. 509.

acquisitionem bonorum immobilium in regionibus internis Sinarum, non vero in Concessionibus [17] nec in portibus apertis. In Concessionibus res regulantur statutis particularibus, in portibus vero apertis emptio bonorum immobilium practice antea peregrinis permittebatur. Notandum est etiam quod in appellatione ((religio extera)) comprehenditur certe missio catholica, licet gubernium sinense explcite hoc non declaraverit; econtra declaravit gubernium Sinarum vicariatus et Praefecturas Apostolicas clero locali commissos [18], necnon associationes actionis catholicae non comprehendi in hac appellatione [19].

Neminem latet quantas qualesque graves consequentias hae normae secumtulerint missionibus catholicis, quae (fere) per centum et amplius plures annos multa bona immobilia, speciatim fundos in Sinis possident titulo proprietatis. Non est mirum quod dubia et quaestiones a primordiis temporibus post promulgationem statim exortae sunt tum relate ad interpretaionem cum relate ad applicationem.

89. Primum dubium propositum est gubernio nationali sinensi, quarens quaenas sit relatio inter has normas et pacta antecedentia et adhuc vigentia. Responsum, quod diversis vicibus repetitum est, affir-

---

(17) Concessiones sunt partes aliquarum civitatum sinensium, quae Statibus Exteris locatae sunt in quibus peregrini permanenter habitare possent. Hhae concessiones per privilegium extraterritorialitatis postea sublatae sust ab jurisdictione sinensi et propriam administrationem habent. Cfr. J. ESCARA, *Le regime des concessions etrangeres en Chine.* Recueil des Cours, 1929, II, p. 1-134.

(18) ((... Vera religio christiana, quae constituitur et praeflcitur a civibus nostris; cognoscitur associatio religiosa nostrae nationis et juxta lejs potest locare et emere fundos ad aedificandas ecclesias. Quando vero peregrini secrete induxerunt fideles sinenses nomine proprio sed realiter pro ipsis, fraudulenter fundos vel domos emere vel conducere, auctoritas competens debet sever eis interdicere quominus dolus in has res irrepat...)) Cfr. CCJV, p. 824-825, tom. IV.

(19) ((...Si Actio Catholica in Sinis habet suos directores et socios de civibus sinensibus et juxta leges obtinuit recognitiones ab officio superore centrali vel locali Factionis politicae Nationalis ut associato religiosa nationalis, tunc non tenetur ad restrictionem articuli primi et terti Normarum Provisoriarum...)). Cfr. *Numerus specialis pro vigesimo quinto anno fundationis associationi A.C. in Civitate Shanghai.* - Shanghai 1937, tom. II, p. 78.

mat standum esse pro valore pactorum. En regula generalis in decreto Yuan (consilium) justitiae die 27 Julii 1931: ((Quando habetur conflictus inter leges internas et conventiones internationales, exceptis conventionibus antea initis, quae praevalere semper debent, singulis vicibus recurrendum est ad gubernium et interim standum pro valore conventionis)) [20]. Ministerium pro negotiis exteris die 22 Sept. 1933 explicitum responsum dedit huic dubio: ((Anno 17 Reipublicae Normae Provisoriae promulgatae sunt quominus religio extera in regionibus internis sinarum largos fundos possideret quaestus faciendi causa; sed intentio non fuit gubernii ut jus religionibus exteris in pactis acquisitum permutaretur. Idcirco usquedum pactum istud abrogatum non fuerit, res procedere debet juxta verba pactorum sicut responsum fuit a Yuan justitiae (die 25 Jan. 1922))) [21].

In pacto cum Gallia an. 1860 cautum erat de capacitate missionariorum gallicorum ad emendos fundos et domos in omnibus provinciis et in responso ad legatum gallicum Berthemy an. 1865 conceditur capacitas emendi fundos omnibus missionariis catholicis. Hoc quidem debuit evenire, etiamsi id gubernium sinense non ita clare dixisset, quia concessio missionariis catholicis nationis gallicae facta, quatenus est beneficium et privilegium, communicari debuit missionariis catholicis aliarum nationum, quae pactum cum Sinis iniverunt et stipulaverunt de communicatione beneficiorum [22]. Omnes igitur missionarii catholici in Sinis jus habebant ad emenda bona immobilia. Post repetitas responsiones gubernii sinensis plane constat capacitatem emendi fundos in omnibus provinciis adhuc missionariis competere:

---

(20) CCJV, tom. XI, p. 583.

(21) Renseignament du Bureau sinologique. Shanghai Zikawei, n. 169, 8-9, an. 1933.

(22) Communicatio beneficiorum in jure internationali appellationem habet clausulae ((Etat plus favorise)). Omnes fere conventiones inter Sinas et exteras nationes antiquitus initae hanc clausulam habent qua privilegia favoresque uni Statui ab auctoritate imperiali Sinarum concessi, ipso facto, ceteris Statibus communicatur. Communicatio vero diversis modis habetur vel plene vel partialiter, vel reciproce vel unilateraliter. Cfr. SOULIE DE MORAND, o.c., p. 33-46.

habemus etiam duo responsa explicita gubernii sinensis cirea hanc quaestionem: quorum unum datum est ante promulgationem Normarum Provisoriarum, alterum post promulgationem harum normarum. Legitur in uno responso: ((... Religio protestans in Sinis pro acquirendis bonis immobilibus potest tantummodo contractum emphyteusis perpetuae inire. Religio vero catholica in acquirendo bono immobili secundum pacta inter Sinas et alias natones inita potest contrahere contractum emptionis)) (die 6 Junii 1928) [23]; legitur in altero responso : ((Secundum pacta religio catholica pro acquirendis fundis in Sinis potest inire contractum emptionis. Sed in contractu notari debet bona empta esse in proprietatem religionis, non vero nomine alicujus missionarii individui ...)) (die 10 Feb. 1930) [24].

Attamen fateri debemus rem non omnino carere difficultatibus circa capacitatem emendi fundos illorum missionariorum qui sunt de nationibus quae vel jam renuntiaverunt omnia privilegia acquisita in Sinis, vel relationes diplomaticas cum Sinis adhuc non habent, vel denique novas conventiones recenter cum Sinis iniverunt. Nam gubernium sinense in suis responsis constanter appellavit ad pacta inita et adhuc vigentia, ideoque non vult recognoscre omnes missionarios nomine religionis emere posse fundos, sed tantum illos, qui secundum pactum suae patriae cum Sinis hanc capacitatem obtinuerunt. Ergo nobis videtur affirmandum esse quod juxta mentem gubernii Sinensis missiones catholicae sunt incapaces ad emendos fundos, si istae missiones reguntur a missionariis nationum, quae pactum vetus de privilegio emendi bona immobilia cum Sinis non amplius conservant. Potest nobis objici repsonsum gubernii sinensis 1865. Sed respondemus quod illud responsum fuit concessio unilateralis ex liberalitate gubernii sinensis et proinde revocari potest ab auctoritate legitima sinensi. Promulgatio harum Normarum Provisoriarum est voluntas explicita revocationis illius concessionis; quamobrem concessio jam non amplius sustinetur.

---

(23) Renseignment du Bureau sinol. Shanghai, n. 44, p. 5. an. 1929.
(24) Ibid. N. 60, p. 3, an. 1930, V.

90. Secuudum dubium est, num missiones catholicae, quae jus emendi fundos vi pactorum sibi retinent, teneantur juxta mentem gubernii sinensis ad observantiam istarum Normarum Provisoriarum, exceptis quiden articulis 1 et 6. Nobis videtur obligatio adesse illas Normas observandi etiam pro missionibus emendi fundos capacibus. Primo quia in pactis nihil habetur de legibus contractus regulantibus, ergo gubernium sinense potest tollere leges pro contractibus ineundis et etiam capacitatem emendi intra determinatos limites cohibere. Secundo quia hae normae certe applicari debent pro locatione vel fundorum vel domorum; tunc non est ratio cur contractus emptionis non cadat sub ea ordinatione. Denique de facto constat gubernium sinense observatiam istarum normarum, exceptis excipiendis, ab omnibus missionibus exigere.

91. Dubium habetur circa sensum articuli quinti et quarti, i.e. quando dici debeat missiones catholicas in emendis fundis vel conducendis domibus excessisse ultra quantitatem necessariam, et quando dici debeat missiones catholicas possidere bona quaestus faciendi causa.

Responsum datum est a Yuan justitiae die 7 Julii 1932, dicens: ((Articulus quartus Normarum provisoriarum pro acquisitione bonorum immobilium haec statuit: si religio extera in regionibus internis Sinarum locat fundos et construit aedificia, vel locat et emit domos; et superficies fundi vel quantitas domorum superat necessitatem, auctoritas competens adprobationem contractui dare non debet. Superficies necessaria et quantitas necessaria intelliguntur de ea superficie vel ea quantitate quae requiritur ad construendas scholas, ecclesiasa et nosocomia. Si superficies vel quantitas superat hunc limitem, et adhibetur ad quaestus percipiendos pro sustentatione illorum operum, superficies vel quantitas consideranda est non necessaria)) [25].

Limes igitur superficiei circumscribitur iuxta exigentiam aedificii construendi, quod debet esse vel ecclesia vel schola vel noso-

---

(25) THÉRY S.J., *Droit chinois moderne*, Tientsin 1931, p. 335.

comium: quantitas domorum mensuratur ad exigentias illius operis, quod est aperire scholas, ecclesias vel nosocomia.

Alterum responsum datum est a ministerio pro negotiis exteris, in quo dicitur: ((··· Articulus 5 Normarum Provisoriarum pro acquisitione bonorum ··· respicit contractus acquisitionis fundorum vel domorum a religione extxera ineundos post promulgationem. Quod aucioritas localis aliquando erronee interpretata est sensum hujus articuli, iste error jam saepe ab hoc ministerio correctus est ···)) [26]. Vis igitur hujus articuli quinti non est similis articuli sexti efficaciam retroactivam secumferentis.

92. Remanet adhuc aliud magni momenti dubium. Nam die 15 Octobris an. 1929 gubernium sinense decretum promulgavit, in quo imponitur religionibus exteris obligatio notandi quattuor res in contractibus acquisitionis boni immobilis: a) tempus locationis, b) limites et superficies fundorum et quantitatem et formam externam domorum, c) pro quonam usu adhibeantur, qui contineri semper debet intra ambitum finis propagationis fidei religiosae, d) nationalitas religionis [27]. In decreto hoc igitur exigitur, ut notetur tempus locationis, scilicet duratio locationis, sed in parte narrativa hujus decreti supponitur prohibitio emphyteusis perpetuae (locatio perpetua). Dubium proinde exoritur: contractus locationis ad quantum tempus extendi potest, et post expletionem temporis quid fleri debebit? Ad hoc dubium resolvendum partim contulit responsum Yuan executionis die 29 Sep. 1933 datum [28], quod dict: usquedum pactum vetus abrogatum non feruit, emphyteusis perpetua permittitur. Diximus dubium per hoc responsum partim resolutum fuisse; nam pro contractibus locationis initis vel ineundis a missionibus illarum nationum quae pactum vetus cum Sinis non habent, dubium insolutum remanet.

---

(26) Numerus specialis pro vigesimo quinto anno fundationis associationis A.C. in civitate Shanghai. Shanghai 1937, tom. II, p. 69.

(27) *Normae executionis juris* (colectio publicata a gubernio naionalis sisensi) 1936, p. 3570-3572.

(28) *Renseignement du Bureau sinol..* Shanghai 1933. N. 145, 33-8.

93. Ultimum dubium habetur circa naturam emphyteusis perpetuae, quia jus civile sinense hanc speciem contractus non admittit. Quaeritur igitur quaenam sit natura hujus contractus. Ad hanc quaestionem solvendam habemus responsum Yuan justitiae die 25 Januarii 1932 datum, in quo dicitur: ((Jus emphyteusis perpetuae, quod tribuitur religioni exterae in articulo 6 Normarum Provisoriarum pro acquisitione bonorum, intelligitur de usu perpetuo et continuo sine limitatione temporis. Natura hujus contractus absolute differt a contractibus locationis et sueperficiei in jure civili statutis. Haec species contractus emphyteusis perpetuae commutatur tantummodo cum conctractibus emptionis initis a religionibus exteris in Sinis ante promulgationem Normarum Provisoriarum. Post vero promulgationem religio extera in locis internis sinarum pro locandis fundis debet observare leges sinenses vigentes et in futuros ferendas juxta articulum secumdum illarum Normarum Provisoriarum; cum in legibus vigentibus contractus emphyteusis perpetuae non admittatur, imo duratio locationis in contractibus adnotari debeat, religio extera deinceps non amplius poterit contrahere emphpteusim perpetuam. Hoc per se patet. Attamen usquedum pactum vetus abrogatum non fuerit, res procederde debet secundum pactum)) [(29)].

ARTICULUS IV. JUS SCHOLAS APERIENDI

I. NORMAE A GUBERNIO SINENSI DATAE

94. ((Ecclesiae est jus scholas cujusvis disciplinae non solum elementarias, sed etiam medias et superiores condendi)) (can. 1375). Hoc jus Ecclesia sibi vindicat ubique atque exercet etiam in terris missionum. Etenim scholae catholicae in terris missionum necessariae sunt necessitate medii tum ad efformandam juventurem christianam tum ad convertendas animas infidelium. Quamobrem missionarii vix suam residentiam in aliquo pago aliquave civitate stabiliverunt, cum

---

(29) THERY, *S.J.*, *Droit chinois moderne*. Tientsin 1932. I-II, p. 599.

illico excogitant scholas catholicas, etiamsi sint modestissimae, aperire easque perficere ad plenam evolutionem, non obstantibus omnibus difficultatibus. Hoc evenit etiam in Sinis.

Mirum fortasse sit aliquibus quod in pactis veteribus, quae multa privilegia missionibus catholicis procuraverunt, nihil circa jus scholas aperiendi reperitur. Tamen si res examinatur sub luce circumstantiarum locorum ac temporum, silentium hoc bene explicatur. Ante fundationem Reipublicae in Sinis jus condendi scholas erat penes omnes cives, quibus libertas dabatur scholas aperiendi sine adprobatione gubernii. Alumni scholarum privatarum eodem jure gaudebant ut ad examina publica admitterentur. Inde intelligitur, cur omissum sit de scholis missionum cavere, quia necessitas non aderat. Post fundationem autem Reipublicae, jus educationis ad auctoritatem publicam civilem revocatum est et capacitas personarum privatarum ad aperiendas scholas restricta. Missiones catholicae in Sinis his diebus jus scholas proprias condendi non amiserunt quidem, sed illud exercent intra restrictiones impositas a gubernio sinensi.

Scholae a personis exteris apertae censentur ease inter categoriam scholarum privatarum. Normae vigentes pro scholis privatis promulgatae sunt a gubernio sinensi die 29 Augusti 1929, in quibus graves restrictiones libetati jurique Ecclesiae impositae sunt. Dicitur enim:

((Art. 2. Schola privata post obtentam permissionem a competenti auctoritate educationis nationalis fundari potest; eadem permissio requiritur pro mutatione vel extinctione istiusmodi scholae.))

((Art. 3. Schola privata recognitionem a competenti auctoritate educationis nationalis obtinere debet et subjicitur vigilantiae directionique ejusdem auctoritatis. Quod ad constitutiones, lectiones et cetera omnia observantur normae a ministerio educationis latae.))

((Art. 4. Si schola privata aperta est a civibus exteris, hujus scholae praeses vel rector debet esse persona cum nationalitate sinensi.))

((Art. 5. Si schola privata fundata est ab associationibus religiosis, educatio religiosa non potest esse disciplina obligatoria, nec potest fieri propagatio fidei religiosae in omnibus aliis materiis. Si habentur cultus religiosi publici vel caermoniae religionsae in scholis, alumni cogi non possunt ad assistentiam. In scholis vero elementariis cultus religiosus prohibetur.))

((Art. 6. Si schola privata male processerit vel normas gubernii non observaverit, auctoritas competens educationis nationalis potest revocare recognitionem jam datam vel illam scholam dissolvere)) [30].

II. NORMAE AB ECCLESIASTICA AUCTORITATE DATAE

96. Jus sinense per normas supra citatas non intendit quidem scholas missionum prohibere, sed animum habet frustrandi finem scholarum missionum, prohibendo instructionem religiosam et restringendo exercitium cultus publici. Sed institutio religiosa non est absolute interdicta, quia ista, licet non possit esse disciplina obligatoria, potest tamen esse res libera vel facta extra horas scholarsticas, et cultus publici religiosi in scholis mediis et superioribus possunt exerceri intra aedificia scholastica, in scholis elementariis exerceri etiam possunt extra aedificia. Propterea ad evitanda mala majora Missio catholica in Sinis sese conformare his normis voluit et in Primo Concilio ita statuit:

Numer 782. 7. Cum in aliis provinciis aliae conditiones exiguntur ut scholae a gubernio recognoscantur, singulorum Ordinariorum erit definire utrum praestet neene sub conditionibus quae imponuntur recognitionem petere.

((2. Sed quidquid est de acciplendis vel non accipiendis conditionibus a quibus pendet recognitio, ac similiter quidquid est de ratione studiorum admussim definienda vel non definienda juxta programmata gubernii: ratio habeatur horum programmatum et quoad annorum curiculum seu disciplinarum tempus, et quoad ipsas disciplinas in scholis discendas.

---

(30) CJD, Vol. IV, tom. IX.

((3. Hoc tamen minime impedit quominus omni ope atque opera nitamur ut Gubernium aequis conditionibus et quamprimum recognoscat scholas nostras catholicas, potestate scilicet nobis facta eligendi non tantum magistros, sed rationem studiorum singillatim consideratam et praecipue libros quos meliores aestimamus)) [31].

97. In praxi auctoritas ecclesiastica ex una parte satagit ut pleniorem libertatem obtineat, ex altera parte observatiam normarum gubernii curat in scholis catholicis.

Delegatio Apostolica in Sinis die 1 Augusti 1930 duas litteras ad Ordinarios omnes Sinarum mandavit circa quaestionem scholasticam, quarum una agebat de cultura cleri indigenae et altera de lingua moderna sinensi. In primis litteris Delegatus Apostolicus, Exc. mus Celsus Costantini, dicit: ···Quod vero ad Decretum 749 Primi Concilii Sinesnsis se refert, hoc meminisse juvat: ((per hos annos majoris adhuc momenti et ponderis sunt scholae catholicae: natio enim Sinensis de integro renovatur: novus ordo in scholis praeparatur: rerum mutatio fiet contra nos si a scholis absumus: nulla enim absentium habetur ratio! Omni igitur ope et opera nitamur ut salutis christianae semina in hoc novae vitae fermento deponamus. Quapropter et per Commissionem Synodalem, et per Actionem Catholicam perque alia media utilia, ex parte mea pro viribus omnia experiar ut nostrarum Missionum scholis legitima tribuatur libertas. At difficultates quae in praesens obstant quaeque in perpetuum obstabunt minime dissimulandae sunt. Tempus enim providendum est quo in nostris quoque scholis Professores et Magistri exquirentur debitis diplomatibus muniti. Absque mora ideo sedulo satagendum est ut tales habeamus Professores et Magistros ···)) [32]. In altera epistola hochabetur : ((Omnibus sane compertum est a Sinensibus Auctoritatibus officialiter in documentis vitae publicae et in scholis linguam illam introductam esse quae vulgo dicitur Paihua, quaeque est veluti emendata species

---

(31) Pcs, p. 294-295.
(32) Celso Costantini, *Aspeti del problema missionario*. Roma, 1935, p. 142.

Sinensis vernaculi sermonis. Recentioibus quoque decretis suis Sinense Gubernium instat huic novi idiomatis emendationi, quod ubique celeriter diffunditur, cum hac lingua exclusive fere redigantur scholastici libri, ephemerides, divulgationis libelli, aliaque hujusmodi ⋯ Nos autem, Ecclesiae discipuli, laeto animo hujusmodi novi Sinensis sermonis introductionem suscipere debemus, cum instrumentum plus quam efficax nobis praebeatur ad veritatem catholicam scriptis latius diffundendam ⋯)) [33].

---

(33) CELSO COSTANTINI, *Aspeti del problema missionario*. Roma, 1935, p. 140-141.

Caput IV
De Statu Civili Missionariorum
In Sinis

Post longam diffusamque praeparationem in praecedentibus capitibus factam idoneos jam nosmertipsos aestimamus ad ingrediendum argumentum proprium nostri studii inquirendo normas juridicas missionariorum in Sinis laborantium relate ad jura civilia; etenim in antecedentibus capitibus exposuimus atque enucleavimus fontes ex quibus hae normae juridicae deduci debent. Introductio generalis nobis tradidit principia communia, quibus norma juridica peregrinorum his diebus regitur; caput primum nobis illustravit fontes necnon principia ex quibus norma juridica pro missionariis quoad jura civilia constituitur; in capite secundo fundamentum huic nostro studio positum est, quia hoc caput principia in praecedentibus exposita applicat ad jus peregrinum missionarium in Sinis; caput autem tertium, quod superfluum esse alicni videri possit, explicavit statum specialem missionum in Sinis, qui status productus est ex aestimatione gubernii sinensis de missionibus catholicis, quae de facti recognoscuntur esse activitates missionariorum, sicut commercia esse activitates ceterorum peregrinorum. Nos autem conamur secernere missiones a statu civili missionariorum et statuere ad normam juris sinensis quid pertineat ad missiones quidve pertineat ad missionarios uti privatos cives exteros.

Caput igitur quartum incipit studere principiis generalibus, quae moderantur statum civilem missionariorum in Sinis.

Status civilis, uti supra exposuimus, hic sumitur in sensu, qui denotat complexum jurium personalium quibus persona constituitur et definitur in jure civili. In capite praesenti nos inquirimus de normis juridicis quibus missionariorum status civilis regulatur.

ARTICULUS I. DE NATIONALITATE CIVILI

I. CONFLICTUS NATIONALITATIS

Antequam de normis juridicis peregrinorum agitur, considerandum est criterium juridicum quod indicat ad quam Civitatem pertineat una persona, nempe cujus Civitatis cives sit aliqua persona. Hoc criterium vocatur jus nationalitatis.

Leges a Statibus modernis datae ad definiendam nationalitatem differentes sunt inter se propter diversitatem principiorum quae istas leges dirigunt. Accidit igitur quod leges sinenses de nationalitate concordes esse non possunt cum legibus omnium et singulorum Statuum; proinde conflictus exoriri potest circa nationalitatem alicujus peregrini vel missionarii. Nam reapse diversi dantur casus: e.g. missionarius natus in Sinis ex parentibus exteris, vel natus ex parentibus peregrinis in alio Statu extra patriam, vel est filius adoptivus parentum sinensium, vel aliqua religiosa fuit coniux mariti sinensis, vel aliquis religiosus laicus vel etiam sacerdos fuit maritus mulieris sinensis juxta adoptionem maritalem, vel fuit natus ex illegitimo matrimonio mixto, scilicet ex patre extero et ex matre sinensis, vel tandem acquisivit nationalitatem sinensem, sed juxta leges patriae praecedentis retinet adhuc sibi nationalitatem antecedentem. In omnibus his casibus, si conflictus exoritur, quaeritur inde: nationalitas in casu secundum quamnam legem definienda sit.

Nobis videtur distinguendus esse duplex casus: quaestio de nationalitate sinica et quaestio de nationalitate extera. Relate ad primam quaestionem, nempe quando quaeritur utrum aliqua persona sit civis sinensis necne, jus sinense de nationalitate praevalere debet omnibus aliis juribus; quia, cum quaestio agatur de nationalitate sinensi et in Sinis, justum est sequi sinense jus. Relate ad secundam quaestionem, nempe quaeritur ad quamdam nationalitatem exteram pertineat missionarius quidam; tunc quaestio ducitur ad multiplicitatem nationalitatis.

II. MULTIPLICITAS NATIONALITATIS

Multiplicitas nationalitatis duplici modo haberi potest, scilicet vel eodem tempore vel successive. Multiplicitas nationalitatis eodem tempore exorta habetur quando aliqua persona ex nativitate statim duas vel plures nationalitates sibi recepit juxta diversas leges quae super ipsam momento nativitatis vigorem exercent. Multiplicitas successiva nationalitatis habetur quando una persona in decursu vitae successive acquisivit plures nationalitates quin amiserit priores. Quaestiones hae momentum habent in jure peregrino sinensi, quia peregrini in Sinis non gaudent eodem gradu jurium, sed regulantur secundum pactum patriae peregrini cum sinis initum. Attamen in jure sinensi non datur principium generale ad dirimendas has quaestiones neque jus et consuetudo internationalis aliquod criterium commune nobis perhibet; nobis igitur videtur quaestionem de multiplicitate nationalitatis practice resolvi debere juxta praescripta juris sinensis de dubiis circa jus patriae peregrinorum.

III. JUS PATRIAE

Quaestio intime connectitur cum quaestione de nationalitate et est haec quae definit quale jus sit jus patriae peregrini. Saepe saepius jus peregrinum dicit in casu applicandum esse jus patriae; sed si peregrinus multiplices nationalitates et consequenter plures patrias habet quale jus erit jus patria istius peregrini? Inprimis igitur decidendum est de jure patriae. Jus sinense ita statuit in NAJ:

((Art. 2. — Quando juxta has normas praesentes applicari debet jus patriae personae causam habentis, ipsa vero persona multiplices nationalitates habet, tunc secundum nationalitatem ultimatim receptam statuitur jus patriae; si autem juxta jus de nationalitate ipsa persona recognoscitur esse civis sinensis, tunc applicatur jus sinense.))

((Si persona causam habens nullam nationalitatem habet, jus patriae est jus loci domicilli; si domicilium non habetur, jus patriae est jus loci commorationis.))

((Si jus patriae personae causam habentis, differens habetur in diversis regionibus ipsius Civitatis, tunc applicatur jus illius regionis, ad quam persona causam habens pertinet)).

((Art. 3. —Jus patriae personae moralis civium exterorum, quae adprobata et recognita est a jure sinensi, est jus loci domicilii)).

In articulo secundo jus sinense tradidit principium juxta quod multiplcitas nationalitatis relate ad jus patriae resolvi debet. Attamen jus sinense contemplatur tantummodo multiplicitatem successivam, tacet vero de multiplicitate simultanea; nam si peregrinus quidam momento nativitatis acquisierat plures nationalitates, quomodo decidi debet quaestio circa jus patriae hujus peregrini? e.g. infans a parentibus germanicis in Argentina natus secundum jus germanicum est civis Germaniae, secundum jus argentinum est civis Argentinae. Quaestio haec in discussionibus diversas habet opiniones quarum tamen duae nobis videntur esse praeferendae; scilicet vel quaestio judicatur secundum jus quod concors est cum principio juridico legum sinensium de nationalitate, vel secundum jus quod peregrinus ipse ex suis multiplicibus patriis elegit. Sed in praxi nobis placet solutio quae affirmat peregrinum esse civem illius Civitatis et consequenter habere jus illius Civitatis pro jure patriae, a cujus gubernio documentum ((Passport)) obtinuit et retinet.

Aliquae explicationes adhuc requiruntur ad clarc intelligendum sensum citati articuli. Institutum domicilii in jure sinensi sic habetur: ((Si quis in determinato loco commoratur cum intentione per longum tempus ibi commorandi, eo ipso domicilium suum in illo loco acquirit. Una persona eodem tempore duo domicilia habere non potest)) (Art. 20) [1].

((Domicilium personae quae aut nullam aut limitatam capacitatem ponendi actus (juridicos) habet, est domicilium tutoris legitimi)) (Art. 21).

((In una ex circumstantiis infra scriptis locus habitationis habetur

---

(1) CJCS, p.6-7.

tanquam domicilium: 1) Si domicilium ignoratur. 2) Si quis in Sinis non habet domicilium, nisi ad normam legis adhiberi debet lex loci domicilii)) (Art. 22).

((Domicilium amittitur, si quis e loco domicilii discedit cum intentione domicilium amittendi)) (Art. 24).

In jure civili sinensi sermo non habetur de quasi-domicilio et de loco commorationis et videtur jus sinense voluisse excludere institutum quasi-domicilii; sed in lege de censu post codicem juris civilis promulgata (an. 1934) expresse sermo est do domicilio et quasi-domicilio. Non constat autem de effectibus juridicis quasi-domicilii, quia lex de censu nihil de hoc dixit.

IV. Jus sinense de nationalitate

Jus sinense de nationalitate sequitur principium consanguinitatis et admittit acquisitionem legalem. Sunt igitur duo modi: modus naturalis per nativitatem et modus derivatus per acquisitionem. Modus naturalis est modus quo aliqua persona sine positivo interventu auctoritatis publicae pertinet ad aliquam determinatam nationem scilicet sinensem, suppositis requisitis; modus derivatus est modus qui perficitur per positivum actum auctoritatis publicae ad adscribendam quandam personam ad aliquam nationem determinatam. In Jure sinensi habetur:

1. Modus naturalis:

((Personae sequentes (naturaliter) ad nationem sinensem pertinent:

A. In momento nativitatis, pater erat civis sinensis;

B. Postumus, sed ejus pater, quando moriebatur, erat civis sinensis;

C. Pater ignoratur vel non habet nationalitatem, mater vero est civis sinensis;

D. Natur in territorio sinensi, pater et mater ignorantur, vel non habent nationalitatem)) (Art. I. Jus de nationalitate).

2. Modus derivatus:

((Personae alterius nationis nationalitatem sinensem acquirere possunt, si una ex circumstantiis sequentibus intervenit:

A. Mulier datur in matrimonium viro sinensi; excepto casu quo juxta legem propriae nationis mulier post matrimonium propriam nationalitatem adhuc conservat;

B. Natus ex patre sinensi (illegitime) et recognitus a patre;

C. Pater ignoratur vel non recognovit prolem esse suam; mater est sinensis et prolem recognovit;

D. Adoptatus a parentibus sinensibus;

E. Concessio nationalitatis sinensis facta a gubernio Sinarum)) (Art. 2. Jus de nationalitate) [2].

Omnibus compertum est quod jus patriae non potest esse norma quoad omnia jura civilia peregrinorum, quia, sicut vidimus de conditione juridica peregrinorum, non omnia jura civilia eorum recognoscuntur a gubernio commorationis. Peregrini enim fere ubique conditionem inferiorem juridicam obtinent quam cives propriae Civitatis. Inquirimus pauliser de juribus civilibus, quibus missionarii in Sinis gaudere possunt uti personae civiles. Gubernium sinense tum in pactis tum in legibus internis nunquam aequiparavit peregrinos ad proprios cives et voluit restringere jura peregrinorum ad determinata objecta. In pactis novis concessio quidem est larga, sed conditio suspensiva apponitur, scilicet si ceterarum nationum cives in Sinis eisdem juribus jam gaudent.

Articulus II. De capacitate juridica

I. Capacitas juridica

Fundamentum status civilis alicujus personae consistit in ejus

---

(2) CJD, vol. I, tom. III, p. 23 sq.

capacitate juridica; propterea in codice singulorum Statuum capacitas juridica poinitur ante omnia alia.

Jus sinense relate ad capacitatem juridicam personae statuit: ((Cives exteri intra legum ordinationumque fines capacitate juridica gaudent)) [3]. Ad mensurandam vero capacitatem peregrinorum jus sinense claris verbis suum principium enuntiavit: ((Capacitas juridica personae aestimatur secundum jus patriae. Si peregrinus quidam secundum jus patriae incapax habetur, secundum vero jus sinense (civile) capax nuncupatur, habendus est capax relate ad actus juridicos in Sins ponendos, exceptis casibus de jure familiae et successionis, exceptisque actibus juridicis de bonis immobilibus extra Sinas sitis. Peregrinus qui secundum us patriae capax erat, post acquisitionem nationalitatis sinensis incapax est secundum jus sinense (civile), conservat suam capacitatem juridicam)) (Art. 5. NAJ).

In hoc articulo enuntiatur principium generale secundum quod capacitas juridica peregrinorum sequitur jus patriae. Relate ad capacitatem juridicam personae physicae ante omnia inspicienda est ejus origo per nativitatem naturalem, postea causae, quae capacitatem afficere aliquo modo possunt scilicet aetas, sexus, status mentis ··· In his omnibus missionarius in Sinis respectua ad jura civilia, sequitur jus patriae propriae.

Post enuntiatum principium generale jus sinense duas modificationis adjunxit: in prima modificatione confertur capacitas juridica illis peregrinis qui secundum jus patriae incapaces sunt. Quae concessio facta est ad praecavendas confusiones et dolos, quia, cum cives sinenses non semper cognoscant jus patriae peregrinorum cum quibus forsitan negotium juridicum inire volunt, ancipites esse debent, quin imo facile decipiuntur circa capacitatem agendi alterius partis contrahentis. Sane prudenter jus sinense modo generali providet ut illi peregrini incapaces sive propter defectum aetatis, sive propter sexum, sive propter alias causas, fiant capaces, si jus sinense civile nihil contrarii

---

(3) CJCS, p. 400.

habet, relate ad actus in Sinis ponendos, exceptis excipiendis. In altera modificatione jus sinense respicit casum particularem, in quo peregrinus quidam per acquisitionem nationalitatis sinensis fit incapax secundum praescripta juris civilis sinensis; in hoc casu jus indulget ut ille peregrinus, nunc autem civis sinensi, conservet capacitatem antecedetem; nam injustum et ingratum esse videtur si quis acquirendae nationalitatis causa perdere deberet suam capicitatem juridicam antecedentem; postea multae difficultates enasci possent circa actus antea positos.

Movetur a doctoribus quaestio circa sensum termini ((capacitas juridica)). Quaeritur scilicet quando jus loquitur de capacitate juridica peregrinorum, utrum intelligtur tantum de capacitate subjectiva, i.e. capacitate agendi, an etiam de capacitate objectiva? [4]. Terminus ((capacitas juridica)) intelligendus est tum de capacitate subjectiva tum de capacitate objectiva, quia jus simpliciter dicit de capacitate juridica. In jure etiam peregrino moderno distinctio haec de capacitate subjectiva et objectiva non semper attenditur.

II. Capitis deminutio

((Peregrinus qui domicilium vel quasi-domicilium in Sinis habet, declarari potest interdictus circa administrationem bonorum, si causa interdictionis datur tum secundum jus patriae tum secundum jus sinense)) (Art. 6. NAJ).

In hoc articulo complura notanda sunt: 1) dicit4ur ((peregrinus in Sinis domicilium vel quasi-domicilium habens)) missionarius semper censetur habere domicilium in Sinis, quia, postquam perevenit in Sinas, animum certo habet permanendi in missionibus et de facto ibi semper permanet. 2) dicitur ((declarari potest interdictus)) quia declaratio haec non fit ab auctoritate publica ex officio, sed ex petitione personarum juxta praescripta juris; in jure civili sinensi statuitur, peti-

---

(4) Tang-Che-Chang. *Jus internationale privatum in Sinis*, 1935, p. 110 sq.

tionem talem exhibendam esse a conjuge vel saltem a duobus consanguineis propinquioribus. Pro missionariis in Sinis haec conditio difficulter verificatur. Aliae duae quaestiones connexae cum hac praesenti nascuntur, quarum prima circa valorem declarationis factae a tribunali patriae missionarii agitur; altera vero circa posgibilitatem petitionis faciendae ab Ordinario loci ad obtinendam talem declarationem. Declaratio interdictionis a tribunali patriae facta valorem obtinet etiam in Sinis nisi causa interdictionis secundum jus sinense non habebatur. Petitio autem facta ab Ordinario loci ad obtinendam declarationem interdictionis adversus aliquem missionarium, utique relate ad jura civilia, a tribunali sinensi non admittetur, quia jus talem petitionem non recognoscit. 3) dicitur ((si causa declarationis tum secundum jus patriae tum secundum jus sinense adest)); occurrere oportet praesentiam causae ex utroque jure; sin minus declaratio invalida erit.

III. EXTINCTIO CAPITIS

De extinctione capitis per mortem jus sinense statuit: ((Peregrinus, qui domicilium vel quasi-domicilium in Sinis habet, et ignoratur utrum in vita sit vel jam mortuus, declarari potest secundum jus sinicum mortuus relate ad bona sita in Sinis et ad relationes juridicas ad normam juris sinensis habitas)) (Art. 8 NAJ). Cum missionarius domicilium certe in Sinis habeat, si quando ignoratur vita et mors ejus, declarari potest ipse mortuus a tribunali, quod est tribunal sinense commune; et declartio fit secundum jus sinicum.

Jus sinicum civile quoad hanc declarationem ita sese habet: ((Si homines sine vestigiis ab aliorum oculis evanescunt, completis post eroum disparitionem decem annis, judex a persona, cuius interest, rogatus, potest eos mortuos declarare. Si persona dispersa est propter pericula specialia, declaratio mortis fieri potest post disparitionem trium annorum)) (Art. 8). ((Persona, cujus mors declarata est, aestimatur esse mortua tempore definito in declaratione. Hoc tempus mortis debet esse dies ultimus temporis requisiti in articulo 8, exceptis casibus in quibus adest probatio contraia (Art. 9). ((Si duae vel plures personae eodemtempore periculum subierunt et probari nequit quis eorum prius vel posterius mortuus sit, praesumuntur eodem tempore mortui esse)) [5].

Quaestio de effectibus declarationis mortis non habet facilem solutionem: quaeritur enime: Utrum declaratio mortis producit effectus juxta jus civile sinense an juxta jus patriae peregrini? Videtur sensus legis esse pro jure civili sinensi, quia lex dicit praecise declarationem valere relate ad bona et actus in Sinis. Practice haec quaestio resolvitur per alia principia juris peregrini; nam de bonis peregrini sitis in Sinis jus civile sinense certe applicatur, et pro relationibus juridicis secundum normam juris sinensis habitis secundum hos jus regi etiam debent earum effectus.

ARTICULUS III.   JURA CIVILIA MISSIONARIORUM IN SINIS

I. JURA CIVILIA SECUNDUM PACTUM

Jura civilia in pactis veteribus perpauca statuta sunt:

((in portibus apertis ··· locare domos vel horrea deponendarum mercium causa, vel locare fundos ad construendas domos vel horrea...)) (Art. 1. pacti cum Gallia an. 1858).

((in portibus apertis ··· conducere procuratores, interpretes, secretarios, nautas et operarios, possunt conducere magistros qui eos linguam et litteraturam sinicam vel idiomata vernacula locorum doceant, conducere quoque illos qui eos in laboribus litteraturarum et artium adjuvent. De stipendiis vel ipsi inter se convenient, vel consules pro ipsis stipulent. Cives gallici possunt insuper docere cives sinenses linguam gallicam vel alias linguas, possunt vendere libros gallicos atque emere libros sinenses)) (Art. II, pacti cum Gallia an. 1858) [6].

---

(5) CJCS, p. 3-4.
(6) PVNS, vol. IV, tom. I, p. 4.

Missionarii in Sinis his omnibus juribus gaudent non tantum in portibus apertis, sed etiam in regionibus internis ad quas ipsi accedere possunt. Jus autem ad acquirendas domos vel locandos fundos missionariis non competit in regionibus internis, nisi ipsi hos actus juridicos ponant nomine religionis; nam permissio ingrediendi regiones internas ibique bona immobilia acquirendi concessa est sub conditione quod ipsi agunt propagandae fdei causa, non vero propter alias causas. Idcirco missionarius, utpote persona civilis privata, nomine proprio non valet locare neque emere bona immobilia in internis Sinis.

De cetero Primum Concilium Sinense etiam exercitium juris ad bona immobilia acquirenda coartavit, statuendo: ((Quamvis missionarii et sacerdotes indigenae de bonis patrimonialibus libere statuere possint, nulli tamen eorum licet emere fundos, domos vel alia immobilia, etsi propria pecunia, sine licentia Ordinarii et nonnisi juxta nomas ab eodem Ordinario in singulis casibus tradendas)) (Num. 159) [7].

Jus quod peregrinis conceditur ad commercia gerenda in portibus apertis, a missionariis non vindicatur propter prohibitionem juris canonici; dicit Primum Concilium Sinense: ((Lex ecclesiastica, enuntiata in canone 142 et qua prohibetur clericis exercitium negotiationis aut mercaturae, magis magisque urget in Missionibus, cum ex sola mercaturae suspicione, multa impedimenta afferantur propagationi fidei)) (Num. 157) [8].

Revoari juvat in memoriam instructionem S.C. de Propaganda Fide die 6 Januarii 1920 datam, cuius meminit etiam Primum Concilium Sinense (Num. 23): ((1) Vitent itaque missionarii patriae etiam sermonis inter alienigenas propagandi studium; ne ita videantur nationis suae commodo atque utilitati magis quam animarum saluti prospicere. Curent populorum ad quos missi sunt linguae genus addiscere ···)) [9].

---

(7) *Sylloge*, p. 133.
(8) PCS, p. 71.
(9) PCS, p. 71.

II. JURA A JURE INTERNO SINENSI CONCESSA

1. Peregrini debitis ornati qualitatibus possunt esse advocati pro causis eorum connationalium [10]. Tamen missionarius hoc jure non fruitur in causis civilibus, cum ipse prohibitus sit a jure cannico (can. 139); potest vero eo uti si agitur de causis missionum. Videtur etiam esse admittendum quod missionarius potest esse advocatus pro causis alterius missionarii qui advocatum laicum idoneum invenire non potest, licet causa agatur apud tribunal civile.

2. Peregrini debitis ornati qualitatibus possunt esse medici [11]. Missionarii autem clerici medicam vel chirurgicam artem exercere non possunt sine indulto apostolico (can. 139); indultum apostolicum Ordinariis locorum missionum datum est ut ipsi permittere possint suis missionariis artem medicam exercere sub cautelis; dicitur enim in nova Formula facultatum a S.C. de Propaganda Fide concessarum: ((n. 44 Permittendi suis missionariis ut artes medicinae et chirurgiae exercere valeant, dummodo in iis periti sint, operentur absque incisione, praeterquam ad sanguinem emittendum, et nihil exigant pro hujusmodi exercitio; et in curanx2dis mulferibus ea vitent, quae sanctitatem characteris, quo insigniti sunt, dedecent)) [12].

3. Peregrini possunt fundare associationes ad effodenda mineralia [13]; exercitium hujus juris esse absolute prohibitum missionariis non audemus affirmare, quia jus canonicum non videtur vetare omnino clericos ad constituendos titulos in his associationibus; dari enim potest ut quidam missionarius titulum constitutum in quadam associatione hujus generis vel per successionem hereditariam, vel per legatum, vel per donationem, vel etiam per exstinctionem debiti suscipere debeat.   Ratio non videtur adesse cur missionarius hunc titulum accipere susceptumque sibi retinere non possit.

---

(10) CCJV, tom. XI, p. 119.

(11) CJD, vol. I, tom. 3.

(12) Cfr. GIUSEPPE STANGHETTI,, *Prassi della S.C. de Propaganda Fide*. Roma, 1943, p. 72, PCS, n. 747, p. 286.

(13) CJD, vol. III, tom. VIII.

4. Peregrini in Sinis habent ((jus auctori's)). In normis de jure auctorum exequendo ita statuitur: ((1) Cives exteri, qui edunt opera exclusive destinata pro utilitate Sinensium, possunt scribere sua opera in registro publico; 2) Cives exteri, de quibus in numero praecedenti agitur, sunt cives tantum earum Civitatum, quae recognoverunt jus auctoris attribuendum civibus sinensibus in earum territorio commorantium; 3) Opera juxta normam numeri primi in registro publico inscripta a die inscriptionis gaudent jure auctoris per decem annos)) [14].

Meminerit missionarius praescriptionum juris eccleslastici relate ad permissionem et praevium consensum superioris pro editione suorum scriptorum (can. 1386).

III. CETERA JURA

Praeter jura supra enumerata adhuc sunt plura, quae pertinent ad statum civilem missionarii. De his juribus regula generalis dari non potest; nitamur autem aliqua principia tradere juxta naturam jurium.

1. Jura illa personalia, quae a natura hominibus data sunt et sine quibus vita humana in discrimine versatur, missionariis in Sinis competere debent, licet expresse recognita non fuerint in pactis neque in legibus internis.

Jus internationale pro incolumitate vitae et libertatis et bonorum patrimonialium peregrinorum exigit ut Status commorationis specialem tutelam tribuat peregrinis. In pactis inter Sinas et exteras nationes mentio saepe facta est huius tutelae.

2. Jura familiae missionariis in Sinis competunt, exceptis casibus in quibus jus ecclesiasticum vel jus sinense aliud expresse caverit; neque negari potest jus hereditarium missionariis.

3. Jura realia peregrinorum in Sinis quoad bona mobilia sunt perfecta, quoad vero bona immobilia excluditur jus proprietatis, nisi in aliquo casu pactum internationale aliud expresse statuerit.

---

(14) CPSJ, tom. IX, p. 153.

ARTICULUS IV. CAPACITAS PERSONAE JURIDICAE

Cum missionarii uti personae civiles non prohibeantur constituere aliquam personam juridicam pro exercitio jurium civilium, nostrum est aliquid de capacitate personae moralis dicere. Atamen haec inquisitio nostra interest non tam propter personam moralem missionariorum, uti civium exterorum, quam propter varia opera missionaria quae a gubernio sinensi considerantur esse associationes civium exterorum.

I. NATIONALITAS PERSONAE MORALIS

In jure internationali hodierno admittitur persona juridica extera, sed valde disputatur de principio secundum quod nationalitas personae moralis dignoscenda sit. Cum persona juridica non sit ens juridicum simplex sed compositum, principium de nationalitate assumi potest ex diversis aspectibus,s nempe vel ex membris, vel ex summa bonorum, vel ex loco sedis associationis etc. Nullum autem principium ex unico respectua deductum sufficit ad stabiliendam nationalitatem personae moralis. Etenim si principium assumitur ex membris, ejus nationalitas nunquam determinatur nec determinari potest, quando membra pertinent ad diversas nationes; neque principium ex summa bonorum, quando titulares sunt cives diversarum Civitatum; neque principium ex loco sedis, quia associatio habere potest plures sedes sitas in differentibus, Statibus, et cives alicuius Civitatis possunt etiam constituere associationem cum sede sita extra patriam. Idcirco si quaerere velimus de personis moralibus missionarium pro juribus civilibus, responsum certum a nobis dari non poterit usque dum gubernium sinense aliquid determinatim expressius statuerit.

Tamen nobis non placet opinio illa quae tenet personam moralem esse considerandam tantummodo dupliciter, scilicet vel esse internam (pertinentem ad cives) vel externam (pertinentem ad peregrinos), quin respiciatur ad nationalitatem. Nam in jure sinensi pro constitutione personae moralis peregrinorum viget principium reciprocitatis, nempe permittitur peregrinis alicujus nationis constituere personam moralem in Sinis, si patria illorum peregrinorum permittit Sinensibus easdem personas morales in suo territorio constituere. Si nationalitas personae moralis non consideraretur, tunc hoc principium difficulter recipiet suam applicationem; nam jus peregrinum sinense semper attendit ad nationalitatem peregrinorum etiam relate ad jura personae moralis; si vero persona, moralis habetur sine nationalitate, tunc fiet magna confusio.

Nobis videtur nationalitatem personae moralis peregrinorum in Sinis juxta principium desumptum ex membris et ex summa bonorum practice decidi debere.

II. CONSTITUTIO PERSONAE MORALIS EXTERAE

Requisitum necessarium, ut persona quaedam moralis peregrinorum in Sinis constitui possit, consistit in inscriptione in registrum publicum juxta normam juris. In codice juris civilis ita statuitur: (*(Persona juridica peregrinorum non juridice recognoscitur constituta, nisi ad normam juris.)) (Art. II. De Normis ad exequendum codicem juris civilis) [15]. In jure civili: ((Persona moralis non exsistit juridice, nisi apud auctoritatem competentem inscriptionem in registrum publicum fecerit)) (Art. 30) [16].

Norma pro inscriptione variatur secundum naturam personae moralis; jus enim sinense distinguit tres classes personae moralis: persona moralis collegialis pro bono communi, persona collegialis pro lucro negotiationis, persona non collegialis.

III. CAPACITAS JURIDICAE PERSONAE MORALIS EXTERAE

In Normis ad exequendum codicem juris civilis relate ad capacitatem personae moralis peregrinorum verbis sat claris hoc statuitur: (

---

(15) CJCS, p. 95.
(16) CJCS, p. 8.

(Persona moralis peregrinorum recognita a jure (sinensi) intra limites legum eadem jura habet ac persona moralis ejusdem speciei constituta a civibus sinensibus.))

((Persona moralis nuper dicta eandam obligationem observandi leges sinenses habet ac persona moralis civium sinensium)) (Art. 12) [17].

Objectum hujus articuli consistit in determinanda sphaera extercitii jurium quae pertinent ad personam moralem peregrinorum. Jus, quod capacitatem juridicam hujusmodi personae moralis regulat, est jus patriae sicut pro capacitate juridica personae physicae. In articulo supracitato modificatio quaedam adoptata est a jure sinensi, scilicet determinando capacitatem personae moralis exterae eandem esse ac personam moralem itnernam, ita ut si persona moralis extera juxta jus patriae minorem vel majorem capacitatem habeat, ejus capacitas in Sinis augeatur vel diminuatur secundum capacitatem personae moralis sinensis.

Cumque principium generale in hoc articulo stabilitum per pactum vel per leges internas modificari possit, ita capacitas juridica personae* moralis peregrinorum in Sinis practice non omnino adaequat capacitatem moralis personae sinensis; etenim in omnibus illis casibus, in quibus jus sinense negat capacitatem agendi personae physicae peregrinorum, etiam capacitas agendi personne moralis exterae negatur, e.g. sicut peregrinus in Sinis non potest emere fundos in internis regionibus, ita etiam persona moralis extera hoc facere nequit. Ceterum pro associationibus commerciorum et industriarum adsunt fere semper conventiones speciales vel initae a gubernio sinensi vel saltem adprobatae ab eo; in his conventionibus omnia circa capacitatem agendi respectivae associationis minutiose determinantur.

IV. Opera missionaria

In codice juris canonici solemniter affirmatur: ((Catholica Eccle-

---

(17) CJCS, p. 395.

sia et Apostolica Sedes moralis personae rationem habent ex ipsa ordinatione divina; ceterae inferiores personae morales in Ecclesia eam sortiuntur sive ex ipso juris praescripto sive ex speciali competentis Superioris ecclesiastici concessione data per formale decretum ad finem religiosum vel caritativum)) (can. 100). At haec praescriptio juris vigorem suum in diversis partibus orbis terrarum et speciatim in terris infidelium vix plene habere potest, obstantibus oppositionibus ex parte potestatis civilis. Ecclesia proinde in concordatis saepe enisa est ut personae morales ecclesiasticae in tuto collocarentur. Si vero concordatum initum non fuerit, tunc Ecclesia ad evitanda mala majora, praescriptionibus civilibus saepe sese submittit.

Missiones catholicae in Sinis adhuc non recognitae sunt uti personae morales juris canonici, sed considerantur esse associationes religiosae peregrinorum, juridice non differentes ab associationibus commercialibus vel industrialibus exteris. Ideoque missiones in Sinis in consideratione potestatis civilis secumferunt nationalitatem, missionariorum. Aliquid Vicariatus vel Praefectura Apostolica est de illa natione, cujus nationalitatem Vicarius vel Praefectus Apostolicus et magna pars missionariorum ibi residentes habent; ita etiam omnia opera missionaria illius missionis sunt de eadem nationalitate.

De personalitate morali uniuscujusque missionis seu Vicariatus vel Praefecturae Apostolicae, res omnibus comperta est; quia unaquaequo missio negotia juridica inire potest cum quacumque altera persona. De personalitate ceterorum operum missionariorum dubium etiam dari non potest post registri publici inscriptionem, quia hoc est unicum requisitum pro constitutione personae moralis exterae in Sinis.

COLLORARIUM

118. Normae pro civibus in Sinis commorantibus Status qui cum Sinis pactum nondum inivit (die 22 Junii 1919).

((Art. 6. Peregrinis nationis quae pacto cum Sinis caret, permittitur commorari in portibus apertis et in aliis locis in quibus commoratio civibus aliarum nationum jam permissa est. In his locis commorationis si peregrinus nationis pacto carentis vult locare domos, debet observare leges locationis loci)).

((Art. 8. Peregrini nationis pacto carentis non possunt in regionibus internis Sinarum locare fundos (bona immobilia), exicedptis illis, qui loca interna petunt, propagandae religionis causa et ut domos locent ad contruendas ecclesias, scholas et nosoconia vel alia aedificia caritatis. Attamen missionarii pro locatione debent obtinere permissionem auctoritatis localis sinensis eique porrigere debent documentum scriptum contractus ad revisionem)).

((Art. 9. Peregrini nationis pacto carentis non possunt esse redactores neque editores ephemeridis quotidianae, aliusve generis publicationis periodicae neque possunt partes habere in associationibus politicis)).

((Art. 10. Praeter has normas et alias speciales leges pro iis datas, omnis relate ad peregrinos nationis pacto carentis proceduere debent juxta jus commune)) [18].

---

(18) *Collectio legum et decretorum.* Shanghai 1924, p. 470 sq.

Caput V

De Jure Familiae Missionariorum

In Sinis

Jus familiae in hodiernis codicibus non jam comprehendit totum institutum familiae, sed tantum partem jurium personalium, quae exsurgunt ex relationibus familialibus, relinquit vero partem jurium patrimonialium juri hereditario nec non testamentario. Nos autem, brevitatis causa, considerabimus totum institutum familiae in uno capite sive respectu ad jura personalia sive relate ad jura patrimonialia.

Conditio specialis missionariorum, qui seipsos totaliter servitio divino dedicaverunt, eos nonnullis juribus familiae spoliavit quae cum statu ecclesiastico simul stare non possunt. Studebimus igitur seligere ea familiae jura, quae missionariis adhuc competunt vel eis saltem competere possunt atque ea considerare in relatione ad normam juris sinensis peregrini.

Articulus I. Relate ad matrimonium

I. Matrimonium

Familia constituitur per institutum matrimonii et disolvitur nonnunquam per ejus solutionem. Missionarius in Sinis, exceptis casibus rarissimis pro missionariis ritus orientalis, nullam relationem habet cum matrimonio ad constituendam familiam, sed relationem cum eo habere potest in dissolutione familiae, quia accidere potest ut quis peregrinus, a Deo vocatus, statum clericalem vel religiosum amplecti anhelet et separationem voluntariam de communi consensu obtinere cupiat.

Liquet nos revera omittere praescriptiones de iniendo matrimonio, nisi quod desiderium omnes casus possibiles comprehendendi nos compellit ut aliquid etiam, quamvis summatim, de his praescriptionibus dicamus. In articulis 9 et 10 (NAJ) statuitur: Requisita necessaria pro contrahendo matrimonio sunt secundum jus patriae contrahentium; pro effectibus vero matrimonii standum juri patriae mariti: modus administrandi bona conjugum sequitur jus patriae mariti, tempore matrimonii initi. — Missionarius ritus orientalis, si quis sit in Sinis, matrimonium contrahere volens in territorio Sinarum, consulere debet jus patriae propriae et jus patriae mulieris.

Nostra magis interest de separatione matrimonii tractare.

II. SEPARATIO MATRIMONII

Hic recolenda est praescriptio juris canonici: ((causae matrimoniales inter baptizatos jure proprio et exclusivo ad judicem ecclesiasticum spectant)) (can. 1960). Separatio igitur conjugum declaranda est a tribunali competenti ecclesiastico, quod in casu judicat rem secundum jus canonicum. Relate ad effectus mere civiles judex ecclesiasticus in casu etiam rem cognoscere definireque valet, quia effectus civiles incidenter et accessorie aguntur. Sed quaeri potest, imo debet: Quodnam jus judex ecclesiasticus sequi obligatur in decidendis effectibus civilibus separationis matrimonii? In Normis de applicatione juris explicita praescriptio non datur, potest vero erui ex praescriptione articuli 17, qui statuit relationes familiales praeter casus in praecedentibus octo articulis memoratos relate ad jura et officia esse secundum jus patriae personae causam habentis. Inde effectus civiles separationis matrimonii qui praecipue consistunt in divisione bonorum et sustentatione prolis, a judice ecclesiastico judicantur secundum praescripta juris patriae conjugum. Interim altera quaestio exsurgit: si conjuges sunt de diversa nationalitate consequenterque de diversa patria, judex ecclesiasticus quodnam jus sequi obligatur? Utrum jus patriae mariti est praeferendum an jus patriae coniugis? Jus sinense de hoc silet quia generatim mulier post matrimonium assumit nationalitatem mariti; si vero hoc factum non fuit, nobis videtur causa judicari secundum jus quod usque nunc regit relationes matrimoniales illorum conjugum.

Quaestio nondum adhuc est soluta, quia in jure sinensi civili non adest praescriptio de separatione definitiva conjugii. Nunc si effectus civiles aestimari debent secundum jus civile Sinarum, quomodo res procedere debent? Nobis videtur res procedere debere juxta praescriptiones juridicas pro casu analaogo de divortio civili. ((Post divortium mutuo consensu factum, tutela prolis pertinet ad maritum si vero aliter inter se convenerint, servetur conventio)) (Art. 1051.). ((Relate ad tutelam post divortium declaratum a tribunali applicatur praescriptio articuli 1051; tamen tribunal pro utilitate prolis potest iis eligere tutores)) (Art. 1055). ((Tempore divortii uterque conjux, qui antea qualecumque systema administrationis bonorum adhibuerit, recuperat omnia bona propria; si quid deficit de bonis propriis, suppletur a marito, exceptis casibus in quibus defectus non habitus fuerit ex culpa mariti)) (Art. 1058) [1].

Articulus II. Status prolis

I. De legitimitate

Si accidit, quod puer quidam vel quaedam puella, nati ex parentibus exteris, statum vel clericalem vel religiosum amplecti volunt, inquisitio de eorum legitimitate perficienda est secundum praescriptionem juris canonici, sed haec inquisitio etiam est facienda ad tutelanda jura eorum patrimonialia.

Pro definienda legitimitate prolis jus canonicum proprias praescriptiones statuit, quas observare debet quicumque inquisitionem hujus speciei perficit relate ad effectus juridicos canonicos; relate vero ad effectus civiles respiciendum etiam est ad preaescriptiones juris civilis.

---

(1) CJCS, p. 336, 338, 339.

Jus canonicum has praescriptiones statuit: ((legitimi sunt filii concepti aut nati ex matrimonio valido vel putativo, nisi parentibus ob solemnem professionem religiosam vel susceptum ordinem sacrum prohibitus tempore conceptionis fuerit usus matrimonii antea contracti)) (can. 1114). ((Legitimi praesumuntur filii, qui nati sunt saltem post sex menses a die celebrati matrimonii vel intra decem menses a die dissolutae vitae conjugalis)) (can. 1115). ((per subsequens matrimonium parentum sive verum sive putativum, sive noviter contractum sive convalidatum, etiam non consummatum, legitima efficitur proles, dummodo parentes babiles exstiterint ad matrimonium inter se contrahendum tempore conceptionis, vel praegnationis vel nativitatis)) (can. 1117). ((Per dispensationem super impedimento dirimente concessam sive ex potestate ordinaria, sive ex potestate delegata per indultum generale, non vero per rescriptum in casibus particularibus, conceditur quoque eo ipso legitimatio prolis, si qua ex iis cum quibus dispensatur iam nata nel concepta fuerit, excepta tamen adulterina et sacrilega)) (can. 1051).

II. DE EFFECTIBUS CIVILIBUS

Normae de applicatione juris statuunt in articulo 12: ((Status personalis prolis sese habet juxta jus patriae mariti matris tempore nativitatis; si vero filius natus est post mortem mariti matris, status personalis prolis sese habet juxta jus patriae, ad quam maritus matris ultimatim pertinebat)). Ex jure igitur patriae mariti matris decidetur status personalis prolis. Dicitur maritus matris, non vero patris, ad comprehendendam omnem prolem natam durante matrimonio, etiamsi ex secreta et illicita unione matris cum alio viro.

In omnibus fere codicibus civilibus proles illegitimae non aequiparantur ad proles legitimas relate ad jura civilia familialia, possunt vero evenire aequiparationes, si recognitio juridica prolibus illegitimis a parentibus data fuerit. Recognitio haec juridica civilis relate ad effectus canonicos quidem inefficax semepr est, sed relate ad effectus civiles multum conferre potest prolibus. Pro recognitione juridica jus sinense adhaerens principio communi statuit ita: ((Requisita necessaria pro recognitione prolis illegitimae sunt juxta jus patriae personae recognitionem dantis et personae recipientis. Quoad valorem recognitionis standum iuri patriae personae recognitonem dantis)) (Art. 13 NAJ). Pro juribus igitur patrimonialibus videndum est jus patriae patris vel matris, qui prolem illegitimam recognoverint quia jus patrimoniale pertinet ad effectus vel valorem recognitionis.

Evidens est si proles recognita fuerit a patre vel matre sinensi, tunc jus civile sinense applicatur. Jus civile sinicum in Art. 1065 et 1071 aequiparat prolem recognitam ad prolem legitimam:

((Proles natae extra matrimonium recognitae a patre, considerantur esse natae ex matrimonio; recognitio juridica implicita adest si proles illegitimae alitae fuerint a patre. Proles recognitae relate ad parentes easdem relationes juridicas habent ac filii legitimi et etiam in successione)). Relationes inter parentes et proles recognitas juxta jus sinense plane aequiparantur relationibus filii legitimi!

III. De adoptione

Supponitur casus in quo peregrinus, qui statum clericalem vel religoinsum amplecti desiderat, est filius adoptatus parentum Sinensium. Ad regulandas relationes exortas ex ista adoptione jus sinense in NAJ statuit sequendum esse jus patriae adoptantis.

Praescriptiones juris civilis sinensis relate ad effectus juridicos adoptionis ita sese habent: ((Relationes inter adoptatum filium et parentes adoptatntes eaedem habentur sicut inter parentes et proles legitimas, exceptis casibus, in quibus jus aliud statuerit)) (Art. 1077) [2]. Specialis praescriptio habetur relate ad ius hereditarium; portio enim legitima spectans ad prolem adoptatam aequiparatur medio portionis spectantis ad prolem legitimam (Art. 1142). Quaedam prohitio statuta est in Primo Concilio Sinensi respectu ad adoptionem, dici-

---

(2) CJCS, p. 344.

tur enim in Num. 172: ((Nullus sacerdos, Sinensium more, pueros vel puellas in filios vel filias adoptare audeat; nec ullus sive sacerdos, sive seminarii alumnus, in christiana familia adoptetur vel in filium vel aliquid hujusmodi. Si, quod Deus advertat, talis inveniatur abusus, congruis poenis eradicetur)) [3]. Hic agitur de antiquo more adoptionis sinensis, quae vocari potest adoptio perfecta. Filius adoptatus per adoptionem perfectam efficitur filius hereditarius. Cum consuetudo sinensis juxta principia moralia confuciana fmailiam in suis posteris continuari debere affirmaret, parentes prole carentes filium adoptivum ad continuationem suae familiae assumere tenentur. Continuatio autem et hereditas in more sinico antiquo non constituuntur principaliter ex bonis materialibus, sed ex titulo filii hereditarii jus ad sacrificandum vel potius ad oblationem parentibus defunctis offerendam habet. Heres, qui legitime hanc oblationem offerre potest, est primogenitus uxoris. Si vero uxor non peperirit vel omnes filios natos praematura morte perdiderit, tunc filius gaudens hoc titulo cum jure offerendi oblationem constituendus est juxta normam a jure stabilitam. Ratio prohibitionis habetur clara in dedecore et in inconvenientia, quod aliquis clericus assumitur vel assumit aliquem ad continuationem alicujus familiae. In jure vigenti civili sinensi hoc institutum jam non invenitur.

ARTICULUS III. SUSTENTATIO PARENTUM

I. SUSTENTATIO PARENTUM

Missionarius apostolicus, quamvis relicta patria desertaque familia in longinquas regiones sese contulerit et totum seipsum operibus missionariis mancipaverit, tamen non vero excusatur omnino ab officiis naturalibus quae filiis incumbunt ex naturali jure versus parentes. Sustentatio parentum indigentium ab omnibus doctoribus

---

(3) PCS, p. 75.

admittitur debita pro clercis et religiosis etiam post professionem religiosam; hic non quaerimus de sustentationis obligatione vel de ejus gravitate; sed tantum affirmamus quod si missionarius vel ex hereditate bonorum vel ex donatione vel ex aliis legitimis titulis bonum proprium possidet et eius parentes in gravi statu versantur, obligatio ei incumbit ex suis bonis parentes indigentes sustentandi.

De modo vero obligationis exsequendae adeundum est jus civile. Jus sinicum in NAJ habet tales praescriptiones: ((Quod ad obligationes sustentationis standum est juri patriae personae obligationem habentis; exceptis casibus, in quibus jus sinense non permittit petitionem juridicam ad obtinendam sustentationem)) (Art. 16). Jus civile sinens limitat jus sustentationis modo sequenti: ((Persona jus ad sustentationem habet, si ipsa non potest procurare necessaria vitae neque capacitatem ad ea procuranda habet. Limitatio paragraphi antecedentis de incapacitate procurandi necessaria vitae non applicatur consanguineis lineae rectae)) (Art. 1117). ((Persona quae propter obligationem sustentationis necessaria vitae propriae providere non potest, dispensatur ab onere sustentandi)) (Art. 1118) [4]. In his casibus jus ad sustentationem non amplius remanet et consequenter petitio apud tribunal sinense fieri nequit. Etiam postea jus sustentationis peti non potest, si jus hoc vertitur in offensionem bonorum morum sinensium; uti si parentes filium injuste e familia expulerunt ···

II. LIMITATIONES JURIS ECCLESIASTICI

Primum Concilium pro bono missionum quasdam praescritiones edidit relate ad sustentationem parentum, dicens : ((Nullum pecuniarum subsidium de bonis missionis proprie dictis, Sacerdotes etiam cognatis proximis pauperibus suppeditabunt, salvis peculiaribus ordinationibus. Nihil tamen vetat quominus iidem Sacerdotes de bonis personalibus disponere pro suo lubito possint)) (Nm. 130) [5].

---

(4) CJCS, p. 356.
(5) PCS, p. 221.

In praescriptione hac sermo est de bonis missionis proprie dictis; sed quid intelligitur termino ((bonum missionis proprie dictum))? Inter decreta hujua concilii non datur expressa explicatio. Nostrum igitur est inquirere de sensu hujus termini. Sunt bona missionis latissimo sensu en omnia quae a Concilio bona ecclesiastica vocantur: ((Reputanda sunt bona ecclesiastica non solum bona missionis et ecclesiarum omnium christianitatum, sed etiam bona ad religiosas familias spectantia, et omnia bona ad pias causas dicata: v.g. elemosinae alicui sacello a fidelibus erogatae. Bona fabricarum et alia quasi-paroecialia missionum, quamvis ad singulas christianitates vel stationes pertineant, sunt vere ecclesiastica et etiam canonicis legibus reguntur)) (Num. 531) [6].

Primum Concilium distinguit bona ecclesiastica in bona missionis et bona religionis; illa pertinent ad missiones, hae pertinent ad familias religiosas. Idcirco cum Concilium loquatur de bono proprie dicto, id intelligi censetur de bonis missionis cum exclusione bonorum religionis. Bona missionis proprie dicta sunt igitur: ((1) Ecclesiae, residentiae missionariorum, scholae, aliaque aedificia sumptibus missionis aedificata: 2) Quaecumque aliae res, sive mobiles sive immobiles, sive sacrae sive profanae, sumptibus missionis acquisitae; 3) Pecuniae et aliae donationes, quae missioni in genere vel speciali ejus operi traduntur; 4) Quidquid a christianis indigenis tribuitur pro ornamento vel cultu ecclesiae, similiter fundi cum redditibus pro sustentatione missionarii proprii destinatis: 5) Bona quae sive Ordines sive Congregationes religiosae acquirunt, non quidem pro religione, sed pro Missione)) (Num. 534) [7]. Ex istis omnibus bonis sacerdos prohbetur aliquid sumere pro cagnatis pauperibus. De bonis vero religionis res decidenda est secundum proprias constitutiones.

Adest alia species bonorum, quae censetur non includi inter bona missionis proprie dicta, scilicet bona parsimonialia sacerdotis. In Primo Concilio Sinensi praxis illa confirmatur, secundum quam: ((Si

---

(6) PCS, p. 222.
(7) PCS, p. 222-223.

e clero saeculari, sive europaeus, sive Sinensis, ex pacto cum Vicario vel Praefector Apostolico inito, facit fructus suos, Ordinarius non tenetur ex justitia ei necessaria suppetitare aegrotanti vel senescenti, aliquando vero teneri potest ex caritate; si, e contario, sacerdos non facit fructus suos, sed ab Ordinario de necessariis provisus est, Ordinarius debet eum sustentare adventante aegritudine vel senectute)) (Num. 130) [8]. Sacerdos, qui ex operibus suis non facit fructus suos, sustentationem ab Ordinario recipit; bona, quae ab Ordinario concessa sunt ei pro annua sustentatione, sunt quidem bona missionis sed pertinent jam ad illum sacerdotem; si ipse parce vivendo, sibi conservat aliquam partem ex istis bonis, pars conservata censetur esse bonum parsimoniale de quo sacerdos libere disponere valet et propterea istis bonis ipse potest et debet procurare sustentationem parentum indigentium.

ARTICULUS **IV**. DE TUTELA ET CURA

I. OFFICIUM TUTELAE ET CURAE

Officium tutelae et curae, quod gestionem bonorum rationemque reddendam secumfert, nuncupatur certo officium saeculare, clericis religionsisque personis minus conveniens et prohibitum praescriptione juris canonici; inde missionarius ad assumendum hoc officium indiget licentia Ordinarii sui (can. 139).

Quando autem necessitas urget, per licentiam Ordinarii prohibitio canonica tollitur; nam accidere potest ut quis missionarius habens cognatum minorem orbatum parentibus, tutelam vel curam ejus suscipere cogatur. Data liceitate et aliquando obligatione suscipiendi officium tutelae et curae, iam quaeritur de jure quod regit exercitium hujus speciei officii. Si inspicimus praescriptiones juris sinensis, invenimus statutas in Normis de applicatione juris: ((Tutela regulatur secundum jus patriae pupilli; sed peregrinus, qui domicilium vel quasi-

---

(8) PCS, p. 64.

domicilium in Sinis habet, in uno ex casibus infra enumerandis, observare debet jus sinense relate ad tutelam: 1) Secundum jus patriae adest causa tutelam instituendi, sed non adest persona tutelam exsequens; 2) In Sinis declaratus est interdictus ad administrationem bonorum)) (Art. 18 NAJ). Et in articulo seguenti statuitur ut praescriptio de tutela applicetur etiam pro officio curae. Jus patriae igitur pupilli in casu attendendum est pro exercitio tutelae et curae. Jus sinense civile suum vigorem valere facit, si unus ex duobus casibus contemplatis a jure occurrit; adest quidem alius casus applicandi jus sinense, scilicet quando pupillus natus ex parentibus exteris in Sinis commorantibus secundum jus patriae parentum ipso facto nativitatis recepit nationalitatem sinensem, licet jus sinense eum non recognoscat civem sinensem.

Suadetur quidem ut missionarius ad tutelam vel curam suorum cognatorum aliquam personam fide dignam pro seipso substituat nempe eligendo eam personam eamque tribunali praesentando.

II. Jus sinense

In codice juris civilis sinici tractatur de tutela et cura in articulis 1091-1113. Tutor vel curator juridice agit pro pupillo suo, complet ejus voluntatem et administrat ejus bona. De bonis pupilli ipse disponere nequit nisi pro emolumento pupilli, neque de bonis immobilibus ejus disponere valet, nisi prius rogaverit consensum Consilii familiae; singulis annis rationem administrationis reddere debet et in fine sui officii totam rationem administrationis delegato Concilii familiae reddat. In defectu vero Concilii familiae, sicut accidere solet in casu tutelae vel curae exercendae a missionario, ratio videtur reddenda esse tribunali competenti, quod est tribunal sinese.

Articulus V. Successio hereditaria

I. Successio hereditaria

Casus, qui missionariis frequentius occurrere potest, est successio hereditaria. Missionarius si est clericus saecularis, capacitatem recipiendi hereditatem, servatis servandis de jure, semper retinet, si est religiosus, cum votis simplicibus, capacitatem hereditatem capiendi sibi conservat; si est cum votis solemnibus, potest eam acquirere vel suo Ordini vel Sanctae Sedi (can. 580-582).

Praescriptio autem juris canonici relate ad capacitatem hereditatem recipiendi non aliud statuit nisi purum principium, quod affirmat religiosos post professionem religiosam non penitus amittere suum jus civile ad hereditariam successionem; sed quando una persona habeat hoc jus et quomodo exercere bedeat hoc jus, de hoc codex juris canonici nihil statuit, quia res pertinet ad potestatem civilem; propterea addere debemus praescripta civilia in respectu ad successionem hereditariam missionariorum. Jus sinense in Normis de applicatione juris rem disponit ita: ((Successio hereditaria procedit secundum just patriae eius cui succeditur)) (Art. 20 NAJ). Jus igitur ad successionem, ordo ad hereditatem et quantitas hereditariorum bonorum regulantur secundum praescripta juris personae defunctae cujus hereditas est in quaestione.

Hic non agitur tantummodo de hereditate ad quam missionarius vocari potest, sed etiam de hereditate ipsius missionarii, qui post suam mortem alicui relinquere debebit sua propria bona, si qua sunt.

II. Capacitas ad successionem hereditariam in Sinis

132. Quaeritur: utrum missionarius potest vocari ad hereditatem alicujus civis sinensis an non? Prohibitio generalis non invenitur neque in jure canonico neque in jure sinico; inde missionarius potest esse vocatus ab aliquo cive sinensi per testamentum vel ad totam hereditatem vel ad partem vel ad legatum. Prohibitio autem habetur in jure sinico relate ad bona immobilia, quia missionarius uti persona civilis, nomine proprio possidere nequit bona immobilia in regionibus internis Sinarum. Ideoque in casu successionis quoad bona mobilia civis sinensis nulla datur difficultas, quoad vero bona immobilia, ea vendere debet. Potest fortasse effici nobis objectio: missionarius prohibitus est imo incapax

aestimatur a jure sinensi ad possidenda bona immobilia in Sinis, ergo missionarius ad haec recipienda, quamvis per testamentum, etiam prohibitus est. Sed ad rigorem juris haec objectio plane non sustinetur, quia jus prohibet tantum quominus missionarius in internis regionibus emat vel locet bona immobilia, sed non prohibet quominus bona immobilia dono recepta vendat.

Missiones catholicae, quibus jus possidendi bona immobilia titulo proprientatis competit, certo possunt etiam jure civili accedere ad successionem hereditariam civium sinensium. Cum vero secundum jus peregrinum hereditaria successio exequenda sit secundum jus personae defunctae et in casu successionis circa civem sinensem jus sinicum sit applicandum, inspiciamus aliquantulum praecriptiones juris civilis sinici relate ad hoc institutum in Art. 1138-1185. Codex juris civilis sinici per duo capita contemplatur totum jus hereditarium; in priore capitulo contemplatur personam heredis, in posteriore successionem proprie dictam. Si missionarius quidam vel missio quaedam vocati fuerint ad successionem hereditariam alicujus civis sinensis, imprimis atendendum est ad hanc praescriptionem: ((Persona, quae non habet consanguineum lineae rectae descendtis, potest per testamentum determinare heredem vel ad totam hereditatem vel ad partem, salvis praescriptionibus de portionibus legitimis spectantibus ad ceteros consanguineos)), ne eius successio invalida evadat (Art. 1143) [9].

A momento mortis testatoris successio valida sortitur immediate suum initium, tunc attendendum est ad praescriptionem de hereditate numerata, ne heres succumbat sub debitis personae defunctae; ad praescriptionem de divisione hereditatis, si plures heredes adsunt; ad praescriptionem de renuntiatione, si cocnvenientia adest, et attendendum est ad praescriptionem de ipso actu successionis.

Neque negligi potest praescriptio quae praecipit ut bona ex hereditate recepta juxta arbitrium Consilii familiae dentur illis personis, quae recipiebant sustentationem ab ipsa persona defuncta (Art. 1149).

---

(9) CJCS, p. 362.

ARTICULUS VI. DE TESTAMENTO

I. TESTAMENTUM

Negotium juridicum, quod sacrum ac inviolabile ab omnibus populis consideratur, est testamentum, quo defunctus ultimam suam voluntatem manifestat. Missionarius, qui est Episcopus residentialis vel beneficiarius, obligatur testamentum de suis bonis tempestive condere cum observantia juris civilis respectivae nationis (can. 1301); qui est de Congregatione religiosa. vel de Ordine regulari, ante professionem votorum simplicium temporariorum testamentum de suis bonis praesentibus vel forte obventuris libere condere tenetur (can. 569, parag. 3).

Cum in his testamentis agatur de rebus mere civilibus, jus civile respectivae nationis observari debet a testatoribus ecclesiasticis. Haec observantia a jure canonico etiam inculcatur pro testamento in favorem Ecclesiae, dicit enim: ((In ultimis voluntatibus in bonum Ecclesiae serventur, si fieri possit, solemnitates juris civilis; hae si omissae fuerint, heredes moneantur ut testatoris voluntatem adimpleant)) (can. 1513). ((S.R.E. Cardinalis, Episcopus residentialis aliique clerici beneficiarii obligatione tenentur curandi testamento vel alio instrumento in forma juris civilis valido ut omnia praescripta, de quibus in can. 1298-1300, debitum effectum etiam in foro civili sortiantur)) (can. 1301).

Praescripta juridica relate ad testamentum apte in duas partes dividi possunt quarum una respicit constitutionem intrinsecam testamenti, scilicet requisita necessaria et effectus, altera pars respicit extrinsecam formam, scilicet solemnitatem.

De constitutione intrinseca testamenti peregrinorum in Sinis haec habetur praescriptio: ((Requisita necessaria pro conficiendo testamento ejusque effectus consideranda sunt ad normam juris patriae testatoris tempore quo conficietur testamentum Revocatio testamenti regulatur jure patriae testatoris tempore quo conficietur revocatio)) (Art. 21 NAJ). Missionarius igitur in Sinis testamentum conficere volens, prae occulis habere debet praescripta juris suae patriae de testamento, et tribuual ecclesiasticum causam de testamento missionarii judiians jus patria testatoris negligere nequaquam potest. Capacitas testandi, portiones legitimate hereditatis, legata et executores sunt aestimandi secundum jus patriae testatoris.

II. Jus sinense

((Art. 1180: Persona incapax agendi non potest testamentum contionem cum testamento missionariorum non habet; habet vero relationem cum testamento civium sinensium qui hereditatem per testamentum missionario vel missioni catholicae reliquerunt, quia tunc testamentum regitur jure civili sinensi.

((Art. 1186: Persona incapax agendi non potest testamentum conficere. Persona deminutam capacitatem habens, sine permissione procuratoris legalis potest conficere testamentum; sed si decimum sextum annum nativitatis nondum attigerit, non potest conficere testamentum)) [10]. Haec autem praescriptio valet quidem, si testamentum confectum fuerit in favorem alicujus missionarii uti personae privatae; non vero valet, si testamentum a minorenni quodam Sinensi factum fuerit in favorem Ecclesiae, quia tunc vigere incipit praescriptio juris canonici: ((Qui ex jure naturae et ecclesiastico libere valet de suis bonis statuere, potest ad causas pias, sive per actum inter vivos, sive per actum mortis causa, bona relinquere)) (Can. 1513).

Civis Sinensis, qui consanguineum descendentem lineae rectae habet, alium heredem per testamentum prohibtur constituere, et, qui orbatus est istis consanguineis, heredem per testamentum libere constituere potest, salvis semper portionibus legitimis. Attamen altera dispositio juris facultatem testatori concedit ut ipse, attentis servatis praescriptionibus de portionibus legitimis, libere disponere de bonis suis valeat (Art. 1187). Portiones a jure sancitae et determinatae spectant ad personas, quae ad normam juris sunt heredes legitimi

---

(10) CJCS, p. 378.

(Art. 1223); neque hae portiones possunt negligi vel defraudari per testamentum (Art. 1225 CJCS).

III. FORMA TESTAMENTI

Relate ad constitutionem extrinsecam testamenti, scilicet ad formam, jus peregrinum sinense facultatem dat missionariis, ut ipsi sequi queant vel jus patriae vel jus sinense civile (Art. 26 NAJ), quia admittitur a jure sinico peregrino duplex forma testamenti, scilicet vel forma praescripta a jure quod regit constitutionem intrinsecam testamenti vel forma praescripta a jure loci actus.

Quinque formae conficiendi testamentum in jure sinico civili proponuntur validae, inter quas testator, servatis servandis, eligere quamcunque valet (Art. 1189 CJCS) [11]. Prima forma est testamentum holographum manu, quod conscriptum est a testatore ipso et ab ipso subscriptum cum omnibus adnotationibus necessariis (Art. 1190 CJCS). Secunda forma est testamentum factum a teste qualificato (notario publico); hoc testamentum a teste qualificato scriptum est coram duobus testibus sub dictato testatoris et ab omnibus his personis subscriptum (Art. 1191 CJCS). Tertia forma est testamentum secrete conclusum, quod ab ipso testatore clausum et subsignatum est super clausuram coram teste qualificato et duobus aliis testibus (Art. 1192 CJCS). Quarta forma est testamentum alterius manuscriptum; hoc testamentum est conscriptum ab uno ex tribus testibus sub dictato testatoris, et ab his omnibus personis subscriptum (Art. 1194 CJCS). Quinta forma est testamentum orale; hoc testamentum conscriptum est ab uno ex duobus testibus juxta dictatum testatoris, in periculo mortis vel in aliis circumstantiis extraordinariis (Art. 1195 CJCS).

Missionarius in Sinis sub circumstantiis ordinariis testamentum facere potest secundum unam ex supradictis formis prioribus; in casibus vero specialibus cum periculo mortis testamentum orale conficere

---

(11) CJCS, p. 379.

valet. Si vero missionarius testamentum suum conscribere vult juxta formam juris suae patriae, liber est ad hoc faciendum; tantummodo meminerit unusquisque missionarius testamentum sine debita forma conscriptum invalidum esse ad manifestandam suam ultimam voluntatem.

Iuridica solemnitas testamenti non regit executionem ejus et consequenter non regit executores testamenti.   Executores cives sinenes, attendere tenentur pro suo officio ad jus quod regit constitutionem intrinsecam testamenti illius missionarii testatoris.

Caput VI

Jus Reale

I. PRINCIPIUM GENERALE

Jura realia sunt illa quae directa versantur in res et ad quae prosequenda actio promoveri potest contra quampiam personam. Multiplices sunt actus juridici, qui spectant ad res, uti acquisitio, mutatio et extinctio jurium realium; ad regendos hos actus, qui perficiuntur a peregrinis in Sinis, norma juridica sancitur ita: ((Relate ad jura realia, observatur jus loci rei sitae ··· Acquisitio ac perditio juris realis, exceptis navibus, habentur secundum jus loci, in quo res sistit tempore quo factum juridicum mutationem juris producens perficitur ···)) (Art. 22 NAJ).

Jus loci rei sitae a jure sinensi recipitur ut norma juridica pro juribus realibus peregrinorum in Sinis. Ultma pars articuli supra citati addita est ad devitandum dubium, quod exsurgere potest, si jus loci rei sitae post factum juridicum subierit mutationem. In hoc casu jus quod regit jura realia, secundum jus sinense peregrinum est jus loci rei sitae tempore quo factum juridicum mutationem juris producens perficitur, scilicet est jus quod vigebat in loco rei sitae quando factum juridicum producens vel mutans jura realia perficiebatur.

137. Sed quaestio multum agitata apud auctores et juristas a jure sinensi peregrino in silentio praetermissa esse videtur; nam in Normis de applicatione juris simpliciter dicitur de juribus realibus nec sermo fit de distinctione bonorum mobilium et immobilium. Quaestio vero praecise agitur utrum jus loci rei sitae applicetur tantum rebus immobilibus an etiam rebus mobilibus? Jus sinense videtur voluisse nescire hanc distinctionem et applicat principium juris loci rei sitae tam rebus mobilibus quam rebus immobilibus. Et nos adprobamus hunc modum

procedendi; nam distinctio rerum mobilium et rerum immobilium per se jam est incerta et differens in diversorum Statuum codicibus et postea non adest communis consensus de jure quod res omnes mobiles regere debet. Objectio deducta ex facili mutatione rerum mobilium de loco in locum momentum quidem habet in praxi, sed respectu ad difficultates exorituras ex incerta distrinctione rerum mobilium et immobilium vim suam persuasivam perdere debet. Missionarii igitur, si bona possident in Sinis, circa ista bona observare tenentur praescripta juris sinensis civilis; si vero bona possident extra Sinas, pro gestione ac exercitio horum bonorum observent jus loci in quo bona inveniuntur.

II. JURA REALIA

Licet tractatus completus de juribus realibus missionariorum in Sinis exeat de sphaera nostri studii nec spatium temporis nos hoc facere sinat, tamen quaestiones principaliores a nobis penitus negligi non possunt. Exponemus itaque jura missionariorum in Sinis summa per capita.

1. Proprietas

Summa necessitas urget ut habeatur clara distnctio circa hanc materiam, sin minus magna confusio intelligentiam nostram pervadet. Distinguitur missionarius, utpote persona privata civilis, a missionibus catholicis; distinguitur territorium Concessionis a ceteris territoriis Sinarum; distinguitur tandem bonum mobile a bonis immobilibus. Post has distinctiones proceamus ad rem et statuamus normam juridicam circa proprietatem missionariorum in Sinis: 1) missionarius, utpote persona civilis privata, extra territorium Concessionis, non potest sibi tribuere jus proprietatis bonorum immobilium, quae exsistunt in Sinis; 2) missionarius, utpote persona civilis privata, habet proprietatem bonorum mobilium in Sinis; 3) missionarius proprietatem bonorum, quae sunt extra teritorium sinense, sibi tribuere potest sicut jus loci rei situae statuit; 4) Missiones catholicae jus proprietatis sibi retinent vel circa bona immobilia vel circa bona mobilia juxta regulas supra dictas, quando agebamus de juribus missionum in Sinis.

Aliquid igitur nobis incumbit dicere de jure proprietatis bonorum mobilium secundum jus sinense civile quod in articulis 761, 901-816 agit de origine, mutatione, extinctione et defensione hujus proprietatis.

Jus proprietatis in rem mobilem modo ordinario acquiritur per traditionem rei; jus sinense cavet, ut traditio rei mobilis a persona jure tradendi carenti facta defenditur a jure et persona rem traditam possidens tutelam juris habeat (Art. 801). Possessio rei nullius illico jus proprietatis confert domino, si ipse animum possidendi habet (Art. 802). Inventio rei derelictae secundum normam juris post sex menses, domnio non comparente, facit rem pertinere ad inventorem (Art. 803-807); theasurus inventus et apprehensus pertinet ad inventorem; thesaurus vero inventus intra bona immobilia aliena dividitur inventorem inter et dominum rei immobilis (Art. 810). Res mobilis per accessionem ad rem immobilem accedit etiam ad proprietatem domini rei immobilis (Art. 811). Res mobiles, si per mixtionem difficulter vel plane non separabiles factae sunt, habendae sunt in condominio (Art. 812-813); transformatio facit opus transire in proprietatem domini rei; si vero opus pretiosius est quam res, res transit in proprietatem personae transformantis (Art. 814) cf. CJCS. 263-268.

2. Possessio

Cum missionarius in Sinis proprietatem bonorum immobilium exsistentium in territorio sinensi habere non valeat, licet nobis quaerere an ipse ut homo privatus bona immobilia exsistentia in Sinis possidere possit. Nobis videtur affirmative esse respondendum. Nam expressa prohibitio circa exercitium hujus juris legibus sinensibus non invenitur et possessio temporanea non contradicit spiritui legis Sinarum. Practice haud difficile accidit ut civis quidam sinensis bona immobilia missionario tradat ad extinguendum suum debitum; in casu missionarius quidem non habet nec potest habere animum ea bona titulo proprietatis sibi retinendi, quia ipse ea bona vendere tenetur: sed interim ante venditionem ipse possidet ea bona immobilia.

Si quaestio agitur de bono mobili, tune missionarius tuto procedere potest ad ineudam possessionem juxta praescripta juris sinensis (Art. 940-966).

Possessor vocatur ille qui potestatem realem disponendi de aliqua re hic et nunc habet; ille gaudet praesumptione juris de bona voluntate vel de bona fide possessionis, gaudet insuper tutela juris relate ad rem possessam mobilem, licet traditor jus rem tradendi non habuerit. Si res possessa est res derelicta vel furto accepta, restitui debet illa res domino intra duos annos rem possidenti cum restitutone pretii, si possessor rem acquisiverit per emptionem. Possessor bona fide in rem possessam habet usum et usumfructum, non respondet de interitu rei, nisi de emolumento ex perdictione accepto, si res perdita fuerit sine ejus culpa; in restitutione jus habet postulandi expensa utilia. Possessor autem malae fidei tenetur ad restitutionem rei, si res perdita fuerit ex causa ei imputabili; tenetur ad restitutionem fructuum vel ad eorum valorem restituendum, si fructus consumpti fuerint vel per ejus culpam pejores evaserint vel colligi culpabiliter neglecti fuerint. Possessio defenditur ante omnia per proprias vires, postea per actionem possessoriam (antra annum) ad eam recuperandam, ad tollendo obstacula et ad impedienda pericura.

3. Usus et usus fructus

Usus et usus fructus sunt instituta juridica distincta a proprietate; inde missionarius in Sinis vivens qui prohibitus est possidere bona immobilia titulo proprietatis in territorio sinensi, non vetatur percipere usum et usum fructum bonorum immobilium. Haec jura missionariis pervenire possunt vel per actus inter vivos vel per actus mortis causa ideoque regulantur secundum jus quod regit actum constitutivum.

4. Praescriptio

Praescriptio haberi potest vel circa quoddam jus vel circa quandam rem; si jus vel res sistunt in Sinis, earum praescriptio regitur jure civili sinensi. In articulis 125-147 CJCS tractatur de praescriptione liberativa et in articulis 768-772 CJCS de praescriptione acquisitiva. Tempus sufficiens ad liberandam quandam personam ab obligatione statuitur esse quindecim annos continuos, nisi jus in aliquibus casibus tempus brevius statuerit; brevius tempus pro praescriptione liberativa statuitur in articulis 126 et 127, in quo affirmatur unum annum vel duos sufficere ad praescriptionem perficiendam contra certas species obligationum. Praescriptio acquisitiva pro rebus mobilibus requirit possessionem pacificam quinque annorum; pro rebus vero immobilibus exigit viginti annorum pacificam possessionem; sed si possessio incepta fuerit cum bona fide, tunc sufficiunt decem anni.

Hic opportune recolamus statutum juris canonici de praescriptione: ((Praescriptionem, tanquam acquirendi et se liberandi modum, prout est in legislatione civili respectivae nationis, Ecclesia pro bonis ecclesiasticis recipit, salvo praescripto canonum qui sequuntur)) (can. 1508). Codex juris canonici hic agit de bonis ecclesiasticis et recipit jus civile; inde de bonis missionum in Sinis exstantibus applicatur jus civile sinicum. Quod ad quaestionem utrum jus canonicum agat de receptione juris civilis substantivi an etiam de jure peregrino normativo, videbimus, quando agemus de obligatione. Sufficit nunc notare quod pro praescriptione bonorum missionum quae in Sinis sunt, res procedere semper debet secundum jus civile sinense, quia si jus canonicum recipit jus civile substantivum, tunc clarum est jus civile sinicum esse applicandum; si vero jus canonicum recipit jus normativum peregrinum sinense, tunc etiam applicatur jus civile sinicum, quia hoc est jus loci rei sitae.

ARTICULUS II. DE CESSIONE ADMINISTRATIONIS, REUNTIATIONE BONORUM ET DOTIBUS IN JURE RELIGIOSORUM

Nonnulla praescripta de juribus realibus habentur in codice juris canonici relate ad religiosos et in his casibus religiosi praecipiuntur habere prae oculis praescripta juris civilis respectivae Civitatis. Si nunc missionarius de clero saeculari in domum religiosam in Sinis exsistentem intrare vult ut consulat saluti animae suae, vel peregrinus juvenis vitam religiosam in Sinis amplecti desiderat, pro omnibus actibus, ad quos obligantur juxta praescripta juris canonici relate ad certa jura realia, normam juridicam sumere debent ex jure peregrino sinensi. Videamus igitur quid nos docet jus sinense scilicet jus peregrinum, respectu ad hos actus.

I. CESSIO ADMINISTRATIONIS BONORUM

In codice juris canonici: ((Ante professionem votorum simplicium sive temporariorum sive perpetuorum novitius debet, ad totum tempus quo simplicibus votis adstringetur, honorum suorum administrationem cedere cui maluerit et, nisi constiutiones aliud ferant, de eorundem usu et usufructu libere disponere)) (can. 569).

Agitur de cessione administrationis bonorum et propterea est actus juridicus civilis, qui confici debet a persona professionem votorum simplicium emissura secundum jus loci rei sitae. Difficultas non nascitur quando bona omnia sunt in uno eodemque loco; molestiae vero et difficultates exsurgunt quando bona sistunt in territoriis diversorum Statuum, qui singuli differentem codicem juris civilis possident. In hoc casu cessio videtur melius et securius perfici, si separatim et juxta jus loci rei sitae conficitur pro unoquoque complexu bonorum, quae in unius Status territorio exsistunt.

Inter diversa requisita essentialia pro cessione facienda, primum est capacitas agendi; generatim filius minor sibi attribuere nequit capacitaem cessionem faciendi, quia ipse utpote minor capacitatem agendi non habet et bonorum administratio penes parentes vel tutores est juxta praescripta legis. Ad clarm intelligentiam praescriptionis juris canonici aliquid notamus. Quaeri potest: Utrum jus canonicum in citato canone considerat tantummodo novitium majorennem, qui administrationem bonorum per seipsum exercebat et nunc eam cedere alicui valet, an etiam loquitur de novitio minorenni? Attento sensu litterali verbi ((cedere)) videtur jus loqui tantummodo de novitio majorenni, qui administrationem iam habebat et tenebat, quia verbum ((cedere)) significat aliquam personam tradere officium alicui, quod ipsa antea tenebat. Insuper spiritus legis hanc interpretationem suadet, nam lex cessionem administrationis bonorum statuit, quominus novitius vel melius religiosus administrando suorum bonorum spiritum suum distrahat a rebus spiritualibus et ab exercitiis pietatis; nunc vero quando administratio per se jam non erat penes ipsum novitium, sed penes ejus parentes vel tutorem legalem, motivum cessionis non urget. Attamen nobis videtur nihilominus cessio esse facienda etiam a novitio minorenni; non quasi jus canonicum in casu suppleat incapacitatem minoris, derogando praescripto juris civilis, sed quia cessio facta tempore minorennitatis postea potest ratihaberi ab ipso religioso, ineunte aetate majorenni, vel per actum explicitum vel per actum implicitum. Cessio igitur incipiet valere a die, in quo religiosus aetatem majorennem adeptus est [1]. Ita dicendum est de usu et usufructu, quia jus canonicum non intendit privare parentem, qui juxta jus civile jus habet ad usum et usufructum bonorum filiorum minorum, hac facultate.

Quando cessio administrationis bonorum facienda est secundum jus civile sinense, res procedere videtur secundum praescripta juris de mandato, quia jus civile sinicum explicita et distincta praescripta relate ad cessionem istam non statuit.

Mandatum a jure sinico vocatur contractus quo partes conveniunt ut una pars alteram partem ad gerendam aliquam rem deleget, atque altera pars hanc gestionem promittit (Art. 528 CJCS). Si ad constituendum mandatum actus juridicus requiritur, mandatum in scriptis fieri debet (Art. 531 CJCS). Mandans sine consensu mandatarii jus petendi gestionem rerum (negotiorum) tertiae personae cedere non potest (Art. 543 CJCS). Mandatum extinguitur per revocationem et per renuntia-

---

(1) Cfr. TIMOTHEUS SCHAFER, *De Religiosis*. Roma 1940, p. 607.

tionem, quae fieri possunt quolibet momento, et per mortem et per deminutionem capitis unius partis, nisi contractus praehabitus vel natura rei aliud postulet (Art. 549-550) [2].

II. RENUNTIATIO BONORUM

((Professus a votis simplicibus antea nequit valide, sed intra sexaginta dies ante professionem solemnem, salvis peculiaribus indultis a Sancta Sede concessis, debet omnibus bonis, quae actu habet, cui maluerit, sub conditione secuturae professionis, renuntiare. Secuta professione, ea omnia statim fiant, quae necessaria sunt ut renuntiatio etiam jure civili effectum consequatur)) (can. 581).

Jus civile, de quo hic in canone agitur, pro religiosis peregrinis in Sinis, est jus loci rei sitae, quia jus peregrinum sinense ita statuit. Hic non agitur de renuntiatione capacitatis juridicae, quae de cetero secundum jus sinense civile fieri non potest (Art. 16 CJCS); sed agitur de cessione bonorum praesentium et futurorum in favorem tertiae personae.

Praescripta relate ad hos actus renuntiationis in jure civili sinensi inveniuntur in praescriptis de cessione bonorum et de donatiine. Donatio valorem suum non sortitur juxta normam juris nisi donatarius consensum praestiterit; si vero agitur de bonis pro quorum transmissione exigitur inscriptio in registrum publicum, tum res immutata manet usquedum inscriptio debita evenerit (Art. 406-407 CJCS). Si donum datum fuerit insimul cum aliquo onere, donatarins autem onus exequendum neglexerit, donator potest vel petere executionem oneris vel revocare donum datum (Art. 412) [3].

III. DOS RELIGIOSARUM

((In monasteriis monialium postulans afferat dotem in constitu-

---

(2) Cfr. CJCS, p. 173-180.
(3) Cfr. CJCS, p. 131-135.

tionibus statutam aut consuetudine legitima determinatam. Haec dos ante susceptionem habitus monasterio tradatur aut saltem ejus traditio tuta reddatur forma jure civili valida)) (can. 547).

Si postulans est de natione extera in Sinis, jus civile pro valida et tuta traditione dotis intelligitur jus loci rei sitae, ex qua does constituitur. Si traditio dotis tantum promittitur, tunc intervenit contractus; jus vero civile, quod regit contractum peregrinorum, videbitur a nobis in capite sequenti.

ARTICULUS III. JURA REALIA MISSIONUM CATHOLICARUM IN SINIS

I. JUS PROPRIUM

Primum Concilium Sinense melius facere non potuit relate ad jura realia missionum catholicarum in Sinis quam repetere id quod affirmatum est in codice juris canonici: ((Etiam ecclesiis singularibus aliisque personis moralibus, quae ab ecclesiastica auctoritate in juridicam personam erectae sunt, jus est, ad normam sacrorum canonum, bona temporalia acquirendi, retinendi et administrandi)) (can. 1458 et num. 530 PCS). Jus hoc est proprium Ecclesiae Catholicae et independens a qualibet auctoritate civili. Indeque codex juris canonici statuit: ((Ecclesia acquirere temporalia bona potest omnibus justis modis juris sive naturalis sive positivi, quibus id aliis licet)) (can. 1499). Vicariatus vel Praefecturae Apostolicae aliaque instituta ecclesiastica missionum sunt personae morales independenter a recognitione juris civilis post decretum a competenti auctoritate ecclesiastica datum, et consequenter sibi jus vindicare debent ad bona temporalia. Itaque Patres Primi Concilii Sinensis solemniter affirmaverunt: ((Item Ordinarius ex redditibus ecclesiarun et voluntariis fidelium oblationibus, curet de aliquo fundo constituendo pro sustentatione cleri in posterum)) (Num. 548). ((Obligantur christiani pro viribus concurrere aedificationi, conservationi, reparationi, ornatui, cultui proprii sacelli seu ecclesiae ac residentiae et domus sacerdotis, necnon ejusdem honestae sustentationi; quae obligatio neque tollenda, neque oblivione delenda est)) (Num. 549). ((Curent missionarii et fideles, in singulis christianitatibus, e fundationibus paulatim instituant fundos et reditus pro divino cultu, puerorum scholis, aliisque expensis praesertim tempore missionum fieri solitis ⋯)) (Num. 550) [4].

In his praescriptionibus Patres Primi Concilii plane statuunt jus ecclesiae relate ad jura realia etiam esse exercendum in terris infidelium; modus vero exercendi in supracitatis numeris decretorum adhaeret stricte consuetudini ecclesiasticae; sed praeter hos modos missiones catholicae in Sinis jura realia exercere possunt omnibus legitimis modis, qui permissi sunt a jure civili sinensi omnibus civibus sinensibus.

II. Modus agendi

At jus Ecclesiae proprium ad bona temporalia non semper plene recognoscitur a potestate civili, imo saepe saepius obstacula ab ipsa civili auctoritate recipere cogitur. Ita etiam evenit in Sinis; cum gubernium sinense missiones catholicas consideret esse associationes religionsas peregrinorum, exceptis Vicariatibus et Praefecturis Apostolicis commissis curae cleri indigenae, jura realia missionum plures limitationes restrictionesque receperunt, uti jam supra vidimus. Cum vero praesto non sit Ecclesiae remendium efficax ad mutandam hanc conditionem, missiones catholicae in Sinis conantur saltem jus suum tutum reddere intra limites civiliter positos.

Modus agendi pro juribus realibus adhuc adhaeret pactis Sinas inter et alias Civitates initis, saltem pro missionibus, quae juxta judicium gubernii sinensis pertinent ad illas nationes contrahentes. Jus proprietatis et consequenter jus emendi bona immobilia missionibus competit illarum nationum, quae, cessatis pactis veteribus abolitis,

---

(4) PCS, p. 230.

novas conventiones cum Sinis praeparant; vero ceterarum nationum jus emphyteusis tantum competit missionibus. Neom est qui non videat quanta detrimenta missiones catholicae pati cogantur in Sinis ex istis limitationibus et praesertim ex restrictione quoad quantitatem superficiei et dormorum. Praeter limitationem quoad jus proprietatis missiones in Sinis cetera jura realia habent et sibi retinent plena.

ARTICULUS IV. DE ADMINISTRATIONE BONORUM

I. ADMINISTRATIO IN GENERE

Mos est relinquere administrationem bonorum privatae voluntati vel constitutionibus propriis personae moralis, et potestas legifera Status non intervenit, nisi in statuendis principiis generalibus. Quanto vero ratio specialis exigit, ut pro administratione alicujus speciei bonorum, particulares normae a publica auctoritate dentur, tales normae datae observari debent ab omnibus administratoribus, etiamsi sint peregrini. Inde bona administranda sunt ad normam juris loci rei sitae. Pro applicatione hujus principii ad bona missionariorum, utpote personarum civilium privatarum, nulla debet nasci difficultas; practice in jure sinensi non dantur normae speciales pro administratione bonorum, nisi pro bonis personae moralis.

II. ADMINISTRATIO BONORUM MISSIONUM CATHOLICARUM

Difficultas enascitur, cum gubernium sinense consideret bona missionum esse bona personae moralis exterae et persona moralis extera in exercitio suorum jurium comparetur personae moral sinensi, quae eandem naturam ac persona moralis extera habeat. Propterea gubernium ordinavit ut bona missionum administrentur uti bona templorum Budhistarum vel Taoistarum; nam gubernium sinense die 13 Martii an. 1917 decretum promulgavit ut administratio bonorum omnium religionum in Sinis fiat secundum normas ab ipso datas pro administratione templorum et fundorum Bhudstarum [5]. Haec ordinatio postea, impliciter repetitur et confirmatur in quodam responso dato die 22 Junii 1934 [6].

Primum Concilium Sinense relate ad administrationem bonorum missionum totaliter adhaesit praescriptionibus juris communis Ecclesiae neque aliquam regulam accomodatam tradidit; fuit igitur intentio Concilii vindicandi jus proprium. In praxi nulla difficultas habita est in hac materia in relatione ad gubernium sinense, quia ipsum usque nunc observantiam normarum administrationis nunquam exigit a missionibus catholicis; sed, si tandem jurisdictio extraterritorialis abrogata fuerit et concordatum cum Sancta Sede non intervenerit, difficultates forsitan non tardabunt exoriri. In talibus conditionibus quaestio non amplius agitur de juribus sed de pastorali prudentia, et missiones, salvis juribus essentialibus, normas aliquas a gubernio sinensi datas pro administratione etiam recipere poterunt.

---

(5) Normae pro administratione bonorum templorumque Buddhistarum promulgatae sunt die 7 Dec. 1929 noviter. En principaliores:

((Art. 5. Bona immobillia et res religiosae templorum debent denuntiari auctoritati competenti civili et inscribi in registrum publicum)). ((Art. 6. Bona immobilia et res religosae templorum habendae sunt uti proprietates templorum et administrantur ab administratione templi. Monachus, qui in templo potestatem disciplinarem habet, sub nullo titulo administrator fieri potest. Cives exteri (non de natione sinensi) administratores esse non possunt)). Art. 7. Administrator, praeter expensas pro propagatione fidei religiosae. pro caeremoniis, et alios consumptos ad fines necessarias, non possunt impendere reditus bonorum immobilium)). ((Bona immobilia et res religiosae templi sine consensu congregationis religiosae ad quam illud templum pertinet, et adprobatione auctoritatis competentis civilis non possunt aliter disponi vel mutari)). ((Art. 9. Administrator in fine semestris debet rationem admnistratonis reddere competenti auctoritati civili et rationem publicare)). ((Art. 10. Templum juxta conditionem bonorum immobilium debet operam conferre in favorem boni communis et causarum piarum)) . Cfr. CJD, vol. I, tom. III).

(6) THERY, S.J., *Droit chinoise moderne,* Tiestsin, 1935, I-II, p. 615.

Caput VII

Actus Juridici

Postquam consideravimus jus objectivum et jus reale in se prout in codicibus, nunc exploremus unam ex causis quae ipsum jus producunt, scilicet de actibus juridicis. Actus juridicus est actus humanus cui adjicitur efficacia producens vel mutans vel extinguens aliquod jus. Dicitur actus licitus vel negotium juridicum, si conformis est legibus, sin minus dicitur actus illicitus.

Omnes actus juridici, quamvis aliquando externe appareant simplices, in jure diversa elementa semper habent, indeque subjiciuntur variis praescriptis juridicis. Nam requiritur ad constituendum actum juridice validum imprimis capacitas agendi, quae vel est propria vel est delegata; requiritur ut actus sit humanus, scilicet procedere debuit ex plena cognitione et libera voluntate; requiritur ut effectus sint juxta normam juris; requiritur etiam ut actus conficiatur juxta formam a jure stabilitam. Proinde neminem effugit momentum quaestionis de norma juridica quae actus juridicos peregrinorum in Sinis et consequenter missionariorum regit.

ARTICULUS I. PRINCIPIUM GENERALE

I. PRINCIPIUM GENERALE

In introductione generali de jure peregrino explicavimus principium commune de jure loci actus; juxta hoc principium actus juridici peregrinorum reguntur jure loci, in quo actus juridici perficiuntur. Si principium hoc sumitur prout sonat sic simpliciter, tunc actus juridici peregrinorum in omnibus respectibus habent semper jus loci actus pro regula. Explicatio tamen haec contradicit aliis principiis, veluti principio de capacitate juridica, principio de jure loci rei sitae. Quapropter principium hoc recte explicandum est. Communiter adhibetur principium juris loci actus ad designandam formam actus; sed adhiberi etiam potest ad indicandas alias conditiones necessarias actus juridici.

In jure peregrino sinensi principium juris loci actus non affirmatur in tehminis generalibus, sed dispergitur in variis praescriptionibus, quae regulant diversa elementa actus. Praeter formam actus, jus peregrinum sinense non multum insistit in affirmando hoc principio. Videamus applicationes.

II. CAPACITAS JURIDICA

Distinguitur capacitas agendi seu capacitas subjective a capacitate objectiva; haec dicit aliquam personam capacem esse subjecttum cujusdam juris, illa vero dicit aliquam personam capacem esse hic et nunc ad ponendum quendam actum.

De capacitate juridica tum subjectiva tum objectiva principium a nobis expositum et explicatum est in capitibus praecedentibus, affirmans peregrinum sequi jus propriae patriae.

Quaeritur autem quodnam jus regit capacitatem agendi ex delegatione receptam? Jus peregrinum sinense de hoc silet; sed norma juridica colligi potest ex variis modis delegationis. Si capacitas agendi provenit ex titulo tutelae vel curae, tunc jus, quod regit hanc capacitatem agendi, est jus patriae pupilli; quando vero tutela vel cura instituta fuerit juxta praescripta juris sinensi, capacitas tutoris vel curatoris aestimanda est etiam secundum praescripta juris Sinarum. Si capacitas delegata agendi exsurgit ex aliquo statuto peculiari vel ex contractu, tunc jus capacitatem delegatam regens est jus quod statum illum vel contractum ipsum regit.

III. CONDITIONES NECESSARIAE

In acitubs juridicis praeter capacitatem juridicam, exigitur etiam ut adsint conditiones a jure praescriptae. Quodnam jus praescribit conditiones necessarias pro actibus peregrinorum in Sinis e.g. quid efficiant ignorantia, error, dolus, violentia ··· ? In Normis de applicatione juris haec quaestio praetermittibur nec ulla praescriptio statuitur. Nobis videtur principium juris loci actus in casu praesenti esse applicandum et jus sinense civile de conditionibus actus habere suum vigorem relate ad actus juridicos peregrinorum in territorio sinensi commorantium. Notandum est quod hae conditiones indicant tantummodo eas, quae actum esse humanum juridicum constituunt, non vero comprehenddunt alia requisita quae forsitan pertinent ad jura personalia, vel ad jus familiae vel ad jus reale.

Jus civile sinense in articulis 71-74 normas generales de validitate actus juridici tradit; actus juridici a jure aestimantur invalidi, si facti sunt contra normas prohibitivas vel praeceptivas, vel contra ordinem publicum et bonos mores; sunt autem annullandi, si dolose facti sunt ad capienda bona realia alterius. In articulis 86-98 praescripta de manifestatione voluntatis statuuntur. Simulatio qua aliquis declarat dolose quandam voluntatem quam realiter non intendit, non facit factum ipso facto invalidum, nisi altera pars rem clare cognoverit, nec potest opponere contra tertiam personam. Error substantialis confert personae erranti inculpabili jus annullandi actum positum; ita etiam dolus confert jus annulandi actum a parte personae injuste circumventae. In articulis 99-102 loquitur de conditionibus adjectis ad validitatem actus; conditio suspensiva valorem actus suspendit, conditio vero resolutiva valorem actus resolvit, nisi aliud in contractu specialiter conventum fuerit; culpabilis pars, quae verificationem conditionis impedivit vel damnificavit effectus conditionis, respondere debet de damnis causatis. Terminus temporis sive suspensivus sive resolutivus obtinet eundem effectum sicut conditio suspensiva et conditio resolutiva.

IV. FORMA ACTUS JURIDICI

Forma actus juridici est modus a jure praescriptus pro manifestatione voluntatis et saepe ad validitatem actus requiritur.

((Forma actus juridici fit secundum jus loci actus, nisi in casibus particularibus jus aliter statuerit; sed si forma illius juris quod regulat effectus actus, observata fuerit, actus etiam valet. Praescriptio paragraphi praecedentis non applicatur actibus juridicis, qui finem habent in disponendo vel conservando jure tituli)) (Art. 26. NAJ). Jus igitur sinense in hac dispositione duplicem formam actus admittit: formam praescriptam a jure loci actus et formam praescriptam a jure quod regit substantiam actus. Missionarius proinde in Sinis laborans pro actibus civilibus juridicis potest libere vel sequi formam juris sinensis vel formam juris substantiam sui actus regulantis accipere. ((Nisi in casibus particularibus jus aliter statuerit)), jus hic meminit aliquorum actuum specialium, qui vel relicti sunt voluntati privatae quoad electionem juris pro forma contractus, vel determinatam formam stabilitam semper habent, veluti actus personae moralis. In his casibus exceptio a regular generali datur.

V. Effectus actuum juridicorum

Actus juridici ponuntur inquantum producunt effectum, qui per se distinguitur ab ipso actu producente; ideoque jus quod regit actum, non semper regit ejus effectum. Nostra igitur interest cognoscere jus quod regulam pro effectibus actuum peregrinorum in Sinis suppeditat. Responsio generalis in nullo jure inveniri potest, sed inspicienda sunt diversa praescripta juris secundum naturam actuum. Sinense jus peregrinum aliquando remittit totum actum ad aliquod jus, quod in casu regulat actum ipsum ejusque effectus, v.g. jus reale, testamentum: aliquando vero distinguit jus quod regit actum, a jure quod regit effectus, v.g. effectus adoptionis, effectus matrimonii ⋯ Quando autem jus dicit liberum esse privatorum voluntati sibi eligere jus, libertas etiam datur voluntati privatae in electione juris pro effectibus juridicis.

VI. Actus publici et actus authentici

Hic actus non sumitur in suo fieri sed in suo esse; inde actus publicus intelligitur de ipso actu quo constituitur documentum publicum, et actus authenticus quo constituitur documentum authenticum. Hae duae species actuum multum inferunt in judicium relate ad probationes proferendas.

Quaeritur quaenam sit norma secundum quam aliquod documentum peregrini in Sinis aestimetur esse publicum vel authenticum? Nobis videtur his esse applicandum principium juris loci actus; norma juridica pro aestimatione actus publici vel authentici est jus loci in quo ipse actus positus est. Execeptio quaedam apparet in jure processuali sinensi; nam in Art. 275 habetur ista dispositio: documentum a legatis exteris conscriptum valet, si nihil contra jus sinense continet; etiamsi forsitan conscriptum fuerit contra jus patriae propriae [1]. Inde possumus regulas hoc modo indicare: 1) omnes actus aestimantur publici vel authentici, si jus sinense ita eos aestimat; 2) omnes actus aestimantur esse publici vel authentici, si jus loci actus ita eos aestimat et nihil contra bonos mores sinenses et ordinem publiciis continetur. In tribunali ecclesiastico aestimatio facienda est secundum praescripta juris canonici, pro documentis vero civilibus aestimatio sequitur praescripta juris civilis: ((Documenta publica civilia ea sunt quae secundum uniuscujusque loci leges talia jure censentur)) (can. 1813).

ARTICULUS II. DE OBLIGATIONIBUS

I. PRINCIPIUM

Obligatio intelligitur de illo vinculo juridico, quo quis obtinet jus in aliquam personam ut haec persona sibi aliquid praestet vel faciat.

Principium juridicum in jure sinico peregrino pro regulandis obligationibus habetur in Art. 23 (NAJ) et consistit in libera electione juris cum supplemento juris loci actus.

((Actus juridici obligationem generantes, quoad sua requisita necessaria et effectus tenentur jure quod contrahentes sibi observandum elegerint. Quando vero voluntas contrahentium obscura remanserit, si contrahentes sunt cives ejusdem Civitatis, observatur jus loci

---

(1) CPSJ, tom. VII, p. 50. N.B. Legati exteri in implendo proprio officio actus publicos atque authenticos ponent secundum jus suae patriae.

actus. Si loci actus sunt differentes, habendus est, uti locus actus, ille locus ex quo nuntium contractus emissum fuit. Si vero locus ex quo contractus petitur, different a loco in quo contractus fit, habendus est uti locus actus ille locus ex quo petitionis nuntium emissum est et jus istius loci observandum est in contractu; si pars contractui consentiens, tempore consensus praestandi, nescit locum ex quo petitio emissa est, tunc locus actus crit locus, in quo pars contractum petens domicilium habet (tempore contractus neundi))). Secundum has praescriptiones jus pro obligatione est duplex: jus quod partes elegerint et jus loci actus.   Si partes consensu mutuo statuerint jus pro suo contractu, jus hoc praevalet omnibus aliis juribus, nisi ordo publicus vel boni mores sinenses aliud exigant. Si jus non fuerit electum, tunc jus loci actus observatur in contractu.

Principium modo expositum in pactis veteribus jam habebat suas expressiones: ··· Pretium pro locatione territorii vel domorum, quae necessariae sunt civibus gallicis, convenitur a duabus partibus secundum consuetudinem locorum. Magistratus sinenses curam habebunt quoninus cives Sinenses pretium nimis augeant; consules Gallici curant etiam ne Gallici cives violenter conducant locationem ··· (Art. 10 pacti cum Gallia an. 1858). ((··· De stipendiis vel ipsi inter se conveniant vel consules pro ipsis stipulent)) (Art. 11 pacti cum Gallia an. 1858) [2]. Licet hic sermo sit tantummodo de pretio, supponitur tamen quod cetera omnia, quae intime connectuntur cum pretio, consuetudines sinenses vel voluntates contrahentium sequantur.

Peropportunum est hic in memoriam revocare quod nonnullae obligationes prohibentur missionariis a jure ecclesiastico.

((A fide jubendo, etiam de bonis propriis, clericus prohibetur, inconsulto loci Ordinario)) (can. 137).

(Turpe est et Dei ministris indignum, pro pecuniae mutuis, sive ex bonis missionis quando fiunt ex licentia Ordinarii, sive ex bonis

---

(2) PVNS, vol. IV, tom. I, p. 4.

patrimonialibus, exigere fenus seu usuram quam in infidelibus ipsis abhorremus)) (Num. 171 PCS). [3]

Quoad solutionem obligationis jus ecclesiasticum dignitati clericali ita consulit: ((Clericis, qui creditoribus satisfacere coguntur, salva sint quae ad honestam sui sustentationem, prudenti ecclesiastici judicis arbitrio, sunt necessaria, firma tamen eorundem obligatione creditoribus quamprimum satisfaciendi)) (can. 122). .

((Si quis ex missionariis vel ex sacerdotibus cleri indigenae sine sui Ordinarii consensu in scriptis dato, oneratur aliena pecunia, nullo modo missio tenetur obligatione reddendi pecuniam, etiam si pro missionis operibus expensa sit)) (Num. 158 PCS) [4].

((Quoad obligationem ex quasi-contractu observatur jus loci facti)) (Art. 24 NAJ). Quasi-contractus est actus voluntarius, ex quo sine praehabito consensu exsurgit quaedam obligatio versus aliquam personam vel quaedam obligatio reciproca inter personam quae factum posuit et personam cui allatum est ex facto damnum vel emolumentum. Pro peregrinis in Sinis jus sinense statuit relate ad hanc speciem obligationis jus loci facti esse observandum. Jus non dicit locum actus sed locum facti, quia obligatio ex quasi-contractu non producitur ex voluntate agentis sed ex lege; propterea jus sinense considerat quasi-contractum esse factum quoddam juridicum simpliciter.

Obligatio ex quasi-contractu exorta potissimum est duplex, scilicet obligatio ex gestione negotii alterius sine mandato et obligatio ex solutione indebita. Missionarii itaque in Sinis, qui gestaverint negotium quoddam civis sinensis vel peregrini, vel debitum inexistens solverint, vel solutionem indebitam receperint, ad componendam causam procedere debent juxta praescripta juris sinici. Jus sinicum civile praescripta de gestione sine mandato in articulis 172-178, de solutione indebita in articulis 179-183 dedit [5].

---

(3) Cfr. PCS, p.71
(4) Cfr. PCS, p. 75, 71.
(5) Cfr. CJCS, p. 53-56, 56-58.

II. Obligatio ex actibus illicitis

((Quoad obligationem ex actubus illicitis observatur jus loci actus; sed si actus habendus non est uti delictum secundum jus sinense, jus loci actus non applicatur. Reparatio damni et petitio aliarum punitionum relate ad actus illicitos paragraphi praecedentis fieri possunt tantum in casibus in quibus jus sinens id permittit)) (Art. 25 NAJ).

Actus illiciti sunt illi actus juridici qui contra legem facti sunt, et distinguntur in delictum et quasi-delictum. Delictum civile habetur, quando quis actu illicito et voluntario alicui damnum patrimoniale infert; quasi-delictum civile habetur, quando quis actu illicito damnum patrimoniale alteri involuntarie infert ··· Differentïa consistit in habendo vel non habendo animum nocendi. Jus peregrinum sinense de obligatione orta ex actibus illicitis ponit principium generale in obser-vantia juris loci actus, sed insimul addit ei principio plures excep-tiones restringendo jus damni reparandi ad normam juris sinensis civilis et poenalis. Inde obligatio et reparatio damni peregrinorum in Sinis possunt agi apud tribunal Sinarum tantum in casibus, in quibus jus sinense considerat juxta propria praescripta actum esse illicitum eique reparatioem damni connexam esse. Missionarii cadem norma in relatione ad has obligationes sese regulare debent.

III. Contractus in jure canonico

Pro contractibus codex juris canonici recipit jus civile: ((Quae jus civile in territorio statuit de contractibus tam in genere quam in specie, sive nominatis sive innominatis, et de solutionibus, eadem jure cannonico in materia ecclesiastica iisdem cum effectibus serventur, nisi juri divino contraria sint aut aliud jure canonico caveatur)) (can. 1529). ((Quod attinet ad tempus urgendi contractum obligationis, servetur, nisi aliter expressa pactione conventum fuerit, praescriptum juris civilis in territorio vigentis)) (can. 33).

Codex tamen excipit donationes ad causas pias mortis causa quae valere debent, etiamsi solemnitates civiles servare omniserunt; nihilominus praecipit ut serventur, si fieri possint, solemnitates juris civilis (can. 1513 parag. 2).

Qualis est relatio inter praescripta juris canonici et jus peregrinum? Praescripta juris canonici jubent ut in contractibus de rebus ecclesiasticis observentur praescriptiones juris civilis respectivae Civitatis. Jus civile de obligationibus tractat in codice juris civilis; sicut codex juris canonici receipit praescripta de obligatione, recipit ideo jus statutum in codice juris civilis; et sub hoc respectu nulla est relatio inter jus peregrinum et receptionem juris canonici. Attamen cum missiones in terris infidelium considerentur a gubernio associationes exterae religionsae, quaestio exsurgit: pro contractibus missionum codex juris canonici recipitne jus civile substantiale an jus peregrinum normativum? Stricte loquendo, missiones in terris infidelium non sunt aestimandae uti associationes exterae sed associationes religiosae internae civium et proinde pro obligationibus observant jus civile substantiale. Postquam vero de facto missiones consideratae sunt associationes exterae, nobis videtur codex juris canonici recepisse jus peregrinum pro obligationibus contractualibus missionum. Postea receptio juris civilis in codice juris canonici facta est verbis generalibus, non distinguendo jus civile substantiale et jus peregrinum normativum, sed receptio fit quoad omne jus quod respectiva Civitas statuit pro contractibus; ideoque norma juridica statuta pro contractibus peregrinorum etiam recipitur a jure canonico.

Quaestio sub altero respectu proponi adhuc potest. Quale jus adhiberi debet, quando contractus perficitur inter personam ecclesiasticam internam cum persona ecclesiastica extra territorium nationis exsistente vel a duabus personis ecclesiasticis internis de bonis extra patriam exsistentibus? v.g. Vicariatus quidam Apostolicus sinensis contractum init cum capitulo vel monasterio quodam exsistenti in Italia, vel duo Vicariatus Apostolici sinenses contractum ineunt de bonis exsistentibus in Statibus Foederatis A.S. Quaeritur: Utrum receptio juris canonici in his casibus fit quoad jus substantiale civile an quoad jus peregrinum normativum? In his casibus sine dubio receptio fit juxta jus peregrinum normativum.

IV. CONTRACTUS IN JURE MISSIONARIO IN SINIS

Secundum conclusionem paragraphi praecedentis contractus ineundi a missionibus catholicis in Sinis reguntur jure sincio peregrino; missiones igitur in suis contractibus eligere valent jus observandum; tamen in llis casibus, quando gubernium sinense aliqua praescripta specialia pro contractibus missionum statuit, missiones catholicae haec praescripta sequi tenentur, nisi aliquid contra jus divinum vel contra jus canonicum continetur. Missiones catholicae, ed evitanda mala majora, sua bona in tuto collocare student et sese, inquantum fas est jure divino permittente, submittunt praescriptis gubernii sinensis. Ita in Primo Concilio statutum est: ((Quidquid acquiritur Ecclesiae vel missioni, nulli missionario vel sacerdoti indigenae licet, imo absolute prohibetur, proprio inscribere nomine; sed solummodo nomino Missionis ···)) (Num. 541).

((In contractibus acquisitionis omnia Ecclesiae bona inscribantur Tien-chu-tang-kung-chang juxta conventiones inter gubernium sinicum et nationes exteras statutas. Insuper ne mandatari locales recusent sigillis munire et in tabellas publicas referre contractus nostros emptionis, servari debent, ad normam modo dictarum conventionum, regulae a gubernio sinensi nobisi impositae circa acquisitionem domorum et agrorum pro missione)) (Num. 542) [6].

Vidimus supra de normis datis a gubernio sinensi pro acquisitione bonorum immobilium; inter quas normas elementum essentiale consistit in adprobatione contractus ab auctoritate locali et in inscriptione in tabellis publlicis. Recenter normae pro adprobatione et inscriptione datae sunt mense Januarii 1932: inter quas legitur: ((Quasi merca-

---

(6) Cfr. PCS, p. 227.

tores exteri in portibus apertis in perpetuum locant domos vel fundos et missionarii in regionibus internis locant vel emunt bona inmobilia nomine religionis, illi debent in contractu adnotare nomina contrahentium eorumque domicilium, adnotare etiam nomina, limites et pretium bonorum immobilium de quibus contractus agitur, et documenta praecedentia. Die vero constituti pretii (quo conventum est de pretio), duobus mensibus ante diem contractus ineundi, debent tum factum denuntiare in ephemeridibus publicis, tum contractum praeparatum cum ephemeridibus, in quibus denuntiatio facti publicata fuerit, deferre ad auctoritatem competentem civilem vel ad auctoritatem competentem vectigalem. Auctoritas tunc competens ad quam contractus delatus fuerit, debet examinare num contractus possit fieri sine obstaculo, sine dolo et sine vi, deinde contractum per decretum omnibus notum facit. Transactis duobus menisubs a die publicationis decreti, si nemo oppositionem promoverit, permittitur contractum definitive conscribi et pretium dari. Si vero hic modus procedendi non observatus fuerit et contractus ante tempus requisitum conscriptus fuerit, contractus irritus habendus est nec pretium datum valorem habet relate ad contractum)) (Art. 2) [7].

---

(7) Recepi hanc citatam normam ab amico in Sinis degente sine notatione loci ubi haec norma invenitur.

Caput VIII
Defensio Juris

Si peregrinis plura jura conceduntur eorumque exercitia etiam recognoscuntur, necessarium est eis praesto sit defensio suorum jurium, secus enim illusoria esset concessio. Pro defensione juris peregrinorum in Sinis specialis habebatur dispositio propter jurisdictionem extraterriterialem, quae peregrinos a jurisdictione judiciali sinensi subtraxit eosque tribunalibus nationalibus submisit. Facultas igitur data est Statibus, qui pactum de hoc privilegio cum Sinis iniverunt, tribunal proprium in territorio sinensi instituendi et proprios cives in Sinis commemorantes judicandi. In hoc ultimo capite exponemus summatim exercitia defensionis juris et varia tribunalia, quae cum missionariis relationes habebant.

ARTICULUS I. EXERCITIA DEFENSIONIS JURIS

I. MODUS DEFENSIONIS

In jure positivo, si datur jus, datur quoque defensio: jus defenditur per varias species actionum et exceptionum: per illas persona vel praevenit periculum damni futuri vel postulat indemnitatem damni habiti, per has persona sese defendit in possessione sui juris contra injustam perturbationem aliorum.

Peregrini pro defensione suorum jurium inspicere semper debent praescripta juris positivi, quod defensionem eis concedit. Jus vero quod peregrinis defensionem juris concedit, non est nec potest esse jus unius Status; quia defensio adhaeret juri, quod defenditur; peregrini autem plura jura (subjectiva) sibi attribuunt secundum diversa jura (objectiva). Quapropter peregrinus in Sinis vel missionrius in Sinis pro defensione suorum jurium reccurrere debet ad jus illud quod in casu est norma juridica agendi, nempe pro defensione jurium status civilis est jus patriae, iterum jus patriae pro defensioe jurium familiae, pro defensione jurium realium est jus loci rei sitae ···

II. Ordo publicus et boni mores

Attamen aliquid aliud, quam jus defensionem regulans, est attendendum in defensione jurium peregrinorum in Sinis, scilicet principium, quod cavet ut ordo publicus et boni mores Sinarum tecti sartique semper sint. Principium de ordine publico et de bonis moribus in praecedentibus capitibus, licet apparenter a nobis neglectum fuerit, reapse semper supponitur. Dicitur in Articulo I. NAJ: ((Quando juxta has normas praesentes leges exterae applicari debent, si applicatio in casu laedit ordinem publicum vel bonos mores Reipublicae Sinarum, tunc applicatio fieri non debent)).

Haec igitur praescriptio amplissimum ambitum habet et derogare potest omnibus quae dicta sunt circa jus peregrinum, quod est norma juridica peregrinorum in diversis suis actibus. In omni conflictu inter leges exteras et ordinem publicum Sinicum vel bonos mores internos, leges exterae cedere debent et applicatur jus sinense quod consulit ordini publico vel bonis suis moribus. Ideoque bene intelligitur cur in Normis de applicatione juris quaedam exceptiones statutae sint in favorem juris sinensis, sicut in declaratione interdictiois requiritur ut causa interdictionis etiam adsit in jure sinensi, pro petitione sustentationis requitur ut id permittatur a jure sinensi, in reparatione damni jus sinense consideratur regula ··· Defensio juris privati per se non tangit ordinem publicum neque bonos mores, sed aliquando eos perturbare potest; quamobrem jus sinense exigit ut haec non fiat contra sua praescripta.

ARTICULUS II. TRIBUNAL ECCLESIASTICUM

I. JUS COMMUNE

Juxta praescripta juris canonici missionarii in omnibus causis sive contentiosis sive criminialibus conveniri debent coram judice ecclesiastico, scilicet apud tribunal ecclesiasticum. In Primo Concilio Sinensi pauca, vel fere nihil, statuta sunt relate ad proce-ssus; hoc explicatur ex diversis causis, quia ex una parte causae ecclesiasticae relative paucae sunt, ex altera parte unaquaeque missio personas competentes ad efformandum proprium tribunal difficulter invenire potest. Quamobrem Ordinarii Loci pro casibus, qua sunt prudentia et justitia, provident ut causae exortae extrajudicialiter tractentur. Si vero tandem causa judicialiter tractanda est, res procedere debet juxta praescripta juris canonici communis. Quod attinet ad causas exortas inter missionarios utpote religiosos religionis clericalis exemptae, observantur praescripta etiam juris communis.

Tribunal primae instantiae naturaliter est tribunal constitutum ab Ordinario loci; tribunal vero appellationis propter defectum hierarchiae ecclesiasticae in terris missionum eligitur ab Ordinario loci cum approbatione Sanctae Sedis.

II. TRIBUNALIA APPELLATIONIS ECCLESIASTICA IN SINIS

Omnes missiones in Sinis usque ad annum 1936 erectae eligerunt jam suum proprium tribunal appellationis; nos brevitatis causa elenchum horum tribunalium simpliciter exhibemus.

Anhwei (Provincia)

1. Anking Vic.	Elegit	Wuhu Vic.
2. Pen-Pu Vic.	Elegit	Anking Vic.
3. Wuhu Vic.	Elegit	Wuhu Vic.

Chekiang (Provincia)

4. Chuchow (Praef.)	Elegit	Ningpo Vic.
5. Hangchow Vic.)	Elegit	Ningpo Vic.
6. Ningpo Vic.	Elegit	Hangchow Vic.
7. Taichow Vic.	Elegit	Ningpo Vic.

Fookien (Provincia)

8. Amoy Vic.	Elegit	Foochow Vic.
9. Foochow Vic.	Elegit	Funingfu Vic.
10. Funingfu Vic.	Elegit	Foochow Vic.
11. Kienningfu Vic.	Elegit	Foochow Vic.
12. Shaowu (Mission.)	Elegit	Foochow Vic.
13. Tingchow (Praef.)	Elegit	Foochow Vic.

Honan (Pronvincia)

14. Chengchow Vic.	Elegit	Kaifeng Vic.
15. Chunmatien (Praef.)	Elegit	Kaifeng Vic.
16. Kaifeng Vic.	Elegit	Chengchow Vic.
17. Kweiteh Vic.	Elegit	Kaifeng Vic.
18. Loyang (Praef.)	Elegit	Kaifeng Vic.
19. Nanyang Vic.	Elegit	Kaifeng Vic.
20. Sinyanchow (Praef.)	Elegit	Kaifeng Vic.
21. Weihweifu Vic.	Elegit	Kaifeng Vic.

Hopei (Provincia)

22. Ankuo Vic.	Elegit	Peiping Vic.
23. Chaoshien Vic.	Elegit	Peiping Vic.
24. Chenting Vic.	Elegit	Peiping Vic.
25. Paoting Vic.	Elegit	Peiping Vic.
26. Peiping Vic.	Elegit	Tientsin Vic.
27. Shuntehfu (Praef.)	Elegit	Peiping Vic.
28. Shienshien Vic.	Elegit	Peiping Vic.
29. Suanhwafu Vic.	Elegit	Peiping Vic.
30. Tientsin Vic.	Elegit	Peiping Vic.

31. Yihien (Miss.)	Elegit	Peiping Vic.
32. Yungnien Vic.	Elegit	Peiping Vic.
33. Yungpinfu Vic.	Elegit	Peiping Vic.

Hunan (Provincia)

34. Changsha Vic.	Elegit	Changteh Vic.
35. Changteh Vic.	Elegit	Changsha Vic.
36. Hengchow Vic.	Elegit	Changsha Vic.
37. Lichow (Praef.)	Elegit	Changsha Vic.
38. Shenchow (Praef.)	Elegit	Changsha Vic.
39. Yochow (Praef.)	Elegit	Changsha Vic.
40. Yungchowfu (Praef.)	Elegit	Changsha Vic.

Hupeh (Provincia)

41. Hankow Vic.	Elegit	Wuchang Vic.
42. Hanyang Vic.	Elegit	Hankow Vic.
43. Ichang Vic.	Elegit	Hankow Vic.
44. Laohokow Vic.	Elegit	Hankow Vic.
45. Puchi (Praf.)	Elegit	Hankow Vic.
46. Wuchang Vic.	Elegit	Hankow Vic.

Kansu - Sinkiang (Provincia)

47. Lanchowfu Vic.	Elegit	Tsinchow Vic.
48. Pingliang (Praef.)	Elegit	Langchowfu Vic.
49. Sinkaing (Miss.)	Elegit	Langchowfu Vic.
50. Tsinchow Vic.	Elegit	Langchowfu Vic.

Kiangsi (Provincia)

51. Kanchow Vic.	Elegit	Kianfu Vic.
52. Kianfu Vic.	Elegit	Nanchang Vic.
53. Nanchang Vic.	Elegit	Kianfu Vic.
54. Yukiang Vic..	Elegit	Kianfu Vic.

Kiangsu (Provincia)

55. Haimen Vic.	Elegit	Nanking Vic.
56. Nanking Vic.	Elegit	Haimen Vic.
57. Suchow (Praef.)	Elegit	Naking Vic.

Kiangsi - Yunan - Kweichow (Provincia)

58. Lanlung Vic.	Elegit	Kweiyang Vic.
59. Nanning Vic.	Elegit	Wuchow Vic.

60. Kweiyang Vic.	Elegit	Langlung Vic.
61. Shihtsieng (Miss.)	Elegit	Kweiyang Vic.
62. Tali (Miss.)	Elegit	Yunanfu Vic.
63. Wuchow Vic.)	Elegit	Nanning Vic.
64. Yunanfu Vic.	Elegit	Tali (Miss.)

Kwangtung (Provincia)

65. Hainan (Miss.)	Elegit	Hongkong Vic.
66. Hongkong Vic.	Elegit	Macao (Dioces.)
67. Kaiyang (Praef.)	Elegit	Hongkong Vic.
68. Kanton Vic.	Elegit	Hongkong Vic.
69. Macao (Dioces.)	Elegit	Hongkong Vic.
70. Kongmoon Vic.	Elegit	Hongkong Vic.
71. Pakhoi Vic.	Elegit	Hongkong Vic.
72. Shiuchow Vic.	Elegit	Hongkong Vic.
73. Swaton Vic.	Elegit	Hongkong Vic.

Manciuria (tres provinciae)

74. Fushun (Praef.)	Elegit	Mukden Vic.
75. Ilan (Miss.)	Elegit	Mukden Vic.
76. Kirin Vic.	Elegit	Mukden Vic.
77. Mukden Vic.	Elegit	Kirin Vic..
78. Szepingkai Vic.	Elegit	Mukden Vic.
79. Tsitsikar (Praef.)	Elegit	Mukden Vic.
80. Yenki Vic.	Elegit	Wonson Vic.

Mongolia (Provincia)

81. Chihfeng (Praef.)	Elegit	Tatung Vic.
82. Jehol Vic.	Elegit	Tatung Vic.
83. Ningsia Vic.	Elegit	Tatung Vic.
84. Siwantze Vic.	Elegit	Tatung Vic.
85. Suiyuang Vic.	Elegit	Tatung Vic.
86. Tsining Vic.	Elegit	Tatung Vic.

Shangtung (Provincia)

87. Changtien (Praef.)	Elegit	Tsinanfu Vic.
88. Chefoo Vic.	Elegit	Tsinanfu Vic.
89. Lintsing (Praef.)	Elegit	Tsinanfu Vic.
90. Tsingtao Vic.	Elegit	Tsinanfu Vic.

91. Tsinanfu Vic.	Elegit	Yenchowfu Vic.
92. Weihaiwei (Miss.)	Elegit	Tsinanfu Vic.
93. Yenchowfu Vic.	Elegit	Tsinanfu Vic.
88. Chefoo Vic.	Elegit	Tsinanfu Vic.

Shansi (Provincia).

94. Fenyang Vic.	Elegit	Taiyuanfu Vic.
95. Hungtung (Praef.)	Elegit	Taiyuanfu Vic.
96. Kingkow (Praef.)	Elegit	Taiyuanfu Vic.
97. Luanfu Vic.	Elegit	Taiyuanfu Vic.
98. Shohchow Vic.	Elegit	Taiyuanfu Vic.
99. Tatung Vic.	Elegit	Taiyuanfu Vic.
100. Taiyuanfu Vic.	Elegit	Fengyang Vic.
101. Yutze (Praef.)	Elegit	Taiyuanfu Vic.

Shensi (Provincia)

102. Chouchih (Praef.)	Elegit	Sianfu Vic.
103. Hanchungfu Vic.	Elegit	Sianfu Vic.
104. Hinganfu (Praef.)	Eleigit	Sianfu Vic.
105. Sanyuan (Praef.)	Eleigit	Sianfu Vic.
106. Sianfu Vic.	Eleigit	Yennanfu Vic.
107. Tunchow (Miss.)	Eleigit	Sianfu Vic.
108. Yennanfu Vic.	Eleigit	Sianfu Vic.

Szechwan (Provincia)

109. Chengtu Vic.	Elegit	Chungking Vic.
110. Chungking Vic.	Elegit	Chengtu Vic.
111. Ningyuanfu Vic.	Elegit	Chengtu Vic.
112. Shungkingfu Vic.	Elegit	Chengtu Vic.
113. Suifu Vic.	Elegit	Chengtu Vic.
114. Tatsienlu Vic.	Elegit	Chengtu Vic.
115. Wanshien Vic.	Elegit	Chengtu Vic.
116. Yanchow Vic.	Elegit	Chengtu Vic.

Cfr. A.A.S. (N. 15, 27, 59 in A.A.S. 25 [1933] 251.
      (N. 96 in A.A.S. 28 [1936] 473.)
      (Ceteri omnes numeri in A.A.S. 24 [1932] 303-307).

ARTICULUS III. TRIBUNAL SINENSE

I. TRIBUNALIA COMPETENTIA

Semo fuit de competentia tribunalium sinensium quando agebamus de jurisdictione extraterritoriali; in praesenti paragrapho et in subsequentibus articulis de tribunalibus exteris discurremus tantum de constitutione horum tribunalium; inter quae tribunal sinense jure meritoque primo loco tractandum est.

Initis primis pactis de jurisdictione extraterritoriali, auctoritas imperialis sinensis consideravit statim characterem specialem causarum mixtarum [1] eaque submisit tribunalibus speciatim constitutis, quae trantummodo in aliquibus portibus apertis exsistebant et a ministerio pro negotiis exteris dependebant. Post fundationem Reipublicae Sinarum competentia exclusiva hujus ministerii pro causis mixtis remansit intacta et commissarii missi sunt in omnes civitates principaliores singularum provinciarum, qui commissarii negotia diplomatica ordinaria tractarent et causas mixtas judicialiter cognoscerent. Cum vero gubernium sinense jurisdictionem extraterritorialem abrogare conaretur, tribunalia ista specialia disolvere voluit et mixtas causas ad tramitem ordinarium processualem reduxit. Itaque cessat competentia ministerii pro negotiis exteris relate ad causas mixtas, quae ransierunt ad competentiam tribunalium communium Sinarum [2].

II. NORMAE SPECIALES

Interim in periodo reformationis jurisdictionis judicialis aliquae normae speciales provisoriae datae sunt, speciatim relate ad tribunal primae instantiae. In decreto Yuan Justitiae die 15 Julii 1930 promulgato legitur: ((Causae mixtae civium Sinensium et peregrinorum a die

---

(1) Cfr. JEAN ESCARRA, *La Chine et le droit International*, Paris 1931, p. 56.
(2) *Littera ministerii pro negotiis exteris ad Yuan Justitiae*, 11 Martii 1930, Cfr. CCJV, tom. V, p. 563-564.

primo mensis Septembris anni decimi uoni Reipublicae (1930) in distrctibus, in quibus subpraefectus civilis jurisdictionem judicialem sibi non retinet, cognoscuntur a tribunali locali (tribunal locale, ejusque sectiones et subsectiones ···); in districtibus, in quibus subpraefectus sibi retinet adhuc jurisdictionem judicialem, cognoscuntur interim ab ipso; tamen in causis contentiosis, si duae partes consenserint, possunt secundum dispositoinem novi juris processualis eligere tribunal apud quod causa introducatur et cognoscatur)) [3]. Die 19 Julii 1930 Yuan Executionis alterum decretum publicavit, in quo inter alia praecipitur: ((N. 2. post suppressionem officii Commissarii pro negotiis exteris in portibus apertis, causae mixtae inceptae sed nondum finitae transmittuntur ad officium Commissarii pro negotiis exteris in civitate metropolitana provinciae; post suppressionem officii Commissarii in civitate metropolitana provinciae, causae transmittuntur ad tribunal competens ordinarium ···)) [4].

Normae publicatae a gubernio sinensi anno 1922 mense Majo et nunc adhuc vigentes pro peregrinis nationis jurisdictionem extraterritorialem non habentibus:

((Art. 1. Causae sive contentiosae sive criminales peregrinorum ex nationibus jurisdictione extraterritoriali non gaudentibus judicantur secundum has normas)).

((Art. 2. Causae, de quibus in articulo praecedenti agitur, in prima instantia, exceptis criminalibus enumeratis in Articulis 3, 4, et 6 juris processualis criminalis (Schema praeparatorium) [5] cognoscuntur a tribunalibus localibus vel a sectionibus localibus, quae sunt annexae tribunalibus regionalibus pro regionibus speciali administrationi subjectis, vel a ceteris tribunalibus quae competentiam habent cognoscendi causas in prima instantia; in regionibus vero, ubi neque tribunalia localia neque sectiones locales institutae sunt, auctoritates civiles illarum regionum transmitere debent causas mixtas ad tribunal

---

(3) CCJV, p. 565, tom. V.
(4) CJV, tom. V, p. 562.
(5) Videas in pagina sequenti.

locale vel ad sectionem localem regionis vicinioris: in locis autem dissitis, ubi nec possibilitas habetur causam transmittendi, auctoritas civils illarum regionum rem defert ad ministerium Justitiae et stat ad ejus responsum)).

((Art. 4. Quoad modum procedendi praeter ea quae in his normis statuta sunt, omnia procedunt secundum jus processuale tam contentiosum quam criminale, et secundum responsa Ministeriorum gubernii, si qua dantur pro determinatis casibus, nec non secundum alias normas quae a gubernio pro specialibus negotiis forte stabilitae fuerint)) [6].

ARTICULUS IV. TRIBUNAL EXTERUM

I. TRIBUNAL MIXTUM

Postea quae vidimus de jurisdictione extraterritoriali in Sinis, nihil est mirum quod exsistebant tribunalia extera in territorio sinensi. Variae species erant tribunalium exterorum, quae juxta verba pactorum suam propriam jurisdictionem exercebant super suos cives in Sinis commorantes; species horum tribunalium generatim tres distinguuntur: tribunal mixtum, tribunal exterum simplex et aula mixta.

In pactis cum Gallia initis gubernium sinense annuit ut pro causis contentiosis inter cives sinenses et gallos tribunal mixtum institueretur. Hoc tribunal non est stabile, sed constituitur singulis vicibus, quando adest causa tractanda, ex magistratu locali sinensi et consule gallico. Duo igitur sunt judices, qui aequalem jurisdictionem habent. Tamen causa non procedit stricta cum justitia sed secundum aequitatem (aequum et bonum). Quando vero dissensio exoritur inter duos judices vel melius arbitros, quaestio defertur ad ministerium pro negotiis exteris, quod cum legato gallico in Sinis residente rem componit. Hoc systema tribunalis vigebat etiam pro causis peregrinorum Italiae, Belgii, Daniae, Peru, Suetiae et Norvegiae, Hollandiae.

---

(6) Haec crimina habentur nunc in jure processuali criminali Art. 4 et sunt crimina contra Statum et contra relationes diplomaticas. Cfr. CPSJ, tom. VIII, p. I. — Col. jurium et decretorum, Shanghai, 1924, p. 893.

II. Tribunal exterum

Praeter tribunal mixtum exsistebant in Sinis tribunalia extera proprio sensu dicta, quae constituuntur ex judicibus et aliis personis necessariis unius cujusque nationis quae jurisdictionem extraterritorialem in Sinis habet. Practice tamen non omnes nationes proprium tribunal constituerunt.

Hoc tribunal exterum judicabat inprimis causas ciminales peregrinorum secundum omnia pacta vetera; judicabat etiam causas contentiosas sive cum assistentia assessoris sinensis sive sine hac assistentia.

III. Aula mixta (Cours mixtes)

Aula mixta distincta et diversa est a tribunali mixto; est enim tribunala constitutum in Concessionibus pro causis mixtis. Hoc tribunal est stabile, sed non in omnibus Coscessionibus exsistit; exsistit tantum in Concessione internationali civitatis Shanghai, in Concessione gallica Civitatis Shanghai, in Concessione gallica civitatis Hankow et in Concessione Internationali civitatis Amoy.

Articulus V. Missiones catholicae in Sinis relate ad tribunalia

i. Modus procedendi

((Missiones)) hic snmitur ad designandas divisiones territorii missionum scillicet ad designandos Vicariatus vel Praefecturas Apostolicas. Hae divisiones territorii in jure comparantur diocesibus neque infra Romanum Pontificem alium superiorem habent. Proinde cause exortae inter missiones exclusive pertinent ad Pontificem ipsum et in prima instantia judicantur a Sancta Romana Rota.

Dari autem potest casus in quo Vicariatus vel Praefectura quaedam de rebus mere civilibus cum aliqua persona privata agit vel convenitur; tunc tribunal competens est tribunal civile in Sinis exsistens.

Antiquis temporibus norma statuta est inter gubernium sinense et legatum gallicum ut quaestiones missionum a legatis nationum protectoratum religiosum exercentium cum ministerio pro negotiis exteris tractarentur (sicut supra vidimus). Sed hic modus procedendi jam est obsoletus et Primum Concilium eum corregere conatum est, statuendo in Numeris 25 et 700 prohibitionem recurrendi ad legatos exterae nationis, nisi in extrema necessitate.

II. Jus ecclesiasticum

Aliquid speciale etiam statutum est in Primo Concilio relate ad interventum missionariorum in causis fidelium: in pactis enim veteribus protectoratus religiosus extenditur ad chiristianos indigenos, missionarii igitur sub titulo christianos protegendi interveniebant in causis fidelium:

((Inconsulto Episcopo, ejusve delegato, nec in negotia saecularia christianorum, nec in quaetiones inter fideles multqoe inter catechumenos exortas, nullo modo se immisceat sacerdos cujuscumque sit conditionis))(Num. 720).

((Si quando opportuerit sacerdotem de controversia statuere et cognoscere, causas dissensionis pacato animo perpendat, nec tam cito in favorem christianorum iudicium ferat)) (Num. 723).

((Innixi pactionibus quae a Sinis cum exteris nationibus de protectione religionis initae sunt, missionarii possunt agere in tribunali pro causis directe religoinem spectantibus, id est pro defensione et bonorum et personarum missionis, nec non christianorum et catechumenorum, qui certe injuste ob religionis causam a paganis opprimuntur. Sed hoc munus soli Ordinario competit et cui ipse id delegaverit)) (Num. 724).

((Delegatus Episcopi, ante quam agat in tribunali, quaestionem totam iterum examinare debet; et si, peracta hac inquisitione, causa deprehendatur dubia vel mixta, idest si christiani habeant causan partim ad religionem partim ad ordinem civilem spectantem, dele gatus prius consulat Ordinarium)) (Num. 726).

((Sedulo vigilent sacerdotes, ne fideles extorqueant pecunias ab infidelibus occasione vel praetextu injuriae religioni illatae)) (Num. 727).

((Nullo modo se immisceant catechistae negotiis peragendis sine expressa Ordinarii ejusque delegati venia)) (Num. 728) [7].

Quod attinet ad tribunalia peregrinorum, paucis verbis rem absolvimus, suppositis quidem dictis sermonibus de jurisdictione extraterritoriali. Auctores, qui de conditione juridica peregrinorum in Sinis tractant, generatim totam expositionem quaestionis convertunt ad hanc unicam institutionem juridicam scilicet ad jurisdictionem extraterritorialem et credunt se per hanc institutionem quaestionem sub omnibus respectibus absolvere posse. Talem tamen opinionem nos dividere non voluimus; quaestio de conditione juridica peregrinorum est complexa et intricata, quae per solam et simplicem expositionem privilegii exemptionis a jurisdictione judiciali sinenai dissolvi nequit. Peculiaritas principalis juris peregrini in Sinis sine dubio consistit in hoc privilegio, sed haec peculiaritas de natura sua non eximit peregrinos ab omnibus legibus sinensibus neque suspendit potestatem legiferam Sinarum super peregrinos. Nos igitur quaestioni huic studere conati sumus omnibus sub respectibus, colligendo explicandoque omnia jura quae relationem cum peregrinis in Sinis habent, ita ut quaedam norma completa pro actibus juridicis peregrinorum et missionariorum praebeatur.

Principium directivum juris peregrini missionarii sistit non in alio jure sed in jure canonico, quod qualitatem personalem ecclesiasticam missionariorum contemplans, eorundem jura civilia vel limitat vel modum exercendi praescribit. Primum Concilium Sinense, uti omnes aliae potestates Romano Pontifice in Ecclesia inferiores, jus commune supplet idque in casibus particularibus explicat; ita pro jure peregrino missionario in Sinis decreta hujus Concilii lucem pleniorem attulerint viamque securiorem demonstraverint.

---

(7) PCS, p. 281-282.

Pacta internationalia Sinarum fundamenta iecerunt juris peregrini Sinensis cum suis peculiaritatibus; quae in suis temporibus inque suis conditionibus protectionem non parvam peregrinis et missionariis perhiberunt, tamen impedimentum evolutioni juris peregrini, mutatis societatis conditionibus, constituunt. Conatus gubernii sinensis ad abolendam jurisdictionem extraterritorialem in praecedentibus annis paucos vel fere nullos fructus sortiti sunt, sed finem suum desideratum his temporibus acquirere iam potuerunt.

Lapis igitur angularis totius instituti juris peregrini sinensis jacet in Normis de applicatione juris, quae injuste a multis, qui de juribus peregrinorum in Sinis inquirunt, negliguntur, a nobis autem plene acceptantur et adhibentur.

Relate ad jura temporalia civilia missionariorum post nostram non brevem tractationem norma juridica paucis verbis resumi potest: habeant ipsi jus suae patriae pro statu personali et juribus familiae: habeant jus sinense civile pro juribus realibus quae sistunt in territorio sinensi et pro actibus juridicis ponendis intra territorium Sinarum; necnon jus tertiae Civitatis habent pro bonis immobilibus, quae exsistunt in illa Civitate.

Simplex valde et plana videtur quaestio de norma juridica missionariorum, sed post hoc nostrum parvum studium detegitur quaestio esse complexissima et tenebrosa obscuraque. Nos vero, certis ex incertis selectis, totam quaestionem omnibus sub respectibus tangere conati sumus, quamvis summa per capita. Dicere quidem non audemus studium hoc missionariis Sinensibus secumferre no vam lucem et securam viam in exercitio jurium civilium; speramus tantum laborem, quem nos libenti animo sustulimus in facienda hac inquisitione scientifica, incitamentum esse nostris fratribus in Christo ut ipsi animum mentemque ad hanc disciplinam juridicam convertant et normam juridicam missionariis, communi consensu communique labore, construant completam ac perfectam.

Appendix I.

Normae De Applicatione Juris

(5. August. 1918)

Titulus I. NORMAE GENERALES

Articulus I. - Quando juxta has normas praesentes leges exterae applicari debent, si applicatio in casu laedit ordinem publicum vel bonos mores Reipublicae Sinarum, tunc applicatio fieri non debet.

Articulus II. - Quando juxta has normas praesentes applicari del et jus patriae personae causam. habentis, ipsa vero persona multiplices nationalitates habet, tunc secundum nationalitatem ultimatim receptam statuitur jus patriae ejus; si autem juxta jus de nationalitate ipsa persona recognoscitur esse cives sinensis, tunc applicatur jus sinicum.

Si persona causam habens nullam nationalitatem habet, jus patriae ejus est jus loci domicilii; si domicilium non habetur, est jus loci quasi-domicilii (commorationis).

Si jus patriae personae causam habentis differenter habetur in diversis regionibus ipsius Civitatis, tunc applicatur jus illius regionis ad quam persona causam habens pertinet.

Articulus III. - Jus patriae personae moralis civium exterorum quae adprobata et recognita est a jure sinico, est jus loci domicilii.

Articulus IV. - Quando juxta has normas praesentes applicandum est jus patriae personae causam habentis, si jus vero patriae eum remittit ad jus sinense, applicatur jus sinense.

Titulus II. DE PERSONA PHYSICA

Articulus V. - Capacitas juridica personae aestimatur secundum jus patriae.

Si peregrinus quidam secundum jus patriae incapax est, secundum vero jus sinicum capax nuncupatur, habendus est capax relate ad actus juridicos in Sinis ponendos, exceptis casibus de jure familiae, successionis, exceptisque actibus juridicis de bonis immobilibus extra Sinas sitas.

Peregrinus qui secundum jus patriae capax erat, post acquisitionem nationalitatis sinensis incapax est secundum jus sinicum, conservat suam antecedentem capacitatem juridicam.

Articulusl VI. - Peregrinus qui domicilium vel quasi-domicilium in sinis habet, declarari potest interdictus ad administrationem bonorum, si causa interdictionis secundum jus patriae et jus sinicum datur.

Articulus VII. - Praescriptio articuli praecedentis applicatur casu quasi-interdictionis.

Articulus VIII. - Peregrinus qui domicilium vel quasi-domicilium in Sinis habet et ignoratur utrum adhuc in vita sit an mortuus, declarari potest secundum jus sinicum esse mortus relate ad bona sita in Sinis et ad relationes juridicas ad normam juris sinici habitas.

Titulus III. DE FAMILIA

Articulus IX. - Requisita pro contrahendo matrimonio sunt secundum jus patriae contrahentium.

Articulus X. - Pro effectibus matrimonii valet jus patriae mariti. Modus administrandi bona conjugum sequitur jus patriae mariti tempore ineundi matrimonii.

Articulus XI. - Divortium declarari potest quando factum secundum jus patriae mariti et jus sinicum, tempore facti constituti, recognoscitur esse causa divortii.

Articulus XII. - Status personalis prolis sese habet juxta jus patriae mariti matris tempore nativitatis; si vero filius natus est post mortem mariti matris, status filii habetur juxta jus patriae ad quam maritus matris ultimatim pertinebat.

Articulus XIII. - Requisita necessaria pro recognitione prolis illegitimae sunt juxta jus patriae personae recognitionem dantis et personae recipientis.

Qoad effectus recognitionis valet jus patriae personae recognitionem dantis.

Articulus XIV. - Requisita necessaria pro adoptione sunt secundum jus patriae adoptantis et adoptati.

Quoad effectus adoptionis valet jus patriae adoptantis.

Articulus XV. - Quod ad obligationem sustentationis standum est ad jus patriae personae obligationem habentis; exceptis casibus in quibus jus sinense non permittit petitionem juris ad urgendan obligationem sustenationis.

Articulus XVI. - Relationes juridicae parentes inter et proles sunt juxta jus patriae patris; si sine patre, juxta jus patriae matris.

Articulus XVII. - Relationes familiares praeter casus in praecedentibus octo articulis memoratos et jura officiaque exorta ex istis relationibus, regulantur juxta jus patriae personae causam habentis.

Articulus XVIII. - Tutela regulatur secundum jus patriae pupilli; sed peregrinus qui domicilium vel quasi-domicilium in Sinis habet, in uno ex casibus infra enumerandis, observare debet jus sinicum relate ad tutelam:

1. Secundum jus patriae adest causa tutelam instituendi, sed nos adest persona tutelam exequens.

2. In Sinis interdictus declaratus est ad administrationem bonorum.

Articulus XIX. - Praescription articuli praecedentis applicatur curae.

Titulus IV. DE SUCCESSIONE

Articulus XX. - Successio hereditaria procedit secundum jus patriae illius cui succeditur.

Articulus XXI. - Requisita necessaria pro conficiendo testamento ejusque effectus sunt ad normam juris patriae testatoris tempore testamentum conficiendi.

Revocatio testamenti regulatur secundum jus patriae testatoris tempore revocationis.

Titulus V. DE REBUS

Articulus XXII. - Relate ad jura realia, observatur jus loci rei sitae; sed relate ad naves jura realia sunt secundum jus patriae navis.

Acquisitio ac perditio juris realis, exceptis navibus, habentur secundum jus loci in quo res sistit tempore quo factum juris mutationem producens perficitur.

Quoad formam testamenti pro juribus realibus observatur praescriptio, n. 1, articuli 26.

Articulus XXIII. - Actus juridicus obligationem generans quoad sua rquisita necessaria et effectus tenetur jure quod contrahentes sibi observandum elegerint.

Qando vero voluntas contrahentium obscura evaserit, si contrahentes sunt cives ejusdem Civitatis, observatur jus loci actus.

Si vero loci actus differentes, habendus est uti locus actus ille locus ex quo nuntium contractus emissum est.

Si vero locus ex quo contractus petitur, differns est a loco in quo contractus consentitrr, habendus est uti locus actus ille locus ex quo nuntium petitionis emissum est, et jus istius loci observandum est in contractu; si pars contractui consentiens, tempore consensum praestandi, nescit locum ex quo petitio contractus emissa est, tunc locus actus erit locus ih quo pars contractum petens domicilium habet tempore contractum ineundi.

Articulus XXIV. - Quoad obligationes ex quasi-contractu observatur jus loci facti.

Articulus XXV. - Quoad obligationem ex actibus illicitis observatur jus loci actus; sed si actus shabendus non est uti delictum secundum jus sinicum, jus loci actus non applicatur.

Reparatio damni et petitio aliarum punitionum relate ad actus illicitos paragraphi praecedentis fieri possunt tantum in casibus quibus ius sinicum id permittit.

Titulus VI. DE FORMA ACTUS JURIDICI

Articulus XXVI. - Forma actus juridici fit secundum jus loci actus, nisi in casibus particularibus jus aliter statuerit; sed si forma illius juris quod regulat effectus actus, servata fuerit, actus etiam valet.

Praescriptio paragraphi praecedentis non applicatur actibus juridicis qui finem habent in disponendo vel conservando jure tituli.

Titulus VII

Articulus XXVII. - Normae hae praesentes vigorem habent a die promulgationis.

cfr. CPSJ tom. X p. 1-5.

Appdneix II.

Specimen Pactorum Inter Sinas Et Exteras Nationes

I. Pacta vetera

((Art. 11. - Praeter Canton, Foochow, Amoy, Ningpo, Shanghai, quae quinque civitates juxta pactum Nankinens jam sunt apertae commerciis exteris, permittitur deinceps ut cives Angliae in portibus Niutcuhan, Tenchow, Insula Formosa, Chiaochow, Tchun-chow commercia agent cum facultate ibi permanendi... et juxta terminos jam stabilitos in pacto antecedenti de quinque portibus apertis possunt locare vel emere domos, locare fundos ad construendam ecclesiam, coemeteria...)).

((Art. 12. - Quando cives anglici in portibus apertis locare fundos ad construenda horrea, ecclesiam, nosocomia vel coemeteria volunt, ipsi debent cum justitia convenire de pretio sine dolo et violentia)).

((Art. 13. - Cives anglici posunt conducere operarios sinenses pro servitiis vel pro artibus; auctoritates sinenses non debent id impedire)).

((Art. 15. - Ccausae inter cives anglicos, sive relate ad jura personalia sive relate ad jura patrimonialia, judicantur a tribunali anglico)).

((Art. 16. - Si quisque anglicus cives delictum commiserit, punitur ab auctoritate anglica. Si Sinensis injuriam vel aliud delictum contra cives anglicos commiserit, punitur ab auctoritate sinensi. Causae quae ab auctoritatibus duarum partium dependent, judicantur secundum justitiam a tribunali communi auctoritatum duarum partium)).

((Art. 17. - Cum cives anglicus actiones contra cives sinenses movere velit, libellu mitis consuli anglico praesentare debet; consul vero causam perpendet actorique presuadebit ut litem evitet. Idem a consuli anglico est faciendum, cum ipse libellum litis contra civem anglicum a civi sinensi receperit. Si vero persuasio infructuosa evaserit, tunc consul anglicus et auctoritates sinenses causam videant justeque judicent)).

(pactum cum Anglia an. 1858).

Cfr. PVNS tom. II, p. 24, vol. II).

II. Pacta nova

((Art. IV. - The nationals of each of the High Contracting Parties shall be at liberty to enter or to leave the territory of the other, provided that they shall carry with them passports certifying their nationality issued by the competent authorities of their own country and visaed by the competente authorities of the country of destination.

((Art V. - The nationals of each of the High Contracting Parties shall enjoy, in the territory of the other, the full protection of the laws and regulations of the country in regard to their persons and property. They shall have the right subject to the laws and regulations of the country, to travel, reside, establish firms, acquire or leave property, work and engage in industry or commerce in all the localities where the nationals of any other country shall be permitted to do so and in the same manner and under the same conditions as the nationals of any other country.

((Art. VI. - The nationals of each of the High Contracting Parties as well as their property, in the territory of the other, shall be subject to the laws and regulations of the country and to the juridiction of its law courts.

((In legal proceedings the nationals of each of the High Contracting Parties in the territory of the other shall have free and easy access to the courts and be at liberty to employ lawyers or representatives in accordance with the laws of the country, and interpreters, if necessary, may be called in by the courts for assistance.

(Art. VII. - The nationals of each of the High Contracting Parties in the territory of the other shall pay taxes, imposts and charges in accordance with the laws and regulations of the country. It is understood that such taxes, imposts and charges shall not be other or higher than those paid by the nationals of the country)).

(pactum cum Czechoslovakia, Feb. 12, 1930).
(Cfr. Two years of Nationalism in China, shanghai 1930,

p. 457-458).

Bibliographia

I. Fontes

Sylloge, 1939.

Primum Concilium Sinense, Shanghai, Zikawei, 1930.

Collectio omnium jurium sinensium vigentium (compilata a ministerio legislativo), Nankino, 1935.

Collectio sex jurium (compilata ab academia juridica), Shanghai, 1931.

Collectio parva sex jurium, Shanghai, 1936.

Collectio jurium et decretorum vigentium (compilata ab academia juridica), Shanghai, 1937.

Collectio legum et decretorum, Shanghai, 1924.

Codex juris civilis Reipublicae sinicae (Exc. Cyrillus R. Jarre O.F.M.), Tsinanfu, 1937.·

Pacta vetera et nova inter Sinas et exteras nationes, Pekino, 1914.

Sino foreign Treaties (Published by the Minister of Foreign Affairs), 1928.

Two-years of nationalism in China (edited by the Minister of Foreign Affairs), Shanghai, 1930.

Fr. Thery, S. J., Le Droit chinois moderne, Tientsin. (series continuatae).

Collection of summaries of the decisions of the Supreme Court, Peking, 1919.

Complete collection of the decisions of the Ta-ly-yuan, by Kuo-wei, Shanghai, 1933.

Complete text of the interpretations of the Ta-li-yuan, by Kuo-wei, Shanghai, 1933.

Treaties between the Empire of China and foreign Powers, Meyers (W.F.), Shanghai, 1906.

Treaties, Conventions, etc., between China and Foreign State, Tonynbee (Arnald J.) Shanghai, 1917.

II. Auctores Pro Jure Peregrino In Genere

Silvius Romani, De norma juris, Roma, 1937.

Niboyet, Manual de droit international prive, Paris, 1928.

Pillet, Droit international prive, Paris, 1903.

— *Principles de droit international prive, Paris, Erda.*

Prospero Fedozzi, Il diritto internazionale privato, Padova, 1939.

Giannini A., Convenzioni di diritto internazionale privato, Milano, 1928.

Luigi Olivi, Diritto internazionale pubblico e privato, Milano, 1933.

Giulio Diana, Diritto internazionale, Milano, 1939.

III. Auctores De Conditione juridica peregrinorum in Sinis

Jean Escarra, La chine et le droit international, Paris, 1931.

— *Le regime de Concessions etrangeres en Chine*, Recueil des Cours, 1929, II.

— *Recueil des Sommaires de la Jurisprudence de la Cour Supreme de la Republique de Chine*, Shanghai, 1924.

— *Sources du droit positif actuel de la Chine*, Berlin, 1929.

— *Droit chinois et droit compare* (Balogh, Elemer, Actorum Academiae Universalis Jurisp.), Vol. I., p. 272-292.

— *The extraterritoriality problem* (extr. de la Revue de droit international *prive*, Paris, 1923).

— *Le nouveau regime de cours mixtes de Shanghai Bulletin de la Societe generale des Prisons et de Legislation cri-minelle*, Paris, 1930.

Georges Soulie De Morant, *Exterritorialite et interets etrangers en Chine*, Paris, 1925.

Koo (V. K. Wellington), *Status of aliens in China*, (Columbia S. U.), 1912.

Wang-yu-ying, *Jus internationale privatum*, Shanghai, 1931.

Tang-che-chang, *Jus internationale privatum in Sinis*, Shanghai, 1935.

Sir. Fred. Whyte, *China and Powers*. Shanghai, 1928.

S. T. King. The Diplomatic History of Modern China, Shanghai, 1930.

Chu-She-Tchen, *Quaestio de abolitione jurisdictionis extrat*. Shanghai, 1928.

Summae lineae pactorum inaequalium (edita ab associatione de abolitione juris. extrat.), Shanghai 1927.

James Woo Kaiseng, *La politique Etrangere du Gouvernement National de Chine et le revision des Traites Inegaux*. Paris, 1931.

Raymond Tan-Shen-Chi, *La condition juridique des etrangers et particulierement des societes commerciales francaises en Chine*, Paris, 1932.

N. Makenizie, *The legal status of Aliens in pacific Countries*, London, 1937.

Baudez (M.), *Essai sur la condition juridique des etrangers en Chine*, Paris, 1925.

Chang (chung-sing), *Les concessions en Chine, Paris, 1925*.

Chen (Y. W.), *China's Anomalous Position in International Law*, Peking, 1923.

Keeton (Y. W.), *The development of Extraterritoriality in China*, London, 1928.

Ariga (Nagao), *La Chine et la Grande Guerre europeenne au point de vue du Droit international, d'apres les documents officiels du Gouvernement chinois*, Paris, 1920.

Chan Chung Sing, *Les Concessions en Chine, Paris, 1925.*

Chan Chung Tao, *Les Traites inegaux de la Chine et l'attitude des Puissances,* Paris, 1928.

Dennis (William Cullen), *Extraterritoriality in China,* Concord, 1924.

De Lapradelle, *La Question chinoise, Revue generale du Droit international prive,* 1901, 1902, 1903.

— *Etudes sur l'affaire von Helfeld.* -Pandectes francaises, periodiques, 2ed cahier 1912-IV.

R. H. Onang, Essai sur le regime des Capitulations en Chine. Paris 1933.

Yao Tcle Ho, *Recueil de jurisprudence relative aux causes mixtes,* Shanghai.

Wang Yun-Sen, *Historia sexaginta annorum relationum inter Sinas et Japoniam,* Tien-tsin. 1933.

Padoux (G.), *Cours mixtes de Shanghai* -Journal du Droit international, mai-juin, 1928.

— *Condition juridique en Chine des etrangers ressortissants a des Puissances sans traite.* - Journal du Droit international, 1920.

— *La suppression progressive de l'exterritorialite au Siam.* - Journal du Droit international, Aout-oct., 1922.

— *Status des etrangers en Chine.* - Journal du Droit international. juillet-oct., 1928.

— *La loi du 5 aout 1918 sur l'application des lois etrangeres en Chine,* Peking, 1922.

Wang-Chung-Hui, *L'organisation judiciaire de la Chine,* Peking, 1920.

Tchou Ngo Siang, *Les Copitulations et la nouvelle Constitution chinoise,* Cambridge, 1915.

Tondon, *Les cours mixtes en Chine,* Nouvelle Revue pratique de Droit international prive, 1912.

Tsien Tai, La reform judiciaire en Chine, Revue politique et parlementaire, avril-juin 1919.

IV. Auctores De Conditione Missionum In Sinis

Celsus Costantini, *Va e annunzia il regno di Dio.* Brescia 1943.

— *La crisi cinese e il Cattolicismo,* Roma 1931.

— *Aspetti del problema missionario,* Roma 1935.

Theodorus Grentrup, *Jus missionarium,* Steyl Hollandiae 1925.

Josephus Siao, *Historia ecclesiastica,* vol. II, ed. IV. Shiensien.

Pasquale D'Elia, *Historia missionum in Sinis.* Shanghai 1934.

H. Bernard, *Aux Portes de la Chine. Les Missions du XVI siecle.* Shanghai, 1936.

Giannini A., *La situazione internazionate delle missioni cattoliche,* Milano 1941.

De Lanessan, *Les missions et leurs protectorat,* Paris 1907.

Abbreviationes

PVNS = *Pacta vetera et nova inter Sinas et exteras nationes. Pekini 1914.*

CPSJ = *Collectio parva sex jurium. Shanghai 1936.*

CJD = *Collectio jurium et decretorum vigentium, Shanghai 1937.*

CCJV = *Collectio omnium jurium sinensium vigentium, Nanking 1935.*

CPS = *Primum Concilium Sinense, Shanghai 1930.*

CJCS = *(Tsinnanfu 1936). Codex juris civilis Reipublicae sinicae.*

NAJ = *Normae de applicatione juris (in appendice I).*

Complete Works of Lokuang Vol. 39-2

De Potestate Patria In Jure Canonico Et In Jure Sinico Comparative

(thesis ad lauream consequendam apud Instiutum
Pontificium utriusque juris)

Student Book Co. LTD.

Index

Praefatio

Relatio parentes inter et proles res omnibus hominibus penitus nota est, cum vita humana in his relationibus quotidie versetur. Populi civiles incivilesve, licet in progressibus culturalibus longe differant, in admittendo exsistentiam societatis familialis mullam discrepantiam habuerunt vel habent. Impellit enim natura humana ut homines vitam in societate ducant; societas vero familialis parvulo nuper eddito in lucem obviam venit. Quis sit pater vel quae mater qui neonatum suum, tenerum flagilemque e suis sinibus abjiceret lapideo cum corde? Aut qualis sit proles quae parentes sibi die noctuque affectus auxiliaque afferentes facere audeat extraneos negando eis amorem et obedientiam? Relationes, quae suaviter et fortiter genitores genitosque invicem sese obstringunt, erumpunt ex intimis cordium hominum neque ab ulla auctoritate humana supprimi extirparive possunt.

Attamen cum pecatum originale generi humano ignorantiam attulisset et concupiscentiae ossibus hominum adherentes tyrannicum imperium in actus homanos exerceant, ratio humana non semper clara videt omnia quae sibi facienda evitandave sunt. Indiget homo positivis praescriptionibus, quae principia naturalia magis elucident et praecautionem contra evertentes concupiscentias homini afferant. Itaque relationes in natura humana inscriptae diversas determanationes positivas juridicas recipiunt.

Nobis propositum fuit in hoc brevi studio inquirere relationes juridicas quae in jure canonico et in jure sinico statutae sunt inter parentes et proles. Cum vero exiquitas temporis nobis non permisserit percurere totam hanc vastam materiam, campus nostri studii igitur limitatur ad inquisitionem de potestate patria in jure canonico sinicoque. Inter relationes enim juridicas parentum et prolum patria potestas emminet prae caeteris et etiam magis habet characterem juridicum quam caeterae.

Cum systema juridicum sinicum antiquum propter proprios characteres singularitatem prae se ferat, hos nostrum studium conatur in
lucem reddere ejus unum alterumve punctum vitale, ita ut hic noster
labor aliquid emolumentum studio juridico-comparativo afferre
possit.

Introductio

Potestas patria, qua parentes proles suas regunt, ab omni populo ut elementum principale constitutionis socialis habetur; etenim societas familialis est lapis angularis societatis civilis. Parentes propriam auctoritatem liberis imponunt non ex aliqua conventione, nec ex benigna concessione civitatis nec ex quocumque facto humano, sed ex naturali lege a Deo recepta; infans enim, vix capax affectus cogitationisque exprimendi, amore atque obsequio parentes prosequere nunquam ignarat, nam inscripta est in ejus natura una lex quae ipsa ad recognoscendam superioritatem et auctoritatem genitorum inducit. Fundamentum igitur potestatis patriae remote in jure naturae invenitur.

Jus vero naturale principia generalia dictat tantum et relinquit conclusiones laboribus hominum. Ita potestas patria, supposito fundamento juris naturalis, narmam suam a jure positivo humano recipit. Omnis populus in admittenda potestate parentum mirifice concordat, sed in ejus concretis praescriptionibus valde inter se differt. Differentia hujusmodi magna ex parte ab opiniobus philosophicis de jure naturae dependet, postea etiam dependet a constitutione sociali uniuscujusque nationis. Ecclesia Catholica quae donum infallibilitatis a Suo divino Fundatore accepit, sola sibi legitimam auctoritatem interpretandi jus naturale vindicat; veritas in ea tantummodo inveniri potest. Itaque doctrina catholica de potestate patria a nobis proponenda est ut criterium, juxta quod caeterae opiniones dijudicandae sunt. Antiqui sapientes Sinenses, duce Confucio, veritates naturales quidem permultas docuerunt, sed in his veritatibus haud paucos errores emiscuerunt. Doctrina eorundem de potestate parentum pulchrum systema perhibuit et maximum influxum in vitam populi excercuit; tamen in ea plures assertiones erroneae teguntur. Opinio doctrinalis quae jus vigens de potestate patria inspiravit, magis ad veritatem catholicam accedit.

Ex principiis doctrinalibus jus positivum ad praescriptiones positivas circa exercitium parentum potestatis devenit et in iis unumquodque jus proprium characterem manifestat. Jus canonicum singularitatem habet propter respectum ad jura spiritualia; jus sinicum, speciatim antiquum, propter ideas morales specialem conspectum praesentat de patria potestate.

Ad claram intelligentiam rerum in hoc studio tractandarum nobis visum est esse opportunum praemittere aliquas notiones generales sive de evolutione juris sinici sive de consanquinitate.

I. Consanquinitas in jure canonico

Ecclesia catholica a Christo Domino instituta societas supernaturalis nuncupatur, quae naturam humanam non ad destruendam sed ad elevandam intendit, eamque in suis doctris supponit et ejus qualitates naturales in legibus constituendis prae occulis semper habet.

Subjectum capax juris vel persona juris in societate humana constituitur per nativitatem; persona nata vivens capacitatem omnium jurium objectorum in se habet. Haec vero capacitas vocari solet objectiva. Capacitas objectiva tendit ad suam perfectionem i.d.ad suum excercitium; excercitium jurium objectivorum habetur in subjecto capaci quod a jure naturali et positivo determinatur.

Persona in Ecclesia constituitur per baptismum; can. 87 dicit: "Baptismate homo constituitur in Ecclesia Christi persona cum omnibus christianorum juribus et officiis, nisi ad jura quod attinet, obstet obex, ecclesiasticae communionis impediens, vel lata ab Ecclesia censura." -Baptismus, nativitas spiritualis, imitans nativitatem naturalem, effectus juridicos habet in jure ecclesiastico sicut nativitas naturalis in jure civili. Homo autem cum ingressus fuisset societatem supernaturalem, non desistit esse homo naturalis cum suis perfectionibus et imperfectionibus. Fundamentum capacitatis juris objectivi in Ecclesia constituitur per aliquod factum supernaturale et independens a natura humana; sed capacitas subjectiva vel excercitium jurium dependere etiam debet a statu naturali personae excercentis; etenim persona, quae jura spiritualia et supernaturalia excercet, non est homo extra naturam vel contra naturam. Omnes circumstantiae quae naturaliter afficiunt personam relate ad excercitium juris, in juro canonico etiam habentur ut causae modificantes excercitium juris; v.g. usus rationis est conditio sine qua non ut quis jura sua excercere valeat, exceptis illis juribus quorum excercitium actum positivum a parte recipiente non absolute requirit, uti jus ad baptismum. Determinationes vero juris civilis circa istas circumstantias, nisi quando Ecclesia in suis juribus eas determinationes receperit, per se non afficiunt personam ecclesiasticam.

Consanquinitas est una ex his circumstantiis quae effectus juridicos afferunt ad capacitatem juridicam, praesertim in societate civili. Societas enim civilis venit post familiam ejusque jura incolumia relinquit. Familia constituitur super consanquinitatem; consanquinitas igitur nuncupatur fundamentum juris familialis. Dari imo potest casus, in quo consanquinitas fundamentum juris civilis constituit, quando societas civilis familiam non vero individua esse nuclea constitutiva considerat. Inter consanquineos parentes et proles procul dubio primum locum occupant; ideoque relationes inter istos centrum juris familialis certe constituunt.

Ecclesia in suo ordine nullam societatem humanam supponit et personas individuas esse menbra sua considerat. Tamen ex parte menbrorum, quae homines naturales sunt, Ecclesia non negligit alias societates naturales. Idcirco consanquinitas in jure canonico locum habet et enumeratur inter circumstantias capacitatis subjectivae; non quidem propter quod Ecclesia sicut societas civilis ex sua natura consanquinitatem considerare debet, sed propter quod status personarum hanc in se continet. Attamen consanquinitas in jure canonico recipitur in quantum est circumstantiae naturalis, quia determinationes civiles consanquinitatis non necessario ab Ecclesia recognoscitur. Jus canonicum principia naturalia consanquinitatis adhaerens proprias praescriptiones statuit. [1]

---

(1) Consanquinitas per se sub dupliei respectu considarari potest, scilicet vel ut circumstantia afficiens capacitatem subjectivam vel ut fons quorumdum jurium et officiorum. Sed duo respectus inter se commiscentur, quia secundus respectus est suppositum primi respectus.

II. Jus sinicum in genere

Distinctio absolute necessaria est inter jus sinicum antiquum et jus sinicum vigens. Jus antiquum sinicum ab initio usque ad fundationem reipublicae (a. 1911, p. Ch.) populum multitudine immensum per quadraginta fere saecula gubernavit et in se reflexionem characterum populi elucide importat. Reipublica fundata, populus sinicus progressum vitae cupiens traditiones saeculares uti ligamina, quod fas vel nefas est, a societate ejicere conati sunt et constitutiones sociales populi occidentalis indiscriminatim recipere satagunt. Jus igitur vigens sinicum continuationem traditionis juridicae neglexit et systema juridicum occidentale acceptavit.

Antiqui sapientes Sinenses cum divisionem aliarum scientiarum nundum cognovissent, eas sub communibus principiis tractabant. Philosophia juris cum philosophia morali confundebatur; principia itaque moralia pro ordine juridico supponenda sunt. Juxta dontrinam moralem sinicam homo in suis actionibus exemplum habet actiones divinas quia homo debet imitari Coelum, creatorem; norma enim Coeli est norma actuum humanorum. Cum vero Coelum, creator de se invisibilis, exemplum directum hominis esse non possit, inspiciendae sunt aliquae operationes externae ac visibiles Coeli. Natura universa creata est operatio Coeli, quae occulis humanis constanter praesens est. Itaque homo normam agendi ex actionibus naturae universae creatae deducere debet. In natura creata datur ordo generalis, juxta quem omnia procedunt ordinatim; ita in societate humana ordo constituendus est qui pars ordinis naturae universae designatur. Ordo socialis intime connectitur cum ordine universae creaturae. [2]

---

(2) Jean Escara, Le drot chninois (editions Henri Vectch, Pekin 1936) cap.I, p.7.:
"L'un des plus anciens principes directeurs de l'ame chinoise est la croyance à l'exixtence d'dun ordre de la nature et l'efficacitè d'une concordance entre celui-ci et l'ordre social. Cette cryoance a conduit les Chinois à une conception du droit naturel qui leur est demaurec propre et qu'on ne peut saisir qu'en faisant a peu près table rase des thèories occidentals sur le sujet."

Ordo socialis ab imperatore dirigitur, qui in gubernando Coelum rapraesentat. Regulae vel leges quibus imperator utitur ad dirigendum ordinem socialem sunt "Li" et "Fa". -"Li" in sensu littarali ritus vel caerimonias significat; in sensu formali comprehendit omnes praescriptiones sociales id est leges morales, rituales et constitutiones sociales. "Fa" denotat legum sanctionem quae ab auctoritate imperiali statuta est. Omnes homines in societate juxta "Li" in diversos ordines disponuntur, speciatim in quinque ordines reciprocos: imperator et ministri, parentes et proles, fratres inter se, maritus et uxor, amici inter se; tamen istae relationes habendae non sunt uti relationes juridicae proprie dictae. Systemaenim polificum juxta Confucianismum est emminenter educativum. Imperator cum suis ministris populum ad rectam viam educat; enimvero imperator non tantum est princeps politicus, sed etiam pater omnium civium. Itaque tum bonum commune cum bonum privatum, tam prosperitas materialis quam moralis pertinent ad curam imperatoris. In his officiis adimplendis auctoritas imperialis, uti auctoritas paterna, media persuasionis magis eligit quam media castigationis; propterea "Li" praeferrendum est "Fa".

Cum vero "Li" sanctionem moralem in se tantum conferret et ad cohibendas passiones perversorum insufficiens aliquando inveniretur, leges aliquae selectae cum sanctionibus poenalibus instituendae sunt ab auctoritate imperiali. Hae leges designantur "Fa", quae, licet adhibendae non sint uti media ordinaria, habendae sunt in auxilium "Li". Terminus lex a Sinensibus concipiebatur esse ordinatio ab auctoritate data cum sanctionibus poenalibus; ideirco "Li" non nuncupatur lex, quia sanctiones poenales non secumfert; "Fa" vero appellatur lex. "Fa" jam describi potest ita: ordinatio ab auctoritate imperiali promulgata cum obligatione sub poenis physicis. Inde multi auctores tenent non esse in Sinis leges nisi poenales.

"Li" in initio erat dictamen sapientium, quae postea a regnantibus fuerunt receptae, norma sic socialis factum est. Non adsunt collectiones in quibus omnes praescriptiones "Li" ordinatim concinnatae sunt; pro ritibus habetur liber caerimonialis qui conscriptus fuit a Teheou-kong, primo ministro imperatoris Chen de dynastia Teheou (cirea s. XI a.Ch.). In hoc libro caerimoniae sive pro vita publica sive pro vita familiali minutiose determinatae sunt juxta principia moralia traditionalia; inveniuntur etiam in hoc libro multa elementa juris privati et juris publici. [3]

Praescriptiones Teheou-kong summam auctoritatem constituunt in materia caerimoniali praesertim propter confirmationem Confucii et durante saeculis nihil substantialiter mutatum est. Pro constitutione sociali sunt constitutiones et decreta imperiales diversarum dynastiarum, quarum aliquae collectiones officiales factae sunt; sic habemus collectiones decretorum et constitutionum dynastiae Tang (a. 620-907 p.Ch.), dynastiae Song (a. 960-1280 p.Ch.) dynasiae Ming (a. 1368-1644 p.Ch.) et dynastiae Ts'ing (a. 1644-1911 p. Ch.). [4]

III. Evolutio juris sinici

De evolutione juris sinici hic intendimus tantum loqui de evolutione "Fa"; quod quidem non identificatur cum jure poenali. Jus enim poenale in sensu proprio est complexus legum quae poenas statuunt; "Fa" autem praeter poenas continet leges praeceptivas et prohibitivas, quae sunt vel civiles vel processuales. Poenae quatenus malum physicum important, odiosae sunt, et in suis applicationibus arbitrariis judicis non debent. Auctoritas igitur imperialis intervenit ad stabiliendas poenas pro determinatis delictis; poenae stabilitae ad cognitionem judicum populique per promulgationem deducuntur. Itauqe collectiones officiales ad modum codicis "Fa" in omnibus fere dynastiis publicatae sunt.[5]

Evolutio in tres periodos dividi potest:

1. Ab initio usque ad plenam efformationem idest periodus efformationis qui percurrit a tempore Li-k'ouei (cirea saec.V.a.Ch.) ad finem dynastiaea T'ang (a.905 p.Ch.);

---

(3) S. Couversur S.J. I-Li (cèremonial) ed. Hsien-Hsien 1916; Li-ki, (liber ritualis) ed. Ho-kien-fu 1899.

(4) Tehen-koo-yuan, Historia juris sinici (Shanghai 1934), p.114 sq.

(5) Cfr. Yang-hong-lie, Historia juris sinici Shanghai 1933.

2. Periodus conservationis a dynastiae Song ad dynastiam Ts'ing (a. 960-1911 p.Ch.);

3. Periodus transformationis idest tempus actuale Reipublicae Sinicae.

A. Periodus efformationis (s.V.a.Ch; -s.X.p.Ch.)

In documentis scriptis antiquissimis, uti in libro annalium (circa s.XI.a.Ch.) non defuerunt praescriptiones juridicae et sanctiones poenales; hae tamen praescriptiones nimis vagae sunt. Cultura sinica sub dynastia Techeou (a.1122-249 a.ch.) in sua efformatione floride procedebat et variae scholae philosophicae fundamentum suorum systematum posuerunt. Principia juris sinici his temporibus jam depositae sunt sed ad formam ordinatam nundum pervenit nisi in fine dynastiae per laborem Li-k'ouei.[6]

Li-k'ouei fuit primus qui leges scriptas vel "Fa" in unum corpus redigere tentavit. Ipse circa annum 424-387 a.Ch. librum cum titulo "Fa-King" scripsit, in quo leges systematice disponuntur. Opus hoc deperditum fuit; systema vero ejus a posterioribus semper avide custodiebatur.

Li-k'ouei leges distribuit in sex sectiones vel libros: a) de latrociniis ; b) de furtis; c) de carcerationibus; d) de captione delinquentium ; e) Miscellanea; f) de applicatione legis.

Post dynastiam Teheou dynastia Tsing potestatem sibi arripuit, sed propter suam tyranniam breve per tempus duravit. Ei successit Dymastia Han. In initio hujus dynastiae Shiao-ho, primus minister (cir. initium s.II.a.Ch.) codicem juris concinnavit eumque auctoritate imperiali publicavit. Systema quod Shiao-ho sequutus est in hoc

---

(6) Yang-hong-lie, Historia J.S. (Shanghai 1933) vol. p. 99. Tenen-koo-yuan, Historia J.S. (Shanghai 1934), p.44. Opus Li-K'ouei, licet deperditum fuerit, sed partim conservatur in citationibus codicibus dynastiarum subsequentium.

codice est mothodus Li-k'ouei cum quadam amplificatione, quia sectiones sunt jam novem scilicet tres sectiones additae sunt.[7] Codex Han leves mutationes sub imperatoribus posterioribus hujus dynastiae subivit et in vigore remansit usque ad finem dynastiae. (a. 190. p.Ch.) Collapso throno Han, imperium a variis principibus dilaniatum fuit, et pars septemtrionalis sub jugo barbarorum gemebat. Principes autem barbari culturam sinicam avide assimililabant et in constitutionibus socialibus ac juribus dynastiam Ham scruplose imitabantur. Tandem dynastia Soei (a. 590-p.C.) conclusit tempus divisionis et imperium uni throno iterum univit. Dynastia Soei, licet gubernium breviter tenuerit (per trignita annos), codicem sub secundo imperatore promulgavit. Imperator Kao-tsong dynastiam Tang post Soei fundavit, profligatis omnibus adversariis; et filius ejus T'ai-tsong impereium in fulgentem splendorem evexit. Codex Tang a tertio imperatore, Kao-tsong, anno 653p. C. publicatus fuit, qui codex a undeviginti jurisperitis per tres fere annos praeparatus fuerat. Efformatio codicis juris sinici jam pervenit ad suam perfectionem eo quod in temporibus subsequentibus nihil novi codici Tang additum est. Novem sectiones codicis Han multiplicatae sunt in duodecim; unaquaeque sectio dividitur in tomos; tomus dispescitur iterum in articulos.[8]

---

(7) Cheng-shu-te, Inquisitio scientifica jurium novem dynastiarum, Shanghai 1934, vol.I, p.11 sq.
   Codex Han dividitur in novem sectiones: 1° de latrociniis; 2° de furtis; 3° de carcerationibus; 4° de captione, deliquentium; 5° misceilanea; 6° de applicatione legis; 7° de familia; 8° de operious publicis; 9° de communicationibus. -Hic codex est deperditus.

(8) Yang-hong-lie, Historia J.S. (Shanghai 1933) vol.I, p. 343 sq.
   Codex Tang habet duodecim sectiones; 1° de applications legis; 2° de curia imperiali; 3° de communicationibus et thesuris publicis; 6° de operibus publicis; 7° de latroniis et furtis; 8° de conflictis violentibus privatorum; 9° de deceptionibus; 10° miseclilanea; 11° de captione delinquentium; 12° de jucicils, -Codes iste perfecte conservatus este quem nos prae manibus habemus.

B. Periodus conservationis

Haec periodus a dynastia Song ad finem dynastiae Ts'ing (a. 960-1911) perduravit fere decem saecula. Postquam potentia dynastiae Tang in pulverem dejecta fuerat, conditio socialis non minum tristis ac lamentabilis erat quam tompus post ruinam throni Han; divisio regni et occupatio barbarorum bella incensanter causavit. Dynastia Song per voluntatem capitum militum thronum sibi oblatum accepit et devictis adversariis finem divisionibus posuit. Primus imperator codicem Tang uti fundamentum adhibuit in sua collectione juris, quam ipse sub titulo "Collectio juris poenalis" promulgavit anno 964. Collectio haec in duodecim sectiones dispescitur sicut in codice Tang.

Dynastia Yuen de Mongolia potestatem imperialem anno 1280 sibi arripuit, everso throno Song et consuetudinem propriam in Sinas introducere tentavit. Attamen vis traditionum millenarum sinicarum conatus imperiales vincit ita ut jus a praecedentibus dynastiis statutum ab imperatoribus mongolensibus adhibetur. Ad similitudinem collectionis juris poenalis dynastiae Song, quintus imperator, In-tsong systematicam collectionem anno 1323 promulgavit.

Magnum imperium mongolense propter scisionem principum et incapacitatem imperatorum potentiam suam quasi mundialem diu tenere non valuit et anno 1368 dynastia Ming super ruinam ejus novum imperium construxit. Codex juris a primo imperatore summa cum diligentia, summa cum cura praeparatus fuit et prima vice anno 1373 publicatus fuit. Sed prima publicatio propter defectus multiplices felicem exitum non habuit; ideoque secunda publicatio facta est anno 1398. Mutatio quaedam divisionis introducta est in hac secunda edditione codicis. Sectiones sunt septem et articuli sunt quadrigenti et sexaginta. Post codicem Tang haec collectio officialis perfectior habetur cacteris. [9]

---

(9) Yang-hong-lie, Historis J.S. (Shanghai 1933) vol.II, p.76 sq. Codex Ming dividitur in septem sectiones: 1° de applications juris; 2° de Ministris publicis; 3° de familia; 4° de ritibus; 5° de militibus; 6° de delictis; 7° de operibus publicis. -Codex hic conservatus est.

Anno 1664 dynasta Ming cum suicidio ultimi imperatoris thronum deperdidit et dynastia Ts'ing de Manciuria suum imperium in Sinis imposuit. Jus sinicum tradationale suam auctoritatem semper servavit et in hac dynastia ultima plenam suam evolutionem explicavit. Attentio primi imperatoris hujus dynastiae in codicem conficiendum jam conversa est; sed ipse tantum eddidit commentarium ad codicem Ming. Tertius imperator, Kao-tsong, opus codificationis perfecit et anno 1740 novum codicem sua auctoritate promulgavit. Hic codex Ts'ing pluribus vicibus a posteriobus imperatoribus revisus est et in publicationibus subsequentibus commentarium et decreta imperialia collecta addita sunt. Divisio in hoc codice systema codicis Ming sequitur.[10]

C. Periodus transformationis

Ultimis in annis dynastiae Ts'ing contactus cum populis occidentalibus in Sinis inceptus est et propter contumelias in bellis habitas defectus gubernii manifestati sunt populo. Sapientes et juvenes ingressi sunt viam transformationis et primum opus transformationis in transformandis juribus posuerunt. Tentamen novae Constitutionis cecidit sine exitu anno 1898, nova tamen juris sehemata praeparabantur et novum jus poenale anno 1909 promulgatum est.

Evolutio civilis ignem jam misit in omnes classes populi; gubernium, licet omni nisu eam reprimere conatum fuerit, potestatem novo regimini reipublicano cedere debuit anno 1911. Novatores, progressum nationis cupientes, omnes traditiones veluti ligamina prosperitatis abjecerunt et nationem construere secundum theorias occidentales proposuerunt. Jus constitutionale in Sinis nune est adhue provisorium; anno 1928 novum jus poenale publicatum fuit; anno 1929 tres libri juris civilis promulgati sunt; liber vero quartus juris civilis anno

---

(10) Yang-hong-lie, Historia J.S. (Shanghai 1933) vol.II, p.868 sq. Codex Ts'ing dividitur in septem sectiones vel libros sicut in codicem Ming.

Variatio habetur in divisione capitum; numerus hujus codicis multo superat codisem Ming. -Huuc codicem nos prae manibus habemus. In hoc codice habetur totam synthesem juris sinici antiqui.

sequenti est promulgatus; postea jus processuale et commerciale successive ab auctoritate reipublicana codificatum est.[11]

De jure familiali specialiter notare debemus. Jus familiale systematice conscriptum, ut est pars juris civilis, in Sinis non habebatur ante unum saeculum, quia in codicibus antiquis, licet non defuerit sectio specialis de familia, tamen in hac sectione praescriptiones juridicae dabantur tantummodo pro aliquibus quaestionibus. Sed non propterea defuit jus familiale in Sinis; praeter enim jus collectum in codicibus aderant libri caerimoniales et consuetudines, in quibus magna pars juris civilis inveniabatur. Quando versus finem dynastiae Ts'ing, transformatio juris sub influxu theoriarum occidentalium incepta fuit, jus familiale permultas difficultates praebebat, eo quod consuetudo antiqua in hac juris parte magum pondus habet. Pro codificatione novi juris familialis habita sunt tria schemata praeparatoria, quorum primum compilatum fuit anno 1908, secundum anno 1926, tertium anno 1928, et tandem tertium schema cum multis factis publicatum fuit anno 1930 et incepit vigere die quinto Maji anni sequentis. In duobus prioribus schematibus praeparatoriis compilatres magis adherebant juri antiquo et ita in his schematibus habemus jus antiquum familiale systematice redactum.[12] In tertio vero schemate ac in jure vigenti principium juris traditionalis penitus fere derelictum fuit.

IV. Doctrina moralis confuciana de relationibus inter parentes et proles

Ordo juridicus, licet sit distinctus ab ordine morali, ab eo tamen separari non debet, quia ordo juridicus uti pars includitur in ordine morali ejusque principia generatim supponit. Doctrina moralis, quae

---

(11) Collectio sex jurium, curata ab Accademia Juridica Sinica, Shanghai 1933. (sex jura: Constitutio provisoria, jus civilie, jus poenale, jus commerciale, jus processuale actionis civilis, jus processuale actionis criminialis.)

(12) Collectio sex jurium (curata ab Accademia J.S., Shanghai 1927, ed. 16) continet primum senema juris familialis. tom. 111, pars IV.

vitam publicam privatamque populi sinici per longa saecula direxit, super auctoritatem inconcusam Confucii fundata est. In disputationibus theoreticis et in dogmatibus religiosis fuerunt opiniones diversae, sed in praeceptis moralibus practicis omnes convenerunt ad admittendam doctrinam quam ipse magnus sapiens, Confucius, docuit. Necessarium itaque pro nostra tractatione praeponere brevem expositionem hujus doctrinae circa relationes parentum et prolum.[13]

Summum principium doctrinae confucianae consistit in imitatione Coeli, creatoris. Cum creator occulis humanis invisibilis sit, homo aspicere debet operationes quae sunt manifestationes externae ipsius Coeli. Operationes Coeli externae et visibiles sunt creaturae, quae constituunt unum quoddam harmonicum et agit secundum ordinem praestabilitum a creatore. Ordo hic praestabilitus nihil aliud est nisi lex naturalis. Principium igitur imitationis Coeli convertitur in aliud principium vel aliam expressionem "agere secundum ordinem seu leges praestabilitas a creatore". Inter leges statutas a Coelo exsistit una quasi prima quae ita se habet: "Omnia redire debent ad suum principium". Coelum, creator, relate ad universam creaturam habet rationem principii; natura igitur creata in sua exsisgentia et in suis operationibus incessanter ad Coelum tendit. Principium hoc morale valet etiam pro hominibus, qui, uti pars creaturae, in operationibus dispensationem a principiis communibus non habent.

Homo exsistentiam propriam a Coelo donatore accepit, quia universa creatura, largiente creatore, exsistere incepit. Attamen Coelum post creationem primi hominis personam humanam nunc non directe ex nihilo sui deducit; mediantibus vero parentibus ipse facit ut homines in mundo inveniantur. Parentes ergo sunt principium hominum proximum, quod rationem Coeli, uti principii, participant.

---

(13) Wang-gin-cheen, Philisophia juris sinici, Shaenghai 1934, p. 15. sq. Tchie-fu-fa, ideologia moralis sinica, Shanghai 1929, p.52 sq.

Ex rationibus nuper expositis Confucianistae concludunt parentes esse pro prolibus uti Coelum.[14]

Praeterea modus quo proles a parentibus procedunt diversus est a modis procedendi creaturarum non viventium. Proles enim a parentibus procedit per generationem, quae intimam connexionem genitoribus et genitis immisit atque efficit ut principium et principatum unum quoddam continuatum constituant.

Relationes inter parentes et proles ex his supra dictis rationbus deducuntur ita: parentes quantenus principium relate ad preles habentur ut ad rem propriam; proles relate ad parentes habentur ut ad originem suam. Proles non habet id quod dici potest proprium, omnia enim, quae proles habet, sunt parentum. Universa creatura dirigit propriam exsistentiam et propriae operationes ad Coelum uti finem suum ultimum; sic etiam homo ad Coelum tendit. Sed homo praeter Coelum, principium ultimum suae exsistentiae, habet aliud principium proximum, quod est parentes. Propterea homo parentes habet ut suum finem vitae proximum. Sicut Coelum mediantibus parentibus exsistentiam prolibus largitum est, ita proles exsistentiam et operationes mediantibus parentibus ad Coleum dirigit.[15]

---

(14) Lèon Wieger S.J., Histoir des Croyances religieuses et des opinions philosophiques en Chine. Hien-Hien 1927; p.136.: "Puor renforcer ła monade familiale, base de sa politique, Confucius precha sans cesse et exagera à outrance les devoir de la pietè filiale. Il eleva l'execice de cette piete au niveau du culte efficiel du Ciel, et pensa qu'elle devait suire au peple comme religion. Ecoutons-le, car son enseignement sur ce sujet fut gros de consequences, et fit autoritè en Chine jusqu'à nos jours..." Servir ses parents comme le Ciel, voilà la loi de pietà filiale, dit Confucius-Des tous les etres produits par le Ciel et la terre, l'nomne est plus noble. Grace à ses parents, ıl est ne entier. Il doit mourir entier, s'il pretend au titre de fils pieux..."

(15) F. Noel, Sinensis Imperii libri classici sex, Pragae 1711; p. 479: "Pater respectu filii, ait Sciio-kin est ut Coelum respectu rerum productarum; (ait ₂lossa): sive ut Coelum est universale retum ominium principium, ita pater est particulare filii principium." Hushih, lineamenta historiae philosophiae sinicae, Shanghai 1930. p.130.

Pietas filialis confuciana a doctrina catholica in hoc differt; nam pietas filialis in doctrina catholica est virtus moralis quae inclinat prolem ad praestandum amorem et cultum parentibus debitum; pietas vero confuciana est virtus quae inclinat prolem ad dirigendos omnes suos actus in honorem parentum. Ratio, qua Confucianistae hoc affirmant consistit in hoc quod parentes sunt Coelum prop prolibus et proles sunt pars ipsorum exsistentiae. Actus proprii virtutis pietatis filialis confucianae iidam sunt ac in doctrina catholica, sed actus imperati hujus virtutis apud Confucianistas comprehedunt omnes actiones prolis; hoc in pietate filiali catholica minime verificatur.[16]

Officium pietatis filialis pratice in triplex dividitur: officium sustentationis, officium reverentiae et officium honoris.[17]

Sustentatio dupliciter habetur; sustentatio materialis et sustentatio spiritualis.   Sustentatio materialis impletur per praestationem alimenti et hoc officium est infimum quod ab aliquibus animalibus instinctive fieri videtur. Sustentatio spiritualis praestationem materialem in altiorem perfectionis gradum elevat, nam ea praeter alimenta curat adhuc de satisfactione et gaudio parentum. Reverentia parentibus debita obligat liberos ut ipsi parentes suos interne externeque ament, veneratione eos ubique prosequantur et praecepta eorum dociliter exsequantur. Persona parentum sacra est eo quod dignitatem Coeli investit.

Amplitudo fere immensa est in officio honoris; proles in suis omnibus actionibus memini debent honorum parentum et magna cum trepidatione procedunt ne suas propter negligentias malitiave paren-

---

(16) Lèon Wieger S.J., Histoir des Cryoances religieuses et des opinions philosophiques en Chine. Hien-Hien 1927,; p.142.

(17) Li-ki, cap. dc sacrificiorum sensu. (A. Zottoli, Cursus litteraturae sinicae, vol.III, p.733.) (Shanghai 1880)

"Tseng-tse (discipulus praedilectus Confucii) ait: pietas est triplex: major pietas honorat parentes, earum secunda non dedecorat, earum inferior potest ministrare (alimenta)."

tibus viterperationes calumniasque afficiant. Nec prolibus sufficit vitare mala sed opportet ponere actiones bonas ut parentes ex bonitate et capacitate prolum laudibus in societate honorentur.

Pietas igitur filialis in doctrina confuciana est centrum omnium virtutum; ipsa movet alias virtutes; ipsa totam exsistentiam prolis imperat.

Caput I

De Fundamento Et Natura Potestatis
Patriae In Jure Canonico

Articulus I. De fundamento potestatis patriae in jure canonico

Potestas in sensu generali audit vim illam moralem qua aliquis caeteras personae dirigit secundum suam voluntatem ad finem determinatum. Parentes proles suas dirigere possunt et debent; hoc a nemine sanae mentis negatur. Nam proles infantes ex uteris maternis nuper exgressae, absolute incapaces providendi vitam propriam et in omnibus materno paternoque auxilio indigent. Incapacitas prolum, crescentibus annis, paulatim diminuitur et indigentiae de auxiliis pari passu decrescunt.

Datur igitur naturalis exigentia protectionis in prolibus minoribus; supposita vero hac exigentia, proles minores naturaliter subjiciuntur illi personae protectori. Protector prolibus, natura auctore, est parens.

I. Potestas patria fundatur in jure naturali et in jure divino postivo. -De jure naturali est ut quando proles ad suam evolutionem defensionemque auxiliis parentum indigent, sub potestate parentum maneant, quia infantes usu rationis destituti naturaliter agunt non per seipsos sed per personas curam suam gerentes; et minores debiles in ratiociniis facilesque in deceptionibus operantur sub tutela earum personarum adsistricium. Personae quae a natura infantibus curatores et minoribus adsistrices datae sunt eorum parentes sunt et tantum his deficientibus aliae personae assignantur. Hoc factum naturale in historia populorum sine discrimine temporum ac locorum semper nitide invenitur, quod ad suam exsistentiam probandam argumentis manu factis non indiget.

Notissimus omnibus est Decalogus decem praeceptorum quae a Domino in Veteri Testamento Moysi, servo suo fideli, commissa sunt ad gubernium populi electi Isaraelis et in Novo Testamento a Jesu Christo renovatae ejusque ab Apostolis praedicatae sunt in aedificationem omnium. "Audi, fili mi, disciplinam patris tui et ne dimittas leges matris tuae." (Prov.I, 8.); "Nam et ego filius fui patris mei, tenellus et unigenitus coram matre mea. Et docebat me atque dicebat: suscicipiat verba mea cor tuum; custodi praecepta mea, et vives." (Prov.IV,3.); "Audi patrem tuum, qui genuit te." (Prov. XXIII,22.); "Si genuerit homo filium contumacem et protervum, qui non audit patris aut matris imperium, et coercitus obedire comtempserit, apprehendent eum, et ducent ad seniores civitatis illius, et ad portam judicii." (Deut.XXI,18-21.); et in Exod.XX decem praecepta anuntiantur. Obedientia versus parentes enixe commandatur in his textibus sacris, eo quod parentes potestatem in proles habent.

Ipse Christus in Evangeliis Matt.XV,4., et Marc.X,19., submissionem honoremque parentibus debitum iterum atque iterum promulgavit et Apostolus Paulus praeconium hujus praecepti longe fecit. Ad Ephes.VI,2.: "Filii obedite parentibus vestris in Domino, hoc enim justum est." Ad Col.III.20.: "Filii obedite parentibus per omnia; hoc enim placitum est in Domino." In his textibus oraculum divinum filiis monitum dat ut subditi sint parentibus eisque obedientiam praestent.

II. Potestas patria fundatur remote in facto generationis prolis et proxime in officiis sustentationis et educationis.[1]

1. Potestas patria remote fundatur in facfo generationis prolis. Potastas uti nomen correlativum suum terminum exigit idest subditum in quem ipsa dirigatur atque excerceantur. Subjectio qua aliquis sub imperio alterius efficitur a jure vel naturali vel positivo determinatur secundum certam rationem. Ratio subjectionis est fundamentum vel titulus potestatis. Cur iste puer pertinet potius ad suos parentes non vero ad alias personas, eisque potius subjicit quam caeteris personis? Etenim cum parentes prolem genuisset, ipsi ei aliquid suum proprium

---

(1) Augustus Ferretti, Institutiones philosophiae moralis, Romae 1891, vol.III, n.137. J.A. Zallinger, Institutiones juris natur. et eecles. Romae 1832, L.II, cap. III, p.378.

idest suum esse communicavit; nam prolis est sanguis de sanguine et caro de carne genitorum. Propterea parentes jus in prolem simul cum generatione acquisiverunt, ut ait S. Thomas: "Sicut autem carnalis pater particulariter paticipat rationem principii, quae universaliter invenitur in Deo;... quia pater est principium et generationis, et educationis, et disciplinae et omnium quae ad perfectionem humanae vitae pertinent."[2] "Filius enim, inquit iterum Doctor Angelicus, naturaliter est aliquid patris: et primo quidem a parentibus non distinguitur secundum corpus, quamdiu in matris utero continetur; postmodum vero ab utero egreditur, antequam usum liberi arbitrii habeat, continetur sub parentum cura, sicut sub quodam spirituali utero...."[3]

Subjectio prolis patriae potestati remote causatur a nativitate; etiam propter eam rationem, nam proles nascitur in societate familiali, cujus regimen sub potestate patria habetur. Infans nu per natus efficitur menbrum hujus societatis ejusque potestati subjicitur.

Contra hanc sanam doctrinam sunt diversae opiniones philosophicae et juridicae, quae augumentis etiam barbaricis docent infantem non nasci parentibus sed vel humanitati vel statui. "Absolutismus liberalis, cujus primae radices sunt in absolutismo pseudophilosophiae positivisticae Fichte (quorum consentiunt Schelling et Hegel) denegat nativum jus parentum quoad filios, qui primum omnium ad humanitatem, ad Statum scilicet pertinere dicuntur."[4]

---

(2) S. Thomas, II-II, q.CII, a.I.

(3) S. Thom. II-II, q.X, art. XII.

(4) A. Ottaviani, Institutiones juris publici ecclesiastici, Romae 1936, vol.II, p.232.
Enciclopedia Italiana di scienze, lettere e arti, vol.XIV, 1932, p.847, ad verbum "Fascismo": "Antiindividualistica, la concezione fascista è per lo Stato; ed è per individuo in quanto coincide con lo Stato, coscienza e voluntà universale dell'uomo nella sua esistenza starica...Giacchè per il fascista, tutto è nello stato, e nulla di umano o di spirituale esiste, e tanto meno ha valore, fuori dello Stato..." Civiltà cattolica, 1934, vol.II, p.358.: "Sull'individuo lo Stato ha tutti i diritti: di mutilarlo e di sopprimerlo, di sbandirlo e di opprimerlo, di chiamarlo alla participazione alla vita publica o di negargli i diritti civili. La fonte unica di tutti i dirittie la razza, e quindi lo Stato, il quale concede all'uomo certe facoltà che può ritirare quando voule, e come vuole, senza rispetto alcuno alla persona umana."

Recenter doctrina politico-juridica Totalitalismus potestatem Status nimis exagerans jus naturale parentum in prolem depraedare conatur; affirmat enim haec doctrina hominem a sua nativitate esse rem Status, in quam parentes nullum jus vindicare possint, nisi de concessione Status antea habita, docet etiam Statum esse unicam fontem omnium jurium.

Contra has montruosas assertiones Romani Pontifices gravem veritatis vocem elevaverunt. "In quo tamen concors est communis generis humani sensus, ut cum eo aperte ii omnes pugnent, quotquot affirmare audent, prolem ante ad civitatem quam ad familiam, et civitati jus esse educandi absolutum. Pro nihilo autem est ratio, quam isti afferunt, hominom nasci civem ideoque ab initio ad civitatem pertinere, cum neutiquam reputent, hominem, antequam civis sit, vivere opportere, eumdemque vitam non ab civitate sed a parentibus accipere; ut sapienter Leo XIII: Filii sunt aliquid et veluti paternae amplificatio quaedam personae, proprieque loqui si volumus, non ipsi per se, sed per communitatem domesticam, in qua generati sunt, civilem ineunt ac participant civitatem." Itaque: "patria potestas est ejusmodi, ut nec exstingui, neque absorberi a reipublica possit, quia idem et commune habet cum ipsa hominum vita principium."..."[5]

Pius IX in suis litteris encyclicis "Quanta cura" (8.Dec.1864) hos errores disserits verbis damnavit: "Etenim funestissimum Comminismi et Socialismi docentes ac profidentes errorem asserunt" societatem domesticam seu familiam totam suae exsistentiae rationem a jure dumtaxat civili mutuari; proindeque ex lege tantum civili dimanare ac pendere jura omnia parentum in filios, cum primis vero jus instituionis educationisque curandae."[6]

Damnatio explicita etiam habetur in propositione XXIX Syllabi:

---

(5) Pius XI, litter. encyc. "Divini illius magisterii" (31 Dec. 1929) A.A.S. vol.XXI, 1929, p.508.

(6) Denzinger, Enchiridion Symbolorum, p.461, (n. 1694)

"Reipublicae status, utpote omnium jurium origo et fons, jure quodam pollet nullis circumscripto limitibus."[7]

2. Potestas patria proxime fundatur in officiis sustentationis et educationis. -Generatio rationem ultimam quidem dat cur prolis ad parentes pertineat ejusque potestati subjiciatur; attamen generatio non determinat speciem potestatis. Idcirco debemus inquirere aliquod aliud proximum fundamentum seu titulum quo potestatem parentum specificare possimus. Hoc fundamentum proximum consistit in officiis naturalibus parentum versus proles.

Matrimonium de natura sua onus conjugibus imponitur: Ne omittat parochus secundum diversam conditionem personarum, sponsos docere sanctitatem sacramenti matrimoniinmutuas conjugum obligationes et obligationes parentum versus prolem..." (can. 1033) -In initio vitae conjugalis Ecclesia suis monitis per os sacerdotis conjuges adhortatur ut ipsi cognoscant matrimonium non esse ordinatum principaliter ad solatium voluptatemque consequendas sed ad adimplenda officia a creatore imposita. Officia naturalia parentum versus prolem deducuntur ex fine matrimonii." matrimonii finis primarius est procreatio atque educatio prolis..." (can. 1013) -Deus, creator, primos homines de sua benignitate actione divina directe formavit, statuit vero ut propagatio generis humani non jam per creationem directam perficiatur sed per conjunctionem maritalem. Infans ex utero materno egressus, vix respirationis capax, omnibus mediis ad conservationem evolutionemque vitae suae est destitus. Parentes, cum cognoscant hoc corpusculum esse sanguine de suo sanguine et carne de sua carne, instinctu naturali infantem in sua cura suscipiunt. Sed homo, animal rationale, non subsistit tantum in vita physica, sed etiam, imo praesertim, in vita intellectuali moralique. Loquela, quam infans in sinu materno sensim acquirit, instructio, quam parentes puerullis elemental-

---

(7) Denzinger, Enchiridion Symbolorum, p.469, (n. 1739)
   Pro doctrina germanica de Statu confertur A. Messineo, La concezione dello Stato nel III Reich, in Civiltà cattolica, 1934 pp.354-358.

iter dant, sunt prima educatio ad vitam intellectualem et moralem. Quae educatio postea ad perfectionem perduci a parentibus debet. "Filii tibi sunt? Erudi ilios et curva illos a pueritia illorum."" (Eccli. VII. 25) "Parentes gravissima obligatione tenentur prolie educationem tum religiosam et moralem, tum physicam et civilem pro viribus curandi, et etiam temporali eorum bono providendi." (can. 1113)

Cumque unus aliquem in curam tenere obligetur, jus saltem ipsi competit disponendi et ordinandi ea omnia quae ad curam praestandam pertinent et jus exigendi alias personas ipsamque personam curandam exequi dispositiones datas; nam secus officia curationis nunquam perfecte impleri valeant.

Exccellentia parentum potest quidem gignere in eis quandam auctoritatem, sed ista auctoritas sub ratione tantum venerationis prolem obligat; beneficia prolibus facta a parentibus etiam possunt esse fons auctoritatis, tamen haec auctoritas inducit prolem tantummodo ad gratitudinem. Itaque "titulus seu ratio, ait clarissimus Ferretti, propter quam naturae lex parentibus tale jus confert, est foetus generationis una cum naturali exinde dependente officio educationis impertienda...Hinc autem solvitur quaestio: in quo fundetur seu ex quo sit repentendum hos jus quod parentes habent in filios. -Errant ii, qui patriam potestatem in filios repetunt ex jure victoriae et prima occupatione (ita Hobbes, de cive c.9: "Jure naturae victor victi dominus est. Jure igitur naturae dominium infantis ad eum primum pertinet, qui primus in potestate sua ipsum habet. Manifestum autem est, eum, qui modo nascitur, prius esse in potestate matris, quam cujusquam alterius ita ut illum vel educare vel exponere suo arbitrio et jure possit.") Homines enim non occupantur, perinde ac bestiae, uti res nullius. -Nec minus errant ii, qui patriam potestatem repetunt ex pacto, expresso ex parte parentum, tacite ac praesumpto ex parte liberorum. (Pufendorf, de offic.hom.et civis, L.I,c.3. ac si officium naturale praebendae educationis esset basis ac fundamentum insufficiens, ait: "Deinde imperium parentum in liberos tacito quoque consensu prolis innititur. Nam recte praesumitur, si infans eo, quo sublatus est, tempore usum rationis habuisset, ac perspexisset, vitam se citra parentum curam ac junctum ipsi imperium servare non posse, libenter illam in id consensuram, commodamque sibi educationem ac iisdem vicissim fuisse stipulaturam.") -At liberi sive velint sive nolint naturali subsunt officio obedienti parentibus, et hi vicissim naturali tenentur obligatione filios educandi. Neque ex educationis officio potestas paterna repeti primitus potest. Manifeste enim illud educandi officium dependet ex antecedenti facto generationis. Patria igitur potestas primitus repetenda est ex nativitate, secundario autem et consequenter ex educationis officio, quod ex generatione dependet. Hic est duplex titulus in quo fundatur, haec est duplex ratio ob quam talis potestas a naturae lege parentibus confertur." [8]

Attamen non plane adhaeremus opinioni, quae asserit fundamentum proximum potestatis patriae consistere tantum in officio educationis.[9] -Videtur nobis melius esse ponere proximum fundamentum paternae potestatis in cfficio tam sustentationis quam educationis. Pro educatione sine dubio adest necessitas admittendi in educantibus potestatem; sed potestas educationis non exhaurit parentum potestatem; nam pro educatione sufficit ut alii non impediant actionem educativam et prolis ordini eorum obediat. Patria vero potestas praeter hae objecta educativa comprehendit etiam alia objecta v.g.agere nomine prolis, supplere ejus voluntatem.

Officium naturale parentum versus prolem ab omnibus affirmatur

---

(8) A. Ferretti, Instituiones philosophiae moralis, Romae 1891, vol.III, p.120.

(9) Hanc opinionem docent Ferretti, Zallinger et V. Cathrein.

"Fundamentum igitur potestatis parentalis ex fine et natura societatis inter parentes ac ilberos derivandum est; quae societas sicut proxime a ipsa natura constituta est, ita nec fine nec mediis ad finem obtinendum necessariis carere potest. Quemadmodum vera societas parentalis, ejusque finis, nempe educatio prolis ex generatione oritur; sic generatio causa remota potestatis parentalis censeri potest." (J.A. Zallinger, Institutiones J.N. et E. Romae 1832, L. II, cap. III, n.5.)

"Cum parentes habeant officium naturale educationis, iis jus quoque hoc officium exercendi competit." (V. Cathrein, Philosophia moralis, ed. XVII, n.534. idem asseritur etiam in Filosofia Morale, vol.II, p.468. transzione italiana, Firenza, ed.III.)

esse duplex, scilicet sustentatio et educatio. Nunc vero ratio non habetur cur sustentatio a fundamento potestatis patriae excludere debeat. Certum est quod officium sustentationis non semper confert sustentantibus auctaroitatem in personam sustentandam; prolis enim aliquando tenetur etiam parentes sustentare. Tamen quando sustentatio non est simplex administratio alimenti, sed etiam in se continet officum protectionis, tunc saltem jus est personae protectrici praecavendi detrimenta pupillo suo et exigendi pupillum dependere a sua voluntate; nam si pupillus in agendo a potestate vel voluntate protectoris personae non dependeret, ipse omnibus deceptionibus expositus est et sic opus protectionis frustratur.

Articulus II. De natura potestatis patriae in jure canonico

I. Potastas patria est potestas dominativa [10] 1 °

Potestas qua superior inferiores ad finem propositum dirigit, diversis modis dividi potest; divisio vero quae nostra interest, ea est quae potestatem in jurisdictionalem et dominativam disperscit. Potestas jurisdictionalis est ea qua superior jus dicit et residet in capite sosietatis perfectae, participatur quoque ab ejus ministris. Haec potestas appellari etiam potest complexus jurium vel facultatum societatis perfectae, quas ipsa uti corpus organicum sociale in ordine ad suum finem consequendum obtinet et excercetur per actus legislativos (quoque per praeceptivos) executivos et judiciarios. Notio potestatis

---

(10) Suarez, De legibus, L.I.C.8, n.4 sq. (Opera Omnia, Pariis 1856, tom.V, p.35, sq.)

Fransciscus Schmalzgrueber, Jus Ecclesiasticum, Romae 1844; tom.I, pars altera, L.I, tit.XXXI, n.32.

Marianus De Luca S.J., Praelectiones juris canonici, Romae 1897, L.I, de personis; p.217 sq.

Wernz-Vidal, Jus canonicum, Tom. de religiosis, Romae 1933; n.93.

Vermeersch-Creusen, Epitome J.C., Brugiis 1933; tom. I, n.619.

in potestate jurisdictionali plene exprimitur, quia in ea vis directiva ordinem independenter creat omniaque ad ejus executionem media necessaria in se habet. Potestas dominativa invenitur in societate imperfecta et non undequaque sibi sufficiens; persona enim in qua residet haec potestas, suum imperium in voluntatem subditorum quidem exercet, sed ad urgendam executionem omnia media disponere nequit. Definiri videtur posse potestas dominativa: "esse ea potestas quae capiti cujusvis societatis competit praecipiendi, dirigendi atque moderate corripiendi seu castigandi menbra ejusdem societatis in ordinem ad consequendum finem societati propositum."[11]

Differentiae inter has duas species potestatis ab auctoribus plures numerantur; sufficit autem nobis referre tres principaliores a Clarissimo Suarez propositas: "Inter illas autem potestates, ut in personas versantur, cum multae aliae differentiae assignari possint, tres sunt, quae ad praesentem causam faciunt. Una est quod potestas dominativa est circa privatas personas, seu inter partes imperfectae commuitatis, et interdum est ex jure naturae per naturalem originem tantum, et ex vi illius, ut est patris potestas in filium; interdum est etiam natura, supposito pacto humano, ut est potestas viri in uxorem, in ordinem ad gubernationem domus et personae: aliquando est ex jure gentium vel civili ut potestas domini in servum bello captum; interdum ex humano contractu, ut dominium in servum, qui se vendidit; et huc spectat potestas, quae per votum obedientiae confertur ei, cui obedientia promittitur. At vero potestas jurisdictionalis per primo respicit communitatem perfectam, nam pertinet ad politicam gubernationem, quae in tali communitate est necesaria; nam ad imperfectam sufficit prior potestas. Atque hinc sequitur 2 ° differentia, quia in potestate jurisdictionis multo major vis ad coercendum et cogenum invenitur, quam in potestate dominaiva; tum quia major est potestas communis quam privata; tum etiam quia ad communitatem perfectam tuendam et omnes partes ejus in officio continendas major coercitio necessaria est, quam in

---

(11) Wernz-Vidal, J.C. tom. III. de religiosis, Romae 1933, n.93.

privata domo vel inter privatas personas; et ita non licet domino saevire in servum ut dicunt jura civilia, expetit reipublicae ut severior correctio nonnisi auctoritas publica fiat. Unde est etiam notanda 3 ° differentia, quia dominativa potestas ordinarie magis est in commodum habentis illam, quam ejus in quem habetur, licet aliquando contrarium possit inveniri, maxime quando confertur ex pacto voluntario in eum finem ordinato ut in obedientia ex voto debita, frequentius servatur; posterior potestas per se et primative institutione sua est propter bonum communitatis in quam datur....Ex his ergo concluditur veluti 4 ° differentia, quae ad praesens refertur. Dicendum est enim ad ferendas leges necessariam esse potestatem jurisdictionis, nec solam dominativam per se sufficere."[12]

Ex verbis Suarez supra citatis deducimus potestatem dominativam: a) exerceri circa personas privatas, idest in bonum privatum; b) dicere tantum praecepta cum aliqua coercitione; c) generatim in commodum habentis.

Patria potestas nuncupatur potestas dominativa. Ratio est, quia societas familiae de natura sua non constituit societatem perfectam; ita multo minus societas parentalis, quae finem in suo ordine ultimum et media omnia necessaria non habet. Idcirco potestas, quam parentes in prolem exercent, non est de potestate jurisdictionali; etenim parentes in familia non exercent quoddam gubernium politicum.

II. Finis potestais patriae est in bonum prolis

Innaturale est tenere prolem uti rem propriam eamque ad suam utilitatem adhibere. Liberi ex voluntate creatoris per matrimonium generandi sunt ut humani generis exsistentia in mundo continuari possit; matrimonium igitur ad exsistentiam prolis ordinatur. Cumque proles susceptae de matrimonio fuissent, conjuges de earum conservatione et perfectione curam habere debent. Ita potestas patria, quae

---

(12)Suarez, De legibus, L.I, c.8, no.5-6. (Opera omnia Pariis 1856, tom.V, n.36.)

parentibus data est ad meliorem suorum officiorum impletionem, ad utilitatem prolis ordinanda est, neque potest considerari jus dominii vel proprietatis esse.

Dicendum vero etiam est quod potestas patria non unice et totaliter ordinatur ad bonum prolis, quia ipsa parentibus quaedam jura confert quae sunt in commodum eorum. Ultimum fundamentum patriae potestatis consistit in gereratione, quae parentes efficit superiores, et benefactores prolibus. Parentes jus habent exigendi a prolibus reverentiam, amorem et, dato casu, etiam sustentationem. Hae omnis in utilitatem parentum sunt. Possumus igitur dicere patriam potestatem primarie ordinari ad bonum prolis, secundarie ad commodum parentum.

Bonum prolis practice consistit in sustentatione et educatione; parentes in execitiis suae potestatis haec duo prae occulis semper habere debent.

III. Objectum potestatis patriae

Potestas patria sese extendit ad ea omnia quae ad finem suum consequendum necessaria sunt. Finis and quem potestas paterna tendit est sustentatio et educatio prolis. Omnes actus sive positive sive negative circa haec duo officia sunt de parentum potestate. Parentes jus habent agere contra quempiam qui eos ad sua officia adimplenda impedirent. Attamen quidquid non est de sustatione et educatine, extra parentum potastatem est; itaque liminia quaedam huic potestati ponimus.

1. Limen quoad objecta. Limen generale ita annutiari potest: id quod non pertinet ad sustentationem et educationem vel contra eas non continetur in potestate patria. Limina magis particularia sic descrbi queunt: 1) id, quod est contra vitam prolis a parentibus, imperari non potet; 2) id, quod est contra educationem sive physicam sive intellectualem sive moralem sive religiosam prolis, non potest a parentibus ordinari; 3) id, quod pro vita est stricte necessarium, non cadit sub potestate parentum; 4) id, quod prolibus obligationem totam per vitam duraturam introducit, non potest fieri a potestate parentum; 5) id,

quod per positivam voluntatem divinam ad prolem pertinet, non subjicit patriae potestati.

2. Limen quoad tempus. Duratio potestatis patriae determinatur a fine suo. Cum haec potestas a natura instituta est ut incapacitas et imbecillitas prolum in agendo a parentibus suppleantur, potestas eousque perdurat quamdiu incapacitas atque imbecillitas habentur. Incapacitas vero et imbecillitas prolum non protrahendae sunt per totam eorum vitam , quia usus rationis evolvitur normaliter juxta progressum aetatis. Terminus, in quo parentum potestas cessare debet, a natura generali modo stabilitus habet tempus, quo prolis, usu rationis satis evoluto, per seipsum vivere et agere sine periculo jam capax est. Usus rationis in aetate puerili et juvenili pedetentim perficitur, et capacitas agendi simul crescit. Crescente capacitate prolis, parentum potestas diminuitur. "Naturaliter impuberes vocantur, qui per aetatem nec de alimentis sibimet prospicere, neque suas ipsi actiones ad vitae conservationem, perfectionem ac beatitatem regere satis possunt: naturaliter minores, quidem se, actionesque suas regere, non tamen providere sibi de alimentis, vel bona sua ac res curare, recte administrare norunt. Qui vero, ut suo judicio, utrumque agant, satis idonei sunt, censentur naturaliter majores; eoque tempore liberi veluti emancipantur, seu e parentali potestate dimittuntur."[13]

Jus positivum humanum terminum et gradus a naturali lege vago modo constitutos praescriptionibus concretis stabilit et generatim dividit aetatem prolis in infantiam, minoritatem et mojoritatem. In aetate infantili potestas patria est completa; in aetate minori patria potestas exercetur cum limitatione; celebrata majoritate, potestas parentum cessat. Jus canonicum propriam normam de aetate, innixo principio naturali, constituit et dividit aetatem in minorem et majorem; minorem iterum in puberem et impuberem; impuberem iterum in infantilem et impuberem simpliciter. (can. 88) Potestas patria juridice terminatur in die quo prolis majorem aetatem compleverit, quia

---

(13) J.A. Zallinger, Institutiones J.N. et E. Romae 1832; L.II, c.III, n.I.

persona major plenum suorum jurium exercitium habet. (can. 89.)

IV. Subjectum potestatis patriae

Potestas patria naturalii jure competit patri et matri. Cum fundamentum hujus potestatis remote ponitur in generatione prolis, proxime in officiis sustentationis et educationis, pater et mater naturaliter tum ad generationem cum ad sustentationem · educationemque prolis insimul concurrunt. Ideoque naturale est admittere potestatem patriam residere in utroque parenti. Tamen negari etiam non debet quod pater naturali dispositione suffultus, magnum pondus in sustentationis ac educationis praestatione habet, et potestati maritali auctus superior est in exercitio potestatis patriae quam mater. Exercitium igitur hujus potestatis magnopere est apud patrem.

Codex juris canonici quando mentionem facit de potestate patria, utitur termino "parentes" et distinctionem non facit de patre et matre (can. 860, 1335, 1456, 1684). Inde codex supponit potestatem patriam utrique parenti competere. Tamen ex hoc concludi non licet, quod codex etiam admittit differentiam non dari inter patrem et matrem in exercitiis hujus potestatis, quia primo codex superioritatem mariti asserit (can. 93) et secundo quia haec est doctrina traditionalis Ecclesiae. Benedictus XIV PP. in litteris encyclicis "Probe" (15 Dec. 1751) clare docet: "etenim potestas patria, ut dictum superius, in patre non autem in matre consistit. En, inquam, casum, ubi posita in altera trutinae lance tum patria naturali potestate, quam pater filium generando acquirit, tum etiam illa, quae eidem tanta amplitudine a jure civili attributa est, ex altera vero parte posita dumtaxat aliqua illa potestate quam mater ex naturae lege in filii generatione acquirit sine alio quopiam juris civilis praesidio; haec trutinae pars alteri praevalet, propter illud ponderis, quod ex favore religionis eidem accedit. (in offerendo prolem ad baptismum.)"[14]

---

(14)Benedictus XIV, Litter. encye. "Probe", (Card. P. Gasparri, Fontes J.C. Romae 1928; vol.II, p.349)

Sed istud exercitium potestatis patriae practice videtur sequi debet praescriptiones juris civilis, quia jus canonicum proprias leges non constituit, servata aequitate canonica.

Scholion I. Differentia inter potestatem patriam et potestatem patrifamilias

Potestas patrisfamilias per identitatem personae exercentis vel per dispositionem juridicam saepe cum potestate patria conjungitur; sed hae duae non sunt confundendae. Nam potestas patrisfamilias subjective residet in capite familiae et exercetur in ea omnia quae ad ordinem familialem pertinent. Finis igitur hujus potestatis et consequenter ambitus ejus magis patet quam potestas patria. Postea hae duae potestates de natura sua etiam differunt, nam potestas patrisfamilias in suo exercitio non tangit capacitatem agendi menbrorum familiae nisi in quantum requiritur ab ordine communi familiae; potestas patria e contra tangit semper capacitatem prolis. Idcirco prolis major non manet sub potestate patria, sed remanere sub potestate patrisfamilias patris potest.

Scholion II. Differentia inter potestatem patriam et tutelem simplicem

Tutela [15] a Severio Sulpicio romano jurisconsulto (+ a.43.a.Ch.) definiebatur: "tutela est jus ac potestas in capite libero ad tuendum eum(eamve) qui(eave) propter aetatem (vel sexum) se defendere nequit, jure civili data ac permissa." (Fr.1.Dig.XXVI, I; Inst.I, I,13,1.) -In jure romano tutela distinguebatur in duas species: tutela impuberum et mulierum; haec posterior in decursu temporis evannescit. Tutor impuberi datur quando iste paterna defensione non habet." In jure romano praecipua jura, seu potius officia (tutoris) tria sunt: jus et officium curandi personam pupilli, vigilandi scilicet super educa-

---

(15) Gommarus Michiels, Principia de personis in Ecclesia, 1932; p.41.
   Phillipus Maroto, Institutiones J.C. Romae, ed. III.; p.509 sq.

tionem eique praestando alimenta; jus et officium administrandi pupilli patrimonium, ita ut patrimonium ejus integre servetur et pro posse augeatur; praecipuo vero jus et officium interveniendi in negotiis pupilli, vel negotium per seipsum sine ulla pupilli compartici- patione gerendo vel diminutam pupilli capacitatem seu cooperatione integrando vel auctoritatem solemniter, juxta formas praescriptas, interponendo."[16]

Aliud institutum juridicum simile tutelae in jure romano erat cura, quae adiventa est ad succurrendum illis qui aetate immaturi nec potes- tati patriae vel tutelae subjecti sunt. In principio differentiae habeban- tur inter tutelam et curam, sed in jure hodierno discrimen generatim non amplius datur. Jus canonicum tam tutelam quam curam admittit et in effectibus juridicis eodem modo eas considerat. (can. 860, 1335, 1456, 1648.)

Sed tutela simplex differens habenda est a potestate patria. Tutor minoribus a lege datur ad supplendum defectum parentum eorumque locum tenet; tamen tutor in potestate parentibus non aequiparatur. Potestas tutelae differt a potestate patria in origine, quia potestas patria datur a naturae lege, ideoque ipsa non dependet a positivo jure humano neque ab eo absorberi vel extinqui potest. Potestas autem tute- lae a lege civili vel ecclesiastica datur, et sic a lege positiva humana tam quoad exsistentiam quam quoad amplitudinem dependet. Exinde hae duae potestates differunt etiam in natura; etenim parentes in proles potestatem exercent, innixo titulo innato; tutor auctoritatem in pupil- lum exercet propter titulum adventicium. Propterea ait clarissimus Ojetti: "Patria potestas difert a tutela origine, natura, extensione. Orig- ine quidem, quia patria potestas a natura est, tutela ab ordinatione juridica. Quare pater repraesentat et defendit filium potestate, quam ei natura confert et lex recognoscit; tutor hoc idem praestat, non potes- tate quadam congenita aut sibi inhaerente, sed potestate ei jure vel homine concessa. Hic defensio seu tutela filii in patre est functio

---

(16) Gommarus Michiels, Principia de personis in Ecclesia, 1932; p.42.

quaedam seu modus patriae potestatis, quo se ipsa explicat et actuat; in tutore est exercitium mandati sibi commissi. Quare una ab altera natura et essentia ipsa sua discriminantur. Sed differunt quoque extensione. Nam potestas patria, quae tutelam complectitur, sed ea non exhauritur, non solum repraesentat filium eumque defendit, verum multas habet praerogatives quae ad tutorem non spectant."[17]

Jus canonicum saepe tutorem simul cum parentibus considerat in officiis et juribus (can. 860, 1335, ...), sed in aliquibus casibus nominat tantummodo parentes non vero tutores, v.g. can. 1034 542 n.2, In can. 1034 jus considerat consensum parentum ad liceitatem matrimonii prolis et in can. 542, n.2. obligationem parentum et prolum in mutua sustentatione. Hae duo tutoribus non competunt. Etenim parentes versus proles proprias praeter officium et jus sustentationis et educationis communionem sanguinis habent, quae plura praerogativa eis confert.

---

(17) Ojetti S.J., Commentarium in Codicem J.C., Romae 1928, L.II, p.28.

Caput II
Effectus Juridici Potestatis Patriae
In Jure Canonico

Articulus I. Effectus juridici potestatis patriae in jure canonico in gnere.

Potestas patria a jure naturali condita et a jure positivo humano recognita est institutum juridicum quod non paucos nec leves effectus secumfert. Qui effectus in persona potestatem habenti scilicet parentibus sunt complexus jurium et in persona in quam potestas haec exercetur sunt complexus obligationum. Causa fundamentalis horum effectuum in speciali subjectione voluntatis prolis consistit. Etenim pro actu humano requiritur voluntas libera et conscia, quae supponit et usum rationis et debitam rei cognitionem; prolis vero infans suam voluntatem non exercet propter defectum usum rationis; prolis minor, licet progressu aetatis, suam voluntatem exercere valet satis libere, sed propter defectum cognitionis insidiis deceptionibusque semper exposita est. Auctor igitur naturae in subsidium ac supplementum impotentiae tenerae aetatis instituit potestatem patriam, ut prolis vel per voluntatem parentum vel dependenter ab ea agere valeant. Ex hac speciali subjectione effectus in jure nascuntur.

Consideremus hos effectus sub duobus respectibus i.d. quatenus sunt jura in parentibus et quatenus sunt obligationes in prolibus. Primus respectus a nobis tractabitur in articulo de effectibus juridicis potestatis patriae in genere et secundus respectus in articulo de incapacitate prolis in agendo.

Effectus juridici potestatis patriae in genere, quatenus sunt jura parentum in prolem, considerari possunt quoad personam prolis, quoad actus juridicos et quoad bona.

I. Persona prolis subjicit potestati patriae

Quaecumque subjectio semper facit ut persona subdita a potestate superioris dependeat. Dependentia vero potest esse dupliciter: scilicet vel quoad materias determinatas, vel totaliter, salvis salvandis de jure naturali. Persona prolis est totaliter sub dependentia parentum, quia tota persona commissa est curae eorum; ideoque persona prolis non est sui juris sed est sub potestate parentum.

Parentes in personam prolis primo jus inspectionis seu vigilantiae et jus castigationis exercent, secundo caetera jura juxta determinationes juris civilis, vel eccesiastici. In jure canonico jus parentum in personam prolis habetur in determinatione loci domicilii prolis (can. 93.), in irritatione voti, (can. 1312.) et aliquomodo in baptismo prolis.

Jus hoc parentum non autem est extendenda ad statum vitae prolis, qui de jure naturali unice a proli dependet. Prohibitio de interventione parentum in electionem status vitae prolis clare annuntiatur in can. 2352.)

II. Actus juridici prolis dependent a potestate patria

Ad valide actus juridicos ponendos necessaria est capacitas agendi. Capacitas agendi est vel naturalis vel juridica, sed hae duae non semper identificantur. Proles infans est naturaliter incapax; proles minor normaliter habet capacitatem naturalem agendi, non autem capacitatem juridicam. In actibus juridicis prolis parentes igitur diversis modis interveniunt: vel ipsi agunt nomine prolis idest gestiunt negotium prolis, vel sua cooperatione diminutam prolis capacitatem integrant, vel suam auctoritatem interponunt. Ex his interventibus parentum deduci potest quod a) parentes in agendo prolem repraesentant, b) validitas actus prolis generatim a potestate patria dependet, c) liceitas actus prolis semper a voluntate parentum dependet nisi parentes in casu irrationabiliter processerint.

Jus canonicum incapacitatem prolis minoris in exercitiis suorum jurium statuit can. 89, in causis juricialibus (can. 1648) in contractibus ad normam juris civilis respectivae nationis (can. 1529.)

Porro omnes actus prolis juridici, qui de jure naturali vel jure divino positivo exempti sunt a potestate patria, valide a prolibus independenter a voluntate parentum ponuntur. Sunt etiam actus, qui ex concessione juris positivi ecclesiastici vel civilis sunt in facultate prolis, ab ipsis valide exercentur.

III. Bona prolis sunt in potestate parentum

Parentes in bona prolis minoris ordinarie duas species jurium habent, scilicet jus administrandi et usufruendi. Administratio bonorum prolis minoris naturaliter pertinet ad parentes, quia parentes uti tutores naturales prolis, bona ejus conservare atque pro posse acrescere tenentur. Usufructus ad parentes rationaoiliter etiam pertinet, nam parentes, onus sutentationis prolis suportantes, de bonis prolis aliquid emolumenti capare certe valet. "Quoniam bona fortunae ad conservationem perfectionemque vitae suo modo necessaria sunt, ac liberorum jura quoad ipsi per aetatem possint, parentes exercent, ipsi suo judicio, acceptatione, quae ad acquirendum dominium necessaria est, liberorum consensum supplere posse ac debere. Quod ipsa aetas tenera suo libere acquirit, perexiguum est fere, nec ad educationis sumptus sufficiens. Ipsa acquirendi facultas parentibus in acceptis ferenda est. Idcirco aequum est ducunt auctores quidam ut parentes istiusmodi bona, liberorum industria aut felici eventu facta tanquam primos educationis effectus degustent. Siquidem donatione, vel testamento etc. liberis detigit, par aequitas postulet, ut usufructus istiusmodi bonorum parentibus concedatur ad levandas educationis molestias..."[1]

Circa bona prolis jus canonicum proprias praescriptiones non condidit, sed justas leges civiles uniuscujusque nationis recognoscit. De bonis vero personae religiosae codex juris canonici aliquas speciales leges habet. Jus canonicum interdicit novitio quominus ipse decursu novitiatus tempore renuntiationem vel cessionem de suis

---

(1) J.A. Zallinger, Institutiones J.N. et E. Romae 1832; L.II, c.III, n.186.

bonis faciat (can. 568.); obligat professum de professione simplici ad cedendam administrationem suorum bonorum quocumque siout ipse vult et ad disponendum usufructum (can. 569.); praecipit ut religiosus ante professionem solemnem bona sua renuntiare (can. 581.); disponit ut omnia bona quae religiosus regularis quoque modo acquirit, ad religionem vel Sanctam Sedem pertineant. (can. 582.) In his omnibus canonibus mentio de potestate patria non fit; difficultas non habetur, quando persona religiosa est jam major, tunc praescriptiones canonicae expedite mandantur in executionem; sed difficultas exsurgit, quando persona religiosa est adhuc minor. Etenim codex praecipit ut novitius ante professionem votorum simplicium sive temporariorum sive perpetuorum ad totum tempus quo simplicibus votis adstingetur, bonorum suorum administrationem cedere debeat cui maluerit et nisi constitutiones aliud ferant, de eorumdem usu et usufructu libere disponat. Nunc vero quaeritur utrum jus canonicum in can. 569 consideret tantummodo novitium, qui administrationem bonorum per seipsum exercebat, vel etiam novitium cujus bonorum administratio juxta jus civile est penes parentes. Sensus citati canonis per se est generalis quia jus non facit hanc distinctionem; attamen ad sensum verbi "cedere" videtur jus loqui tantummodo de novitio administrationem in se tenenti. Ratio est quia verbum "cedere" significat officium quod aliquis antea in se habebat, nunc altero tradere. Postea spiritus legis etiam hanc interpretationem suadet, nam lex praescriptionem de cessione administrationis statuit ad praecavendas dissipationes religionsi professi, nunc vero novitius per se non habet hanc curam, idcirco ad cessinem non tenetur. Nihilominus cessio semper facienda est si novitius bona habet, quia decursu temporis professionis ipse major fieri potest. Idem dicendum de usufructu esse videtur; cum jus canonicum parentes non privavit jure percipiendi usufructum de bonis prolis minoris. Prolis igitur novitius potest libere disponere de usufructu suorum bonorum, quando ipse major factus est. Dipositio ergo prolis minoris novitii de cessione administrationis et de usufructu fit ante professionem votorum simplicium, sed valere incipit quando ipse novitius major juxta praescriptionem juridicam nuncupatur.

Obstant huic interpretationi difficultates quarum praecipuae sunt duae. Prima difficultas consistit in hoc quod prolis minor cum ingressu in religionem sese subtraxit a potestate parentum et submissit superioribus religiosis; ita etiam ejus bona non amplius remanent sub administratione parentum; propterea ipse potest libere de eis disponere. Secunda difficultas est haec, quae videt quandam execeptionem de incapacitate agendi a jure canonico prolibus minoribus concessam ad disponenda sua bona; nam legislator conscius est de facto quod novitius saepe minor est, et nohilominus statuit cessionem et dispositionem esse faciendam a novitio; manifestum ergo est quod legislator indulsit novitio minori capacitatem agendi. Si vero jus concesit capacitatem agendi novitio minori, sine dubio jus recognoscit liberam dispositionem bonorum ad novitium pertinere.

Ad primam difficultatem responsio dari potest talis. Prolis minor quando factus est religiosus, tempore remanentiae in religione est quidem subtracta a potestate parentum, sed non ipso facto ingressus in religionem emancipatur, quia, si professio non est secuta, prolis minor domum reversa iterum sub potestate patria manere debet. Et in jure canonico non habetur dipositio quae parentes obligat ad tradenda bona proli in momento ingressus religionis. Propterea parentes jus ad bona prolis religionsi adhuc retinent usquedum jus eorum secundum legis praescriptionem cessare debeat.

Ad secundam difficultatem potest respondere ita: Exceptio de incapacitate agendi minori novitio concessa ad disponenda bona non est clara, quae admittenda est si sensus juris ita urgit. Sed si interpretatio hujus canonis fit uti supra exposita, jam non adest ista urgentia. Ergo difficultas non sustinetur.

Articulus II. De incapacitate agendi prolis minoris

Effectus juridici potestatis patriae in parte prolis sunt obligationes quarum una pars dependet a bona voluntate prolis in sua adimpletione uti obedientia, altera autem pars non dependet a voluntate prolis in sua executione uti incapacitas agendi. Incapacitas agendi prolem minorem obligat ut ipsa acuts juridicos non ponat; haec dipositio juris, prole sive volente sive nolente, semper verificatur, quia inhibitio a jure independenter statuta est. Inhibitio vero haec non est statuta in poenam sed in defensionem prolis. Etenim proles tum infantes cum minores in suis actibus defensione contra deceptiones indigent.

Incapacitas agendi consistit in hoc quod unus juridice invalide ponit actus ipsos de quibus jus incapacitatem statuit; quae incapacitas ergo non est incapacitas naturalis sed juridica. Ponere vero aliquem actum juridicum est exercitium alicujus juris, nam quis actum ponit, ad quem ipse jus habet; incapacitas ponendi actus juridicos aequivalet incapacitati exercendi jura sua.

Codex juris canonici in canone 89 ita statuit: "Persona major plenum habet suorum jurium exercitium; minor in exercitio suorum jurium potestati parentum vel tutorum obnoxia manet, iis exceptis in quibus jus minores a patria potestate exemptos habet." Idcirco persona minor incapax agendi habenda est.

Incapacitas agendi non tangit personalitatem juridicam prolis, quia persona juridica dicit subjectum capax jurium et obligationum et haec est persona prolis minoris; incapacitas agendi agit tantummodo de exercitiis jurium. Quis potest in se habere plura jura sed ea potestatem exercendi non habet. Quando agitur de incapacitate agendi prolis minoris, suponitur adesse jura in prole minori.

Incapacitas haec agendi consonans est rationi naturali et habetur in bonum prolis minoris ipsius. Nam actus juridicus legitime positus firmitatem habet neque semper est rescindibilis. Nunc vero persona minor ob suam ignorantiam facile decipi potest; si autem ipsa sola valide ageret, deceptiones immunerabiles cum gravi detrimento pati debet. Propterea natura ei parentes in tutorem posuit, ut ipsi proles minores protegerent. Protectio autem in agendo non habetur nisi parentes in negotiis prolis intervenire possunt et debent.

Canon 89 non quidem directe statuit incapacitatem agendi minoris, quia canon dicit subjectionem minoris potestati patriae in exercitiis jurium suorum; sed quia haec subjectio prolis significat quod proles, quatenus non est persona sui juris, in exercitiis jurium suorum dependet a potestate patria, quae potest et debet intervenire in negitiis prolis minoris ad coordinandam atque integrandam ejus capacitatem; idcirco in canone citato directe dicitur subjectio prolis potestati parentum in agendo, indirecte dicitur quod proles minor per seipsam solam non valide exercet sua jura. Hoc est incapacitas agendi.

Quaestio tamen fit apud auctores, utrum jus canonicum in hoc canone loquatur tantum de incapacitate juris canonici an etiam de incapacitate juris divini.[2]

Sed nobis videtur in textu praedicti canonis agi tantummodo de incapacitate juris canonici, non vero de juris divini sive naturalis sive positivi incapacitate.

Verum est quod in citato canone agitur de subjectione prolis potestati patriae in exercendis juribus suis, et etiam est verum quod subjectio haec prolis universalis habetur in exercitiis omnium jurium prolis nisi jus exceptionem statuit. Attamen, sicut notavimus, in supra dicto canone agitur etiam de incapacitate juridica agendi prolis et haec incapacitas in citato canone non est extendenda ad jus divinum.

Ratio est quia jus canonicum in citato canone non vult statuere illud principium quod a omnibus admissum dicit subjectionem prolis potestati patriae in exercendis juribus suis sed intendit ad statuendum illud principium quod praescribit prolem independenter a potestate patria invalide agit in Ecclesia, nisi in iis in quibus jus ecclesiae

---

(2) P. Gillet, -De exemptione a patria potestate; Ephemerides theoligicae Lovanienses, Octob. 1934, p.784 sq.

"Jus, ait Gillet, in praedicto canone, divinum quoque intelligendum esse putat Blat... Plerique tamen, cum Vermeersch (Vermeersch-Creusen, Epitome J.C. t.I, 5. ed. n.209; Michiels, Principia...de personis, p.45; M.C.A Coronata, Institutiones J.C.I. n.120; S.d'Andelo, Jus digestum, t. I. Romae 1927, n. 398; Claeys-Bounaert et Simeon, Manuale J.C., I, 3a ed. n. 239.) jsu de quo in isto canone esse unice jus canonicum...Latius ejus objectum patet, nam versatur circa subjectionem minorum erga parentes et tutores in exercendis juribus suis, non execlusis per se, quae a jure divino quoque proveniunt. Proinde et ipsum jus, quod juxta intentum canonis subjectionem et correlativas exemptiones regit, divinum quoque esse, naturale aut positivum, cum Blat pro certo habemus. Ceterum restrictionem sensus verbi juris in canone 89 textus non exigit neque explicite neque implicite, ex materia, scilicet circa quam disponit..."

excepotiones statuerit. Hoc probatur ex hoc, quod incapacitas juris divini et incapacitas juris canoici non confendendae sunt, quinimo in unico principio generali annuntiari non possunt, quia non sunt omnino adaequatae. Dantur enim plures casus, in quibus proles secundum jus divinum naturale capax habetur ad agendum, sed secundum jus canonicum est incapax, v.g. in contractibus. Pro contractibus contrahendis jus canonicum leges civiles loci, in quo contractus fit, recipit (can. 1592.); in legibus civilibus proles minor ad contrahendum contractum generatim incapax habetur, ita ipsa incapax etiam habenda est in jure canonico. Attamen proles minor secundum jus naturale ad faciendum contractum capax est, quia in jure naturali pro contracto faciendo nihil aliud exigit quam usum rationis et voluntatem contrahendi; quae duo requisita in minore dari possunt. Ergo quando jus canonicum dicit quod aliquis juxta propriam praescriptionem valide vel invalide agat, hoc intelligitur de incapacitate vel capacitate juris canonici, non vero juris divini.

Postea assertio nostra etiam probari potest ex hoc, quod in citato canone agitur de subjectione universali prolis potestati parentum in exercendis suis juribus et consequenter de unviersali incapacitate agendi prolis, Haec universalis incapacitas non tollitur nisi in casibus particularibus per exceptionem a jure factam. Exceptio autem dicitur actus legislatoris quo aliquis per se subditus in aliqua lege, ab ea eximitur. Nunc vero haec universalis incapacitas agendi prolis non potest intelligi de jure naturali divino nec de jure divino positivo; ergo intelligi debet de jure canonico. Nam potestas patria secundum jus naturale non sese extendit ad omnes actus prolis; proles enim per seipsam valide exercet jus ad vitam et ad electionem status vitae. Haec exercitia jurium non sunt exceptiones a jure naturali factae, sed sunt de natura sua extra potestatem parentum. Idcirco in jure naturali non datur universalis incapacitas agendi prolis. Idem evenit in jure divino positivo; jus ad baptismum, jus ad receptionem sacramentorum, jus ad vitam religiosam vel clericalem a prole minori independenter a patria potestate exerceri possunt et debent. Exercitia horum jurium etiam non sunt habenda uti exceptiones, quia haec jura de natura sua sunt extra parentum potestatem. Itaque incapacitas universaliter annuntiata in canone 89 est de jure canonica. Attamen attentio facienda est de hac expresione; non est intelligendum quod jus canenicum contra jus divinum statueret universalem incapacitatem agendi prolis; sed intelligendum est quod jus canonicum incapacitatem universalem agendi prolis statuit in exercitiis illorum jurium quae secundum jus divinum sive naturale sive positivum non sunt extra parentum potestatem et convenienter a prole exercentur sub dependentia patriae potestatis; v.g. jus ad faciendum contractum non est extra patriam potestatem et si absolute loquendo valide a prole minore exercetur sed magis convenienter exercetur sub dependentia ad parentes.

Interpretatio nostra confirmatur etiam ex hoc, quod jus canonicum quando exceptionem de incapacitate agendi minorum statuit, agit semper de incapacitate J.C. et consequenter jus concedit capacitatem juridicam ecclesiascticam minoribus. Casus sunt electio sepulturae (can. 1223), acquisitio quasi-domicilii (can. 93), jus agendi in causis spiritualibus (can. 1648) et facultas testamentum faciendi (can. 1513).

Auctores, qui loquuntur de incapacitate agendi minorum, sermonem semper faciunt de exceptionibus sive explicitis sive implicitis. De fundamento vero harum exceptionum auctores non omnino conveniunt et etiam in terminis adhibendis inter sediscrepant.[3]

---

(3) P. Gillet, -De Xemptione a patria potestate; Ephemerides theologicae Lovanienses, Octob. 1934, p.785.

"Fundamentum harum exemptionum (implicitarum), ait Gillet, idem omnes non ponunt. Apud Vemeersch "canonica...exceptio potest ...indirecte colligi ex canonibus, qui, tum inter conditiones in clericis requisitas, certam quidem aetatem, non vero consensum parentum aut tutorum ponunt, canditatos a potestate parentum tacite immunes habent ...Michiels rem ita explicat "Nil fallimur, juxta principia juris generalia, exemptio tacita, tanquam conclusio in principio, effectus in causa, pars in toto, species in genere, conditio sine qua non" quod accidit v.g. in electione status clericalis:....Implicitam habet exemptionem a patria potestate diceremus, quotiescumque jus implicite non tantum non requirit, sed excludit necessitatem interventus hujus potestatis; Quod duplici in casu fieri potest: 1) quoties exercitium juris ex parte minorum non est mere liberum, sed alicui obligationi respondet... 2) Quoties idoneitas ad valide et licite exercendum aliquod jus unice dependet a decisione auctoritatis ecclesiasticae..."

Nobis autem magis placet loqui de exceptione vel exemptione proprie dicta et exceptione improprie dicta. Exceptio proprie dicta est ea exceptio, quae statuitur a jure canonico et habetur explicite in codice; exceptio improprie dicta est exceptio quae a jure canonico supponitur, non vero constituitur, quia in casu minor non dependet a patria potestate. Etenim potestas parentum in suo determinato ambitu non comprehendit omnes actus prolis; sic in actibus qui sunt de natura sua extra potestatem parentum, proles minor capax habetur ad agendum et haec capacitas a jure positivo humano supponi debet.

Dici potest quod exceptio directa vel explicita, quae ab auctoribus proponitur, correspondet exceptioni proprie dictae et exceptio indirecta vel implicita correspondet exceptioni improprie dictae.

I. Exceptiones proprie dictae. Capacitas agendi canonica est capacitas concessa a jure canonico ut quis valide agere possit secundum jus canonicum. Proles minor in genere ad normam juris canonici non habet capacitatem agendi, sed in diversis casibus jus canonicum capacitatem minori concedit.

1. Canon 1260 dicit: "Ecclesiae ministri in cultu exercendo unice a Superioribus eccelsiasticis dependere debent." Exercitium cultus a Christo domino Ecclesiae unice commissum est et propterea solummodo ab auctoritate ecclesiastica dependet. Validitas autem horum exercitiorum non unice ab auctoritate ecclessastica dependet, quia exercitia ordinis ad conficienda sacramenta valide procedunt si omnia requisita juris divini positivi adfuerint. In iis vero quae ab auctoritate ecclesiastica dependent, validitas actus a jure ecclesiastico conceditur. In cnaone 1260 prinpium generale statuitur: proles, quamvis minor, in exercendo cultu divino potestati patriae non subjicitur.

2. In can. 542 et can. 572 conditiones ad validitatem novitiatus et professionis religiosae statuuntur, sine mentione de consensu parentum. Proles igitur, servatis conditionibus a jure requisitis, sine consensu parentum, vel imo contra eorum voluntatem, valide admittitur ad novitiatum et valide profitetur. Validitas novitiatus et professionis unice a jure canonico dependet, quia, licet electio status vitae reli-

giosae non subdit potestati ecclesiasticae sed'novitiatus et professio sunt instituta ecclesiastica.

3. Principium generale affirmat incapacitatem minorum acquirendi domicilium sed exceptio a jure data est: "minor infantia exgressus, potest quasi-domicilium proprium obtinere." (can. 93, parag. 2.) Acquisitio quasi-domicilii est actus juridicus.

4. Canon 1223 statuit: "omnibus licet, nisi expresse jure prohibeantur, eligere ecclesiam sui funeris aut coemeterium suae sepultuae. Uxor et filii puberes in hac electione prorsus immunes sunt a maritali vel patria potestate". Proles igiutr minor sed puber sibi ecclesiam funeris et coemeterium suae sepulturae sine consensu parentum eligere valet et electio ejus a parentibus in exsecutionem mandari debet. Proles vero minor impuber electionem facit per parentes.

5. Jus civile generatim non concedit facultatem testamentum conficiendi prolibus minoribus sine consensu parentum; jus canonicum in casibus ordinarie jus civile in hac materia uti in contractibus recepit, sed in casibus in favorem causae piae minori proli capacitatem testamentum faciendi indulsit: "Qui ex jure naturae et ecclesiastico libere valet de suis bonis statuere, potest ad causas pias, sive per actum inter. vivos, sive per actum mortis causa, bona relinquere." (can. 1513, parag.1.) Requisita juris naturalis ad faciendum testamentum sunt duo: jus in rem de qua testamentum faciendum est et voluntas libera. Itaque proles minor sine consensu parentum testamentum de bonis relinquendis ad causas pias valide concere potest.

6. "Pro minoribus et iis qui rationis usu destituti sunt, agere et respondere tenentur eorum parentes vel tutores vel curatores." (can. 1648) Incapacitas agendi minorum in judicio clare statuitur; tamen in paragrapho tertio hujus canonis exceptio constituitur: "Sed in causis spiritualibus et cum spiritualibus connexis, si minores usum rationis assecuti sint, agere et respondere queunt sine patris vel tutoris consensu; et quidem si aetatem quattordecim annorum expleverint, etiam per seipsos; secus per tutorem ab Ordinario datum, vel etiam per procuratorem a se, Ordinarii auctoritate, constitutum."

Causa spiritualis est ea quae contendit de re vel jure spirituali. Res vel jus spiritualis dicitur, quando res vel jus ordinatur ad finem spiritualem. Causa connexa cum spiritualibus habetur, cum in causa contendit de re vel jure cum spiritualibus connexa. Res cum spiritualibus connexa tripliciter laberi potest: primo modo res antecedenter connecititur cum spirituali, scilicet res ante spirituale exsistebat et postea res spiritualis ad eam accedit, v.g. calix, quae praeexsistit uti res profana et post consacrationem res spiritualis fit; secundo modo res consequenter connectitur cum spiritualibus, scilicet res materialis exsistit ob rem spiritualem sicut in beneficio adsunt officium sacrum et jus ad reditum percipiendum, jus hoc habetur ob officium sacrum; tertio modo res profana vel materialis concomitanter connectitur cum spiritualibus et ab eis separari potest, sicut labor in sacris functionibus extraordinarie gravis.

II. Exceptiones improprie dictae. Sunt exercitia jurium quae vel de jure naturali vel de jure divino positivo habentur extra paternam auctoritatem.

1. Capacitas agendi minoris de jure naturali et supposita in jure canonico. De jure naturali proles in electione status vitae et in necessariis ad vitam non sunt subjectae potestati patriae. Ideoque ipsae in his actionibus semper capaces sunt, expletis requisitis juris naturalis. Jus canonicum hanc capacitatem supponit in can. 542, 968 et 1035. Attamen status religiosus et clericalis ac matrimonium per voluntatem Christi ab auctoritate ecclesiastica dependere debent; propterea Ecclesia capacitatem naturalem uniuscujusque negare quidem non potest sed conditiones huic capacitati ponere valet, quae conditones aliquando capacitatem impedire possunt.

2. Capacitas agendi minoris de jure divino positivo et supposita a jure canonico. De jure divino psoitivo proles relate ad sacramenta et sacramentaria et ad exercitia cultus sacri non dependent a potestate patria: ex alia parte validitas sacramentorum et actus ordinis sacri non est sub potestate ecclesiastica. Isti igitur actus sive circa sacramenta sive circa exercitia ordinis sacri substantialiter reguntur a jure divino

positivo; eorum conditiones accessoriae sunt in potestate ecclesiastica. Receptio baptismi non exigit consensum parentum ad validitatem
et pro mimoribus usu rationi gaudentibus sufficit ut fine propria voluntas baptismum petat. "Adulti autem censentur, qui rationis usu fruntur
idemque satis est ut suo quisque animi motu baptismum petat et ad
illum admittatur." (can. 745, parag.2.) Inter conditiones requisitas ad
valide recipiendum ordinem sacrum non enumeratur consensus parentum. "Sacram ordinationem valide recipit solus vir baptizatus; licite
autem, qui ad normam sacrorum canonum debitis qualitatibus, judicio
proprii Ordinarii, praeditus sit, neque ulla detineatur irregularitate
aliove impedimento." (can. 968, parag.1.)

Caput III

De Exercitio Potestatis Patriae In Jure Canonico

Articulus I. Potestas patria relate ad baptismum prolis

Praenotanda:

Jus canonicum omnes leges Ecclesiae non comprehendit, supponit namque leges divinae sive naturales sive positivas et clare admittit exsistentiam aliarum ecclesiasticarum legum. (can.1, 2, 3). In jure naturali et divino positivo exsistentia potestatis patriae sine ambiquitate invenitur; in jure canonico systema proprium de potestate patria non datur, sed in casibus particularibus, postulata necessitate, praescriptiones opportunae stabiliuntur.

Potestas patria non eandem positionem tenet in jure canonico ac in jure civili; nam potestas parentibus a natura collata, ordinem naturalem non egreditur et circa objecta naturalia directe exercetur. Jus civile secundum naturam societatis civilis legiferat in rebus civilibus, inter quas potestas patria nuncupatur. Cumque societas civilis natura sua posterior est societati familiali, auctoritas familialis ab auctoritate civili totaliter absorberi non potest et in jure civili determinationes circa exercitia tantum recipit. Societas Ecclesiae essentialiter est in ordine supernaturali et est exclusive competens circa objecta supernaturalia. Itaque parentes sibi potestatem arrogare nequeunt ad disponenda jura prolis supernaturalia, cum ipsi et liberi sui in facie Ecclesiae circa jura supernaturalia pares sunt. Attamen ordo supernaturalis non est ad destructionem ordinis naturalis sed ad ejus perfectionem; idcirco Ecclesia potestatem, patriam non abnegavit, multoque minus damnavit, eam vero intra limites debitas quoad jura spiritualia etiam admisit.

Jus canonicum in rebus civilibus (de effectibus civilibus) quatenus eae influxum in jure canonico habere possunt, normas a jure civili praescriptas de potestate patria recognoscit, sicut in can. 1529 statuitur: "Quae jus civile interritorio statuit de contractibus tam in genere quam in specie, sive nominatis sive inominatis, et de solutionibus, eadem jure canonico in materia ecclesiastica iisdem cum effectibus serventur, nisi juri divino contraria sint, aut aliud jure canonico caveatur." Vi hujus canonis potestas patria circa contractus prolis eosdem effectus in jure canonico ac in jure civili habet.

De rebus spiritualibus jus canonicum non recognoscit potestatem patriam, nisi quando jus divinum hanc recognitionem exigit, vel quando Ecclesia parentes in suum auxilium advocare voluit.

Praeter res spirituales et civiles vel materiales adsunt res mixtae quae directe tendunt ad duos fines sive de natura sua sive per dispositionem ecclesiasticam. In his rebus jus cononicum adhaerens juri naturali, proprias praescriptiones juridicas circa potestatem, patriam constituit uti de instructione religiosa et de matrimonio.

In sequentibus articulis hujus capitis tractabimus de exercitio potestatis patriae quoad res spirituales vel mixtas.

Primus igitur sit tractatus de potestate patria relate ad baptismum prolis minoris.

Baptismus, sacramentum Novae Legis, homini viatori ingressum theologicum juridicumque ad Ecclesiam a Christo fundatam confert et habet suos effectus theologicos et juridicos. Per baptismum enim homo de regno tenebrarum ad vitam novam transfertur et in menbrum vivum Christi regeneratur; per baptismum homo etiam juridice dat nomen suum societati Ecclesiae et particeps fit juribus et officiis christianorum. Fundator divinae Ecclesiae sacramenta auctoritati et custodiae ecclesiasticae commisit; res igitur sacrae ab auctoritate humana civili non dependent. Potestas patria relate ad baptismum prolum suarum per se partem non habet.

Jus canonicum relate ad baptismum prolis potestaem patriam attendit et aliquam speciem exercitii potestatis parentibus concessit.

I. Consensus parentum relate ad baptismum prolis minoris

Baptismus, janua salutis, omnibus hominibus viatoribus necessarius est necessitate medii; propterea omnes homines viatores jus ad hoc sacramentum recipiendum habent. Proles in infantili aetate incapax agendi, exercitium suorum jurium naturaliter per parentes explicatur; proles minor post adeptum usum rationis jus ad baptismum per seipsam licite et valide exercet. Quaestio de consensu parentum relate ad baptismum prolis minoris fieri tantum potest circa baptismum prolis infantis; minor usu rationis gaudens relate ad bamtismum adulto aequiparatur.

Distinctio in hac quaestione facienda est inter parentes fideles et parentes infideles. Pro baptismo infantis parentum fidelium consensus eorum non facit difficultatem, quia is nec requiritur ad validitatem nec ad liceitatem administrationis baptismi. Nam parentes fideles lege ecclesiastica obligantur ad offerendum infantem ad fontem baptismatis et si aliquando parentes hanc suam obligationem non adimplent, Ecclesia jus habet eorum infantem baptizandi. "Infantes quamprimum baptizentur; et parochi et concinatores frequenter de hac gravi eorum obligatione commoneant." (can. 770)

Tota quaestio est de baptismo infantis infidelium.

1. Jus offerendi prolem ad baptiamum

Parentes infideles relate ad suum infantem jus habent eum offrendi ad baptismum. In regione missionum non desunt illi liberales qui asserunt jus offrendi infantem ad baptismum esse abusum potestatis patriae, quia religio importat obligationem pro tota vita, ideoque a parentibus imponi proli infanti nequit. Sed e contra certum est quod parentes infideles jus hoc habent. Benedictus XIV PP. in epistola "Probe" (15 Dec. 1751) disserte locutus est de hoc jure... "Quarto loco Auctores praedicti jus offerendi tutoribus attribuunt, sub quorum cura infantes et impuberes vivunt, cum, pro eo, quod pertinet ad educationem, patria potestas in ipsos transfusa sit..."[1]

Jus offerendi prolem ad baptismum connectitur cum potestate patria, quam quis acquirit vel ex jure naturali vel ex jure civili. De jure civili tutores hoc jus habent, quia ipsi locum parentum tenent; ex jure naturali parentes prolem suam ad fontem baptismalem deferre valent. In termino "parentes" includituntur pater et mater, avus et avia. "Secunda (regula) est, si pater nomen christianae militiae daret, juberetque infantem filium baptizari, eum quidem vel matre hebraea disentiente baptizandum esse, quum filius non sub matris, sed sub patris potestate sit habendus... Tertia est, quamvis mater filios juris sui non habeat, tamen ad Christi fidem, si accidat, et infantem afferrat ad baptizandum, tametsi pater hebraeus reclamet, eum nihilominus aqua baptismatis abluendum esse...Quarta est, quod si pro certo habeatur, parentum voluntatem esse infantium baptismati necessariam, quoniam sub appellatione parentum locum quoque habet avus paternus...Hinc necessario sequitur, ut, si avus paternus catholicam fidem amplexus sit, ac nepotem ferrat ad sacri lavacri fontem, quamvis mortuo jam patre, matre hebraea repugnet, tamen infans sit absque dubio baptizandus..."[2]

"Verum, si casus hic, qui in quaestione versatur, una cum adjunctis circumstantiis consideretur, haud facile quidem demonstrari poterit, ex eo quod aviae oblatio admittatur, vel communem laedi Theologorum sententiam, quam surpa exposuimus, vel violentiis aut dolis aditum aperiri ad hebraeorum infantes, invitis parentibus, baptismati offerendos; tum quia communis Theologorum sententia nihil aliud docet, nisi quod minime licet infantes infidelium, invitis parentibus, baptizare; cumque id nequaquam ulterius procedant ad explicandum, quinam illi sint, qui sub appellatione parentum veniant,

---

(1) Benedictus XIV, Epistola "Probe" parag.13. (cfr. Card. P. Gasparri, Fontes J.C. Romae 1928; vol.II, p.346.)

(2) Benedictus XIV, Epistola "Postremo mense" (28 Feb. 1747.) parag. 15-17. (cfr. Card. P. Gasparri, Fontes J.C., Romae 1928; p.68-70) vol.II.

locum excipit legalis dispositio, quae docet sub appellatione parentum aviam comprehendi... Tum quia hoc in casu non improvisa aliqua vis, aut impetus intercedit, nec talis oblatio fit a persona penitus extranea, cum persona avia sit, quae ad Christi fidem conversa nepotem ad baptismum sponte offerrat..."[3]

In jure hodierno hoc est clarum, quia in canone 750 ubi agitur de baptismo infantis infidelium, codex explicationem termini parentum dat" parentes, idest pater, mater, avus vel avia."

Hoc jus etiam consonans est rationi; etenim, etsi baptismus obligationem pro tota vita imponat baptizato, sed ipse non est comparandus cum electione caeterorum statuum vitae. Electio status vitae per se est libera, quam unusquisque ex libera voluntate facit, cum homo ad unum determinatum statum vitae non est obligatus. Homo vero relate ad baptismum est liber physice loquendo, sed obligationem eum suscipiendi habet; idcirco infans nuper natus hanc obligationem recipiendi baptismum in seipso jam habet et parentes eum ad baptismum defferunt, nihil violentiae ei faciunt, quia adimplent obligationem ad quam infans tenetur. Postea baptismus est summum bonum inter bona hujus vitae; ipsa enim est porta salutis. Nunc vero parentes prolem infantem ad hoc bonum acquirendum faciunt, non potest esse abusio potestatis patriae sed est jus et officium eorum procurandi prolibus bonum possibile.

2. Consensus parentum est necessarius ad licitam administrationem baptismi prolis infantis

Baptismus, sacramentorum janua ac fundamentum, omnibus hominibus hecessarius est, ad quem itaque recipiendum omnes jus ac officium habent. Cumque omnes ad baptismum obligarentur, Ecclesia jus ad omnes baptizandos sibi vindicare potest independeter ab omni

---

(3) Benedictua XIV, Epistola "Probe", parag. 22. (cfr. Card. P. Gasparri, Fontes J.C., Romae 1928; vol.II, p.350.)

humana auctoritate. Attamen quoniam baptismus praeter gratiam regenerationis novum statum baptizatis imponit, qui status longas praeparationes instructionesque exigit, reverentia sacramento debita prohibet quominus baptismus omnibus indiscriminatim administrentur, nisi illis pro quorum praeparatione ac instructione ad vitam religioni concruam certitudo comprobetur. Si quando baptismus, invitis parentibus, infanti infidelium administratus fuerit, parentes animum baptismo hostilem conservantes, de extirpatione effectus baptismi magis intendunt quam de praeparatione instructioneque infantis ad vitam religiose vivendam. Itaque baptismus in his conditionibus administratus in periculo profanationis invenitur; quae profanatio licet non directe committatur contra sacramentum baptismi, semper tamen est contra sanctitatem sacramenti. Idcirco profanatio inquantum possibile est, evitari debet; et propterea baptismus infanti infidelium, invitis parentibus, non administrattur.

S. Thomas aliam rationem addidit: "Alia vero ratio est, quia repugnat justitiae naturali; filius enim naturaliter est aliquid patris...ita de jure naturali est, quod filius antequam habeat usum rationis, sit sub cura patris; unde contra justitiam naturalem esset, si puer, antequam usum rationis habeat, a cura parentum subtrahatur, vel de eo aliquid ordinetur invitis parentibus...Unde de pueris antiquorum parentum dicitur, quod salvati sunt in fide parentum; per quod datur intelligi, quod ad parentes pertinet providere filiis de sua salute, praecipue antequam habeant usum rationis."[4]

Conveniens etiam est conservare pacem in familia in quantum conservatio est possibilis. Nunc vero in una parte administratio baptismi infanti extra periculum mortis non est absolute necessaria, quia infans post usum rationis adeptum baptismum libere poposcere poterit, et in altera parte propter baptismum infantis discordia odiumve inter personas familiae exoriri potest; conveniens igitur

---

(4) S. Thomas, II-II, q.X, a.XII.

apparet differre baptismum. Periculum perturbationis deinde etiam potest esse, si quicumque valide et licite queat prolem alterius ad baptismum offerre et reapse baptizare. Nam ex hoc modo agendi plures abusus nascentur; quis enim propter odium inmicitiamve contra aliquem, sub praetextu religionis filii sui inimici ad fontem baptismalem defferre potest et sic separationem in ejus familia ponere. Ecclessia, quae salutem quidem omnium hominum quaerit, sed bonum societatis etiam providere desiderat, hujus perturbationis causa esse non vult. Consensus igitur parentum infidelium pro baptismo infantis requiritur ad liceitatem administrationis. Veritas haec legibus ecclesianticis jam pluries sancita est.

Ante codicem plures exstabant documenta pontificia, in quibus clare docetur baptismum infantibus infidelium extra periculum mortis illicite administrari et sub poenis aliquando esse prohibitum. "Doctorum opiniones ad Ecclesiae decreta sunt exigendae, non ipsa decreta ad opinantium liberum inflectenda. Proinde quidquid Turnelius aut privati alii senserint firmior hic adest auctoritas posita in Summorum Pontificum Constitutionibus et sacrarum Congregationum decretis quae omnem nunc fidem penitus abrogant ei Opinioni quae isto quaesito suscitari quodamodo videtur quae generatim statuit licere infantes filios infidelium invitis aut insciis parentibus baptizare."[5]

Canon 750 parag.2. "Extra periculum mortis, dummodo catholicae ejus educationi cautum sit, licite baptizatur (infans infidelum): n.1, "Si parentes vel tutores, aut saltem unus eorum consentiat; n.2, "Si parentes, idest pater, mater, avus, avia, vel tutores desint, aut jus in eum amiserint, vel illud exercere nullo pacto queant."

Exceptio igitur datur de requisito consensu parentum ad liceitatem baptismi infantis in periculo mortis. Nam in periculo mortis tunc praevalet bonum prolis potestati patriae et rationes, quae favent

---

(5) Instructio S.C. Propaganda Fide 17 April. 1777; n.VI. (cfr. Collectanea C.C. de Propaganda Fide, vol.I, n.522.

requisitioni consensus non amplius remanebunt; infans enim, morte
secuta, sub potestate parentum non stabit." Infans infidelium, etiam
invitis parentibus, licite baptizatur, cum in eo versatur discrimine, ut
prudenter praevideatur moriturus, antequam usum rationis attingat."
(can. 750 parag.1.)

Periculum de quo in canone agitur habetur si infans invenitur in
conditione quae cum prudenti probabilitate causat mortem; perculum
igitur moraliter ponderandum est neque debet esse imminens, quia
codex dicit: prudenter praevideatur moriturus". Attamen periculum
debet esse particuclare circa ipsum infantem, non vero periculum
commune uti pestis. (instructio S.C. de Propaganda Fide 17 April.
1777, n.VII-VIII.)[6]

Obligatio petendi consensum parentis pro baptismo infantis non
habetur, si "parentes, idest pater, matter, avus, avia, vel tutores
desint, aut jus in eum amiserint, vel illud exercere nullo pacto queant."
(can. 750, parag.2, n.2.) Casus secundum codicem sunt tres quorum
primus est, quando parentes mortui sunt. Defectus tutelae parentum
physice considerandus est, scilicet de facto physico, non facto juridico
uti in casu parentes ignorantur. Secundus casus secundum codicem
est, quando parentes jus in ipsum infantem amiserint, hic casus est
juridicus. Amissio potestatis potest evenire vel per renuntiationem,
vel per privationem, vel per mortem. Casus mortis comtemplatur in
casu primo, hic ergo agitur de amissione potestatis patriae per renuntiationem vel per privationem. Parentes suam potestatem in infantem
proprium possunt renuntiare quando ipsi infantem curae alterius totaliter commisit ut ipsa persona commadataria infantem habeat in suum
filium uti in adoptione. Privatio potestatis patriae parentibus infligitur a publica auctoritate propter delictum ab ipsis commisum; quae
privatio diversis modis haberi possunt vel privatur eis directe potestate in filium vel privatur eis capacitate juridica agendi, propterea redi-
guntur ad personam in agendo incapacem. In canone attenditur priva-

---

(6) uti in nota prima.

tio a potestate civili inflicta, quia inter poenas canonicas ista privatio juris non habetur. Tertius casus sesundum codicem est, quando parentes jus in infantem nullo pacto exercere queunt. Hic casus habetur, si parentes vere non possunt suum jus exercere, non tantummodo propter aliquas illegitimas circumstantias transtorias per aliquot temporis nequeunt jus exercere in infantem; casus habetur, si pater, miles, in longuiqua regione millitat, neque communicatur cum familia, tunc, mortua matre, infans solus remanet sine tutela parentis; habetur etiam casus, si infans illegitimus nec a matre nec a patre recognoscitur.

3. Consensus autem parentum infidelium pro baptismo prolis infantis non requiritur ad validitatem

Validitas alicujus sacramenti non dependet ab jure humano sed a jure divino positivo; declaratio vero juris divini positivi exclusive pertinet ad Ecclesiam, quae in his declarationibus infallibilis est. Si consensus parentum infidelium requiratur ad validitatem baptismi prolis infantis, haec doctrina debet inveniri in documentis pontificiis, quae de validitate sacramentorum explicite agunt. Nunc vero contrarium invenitur, quia in documentis pontificiis adsunt expressae affimationes negandi consensum parentum requiri ad validitatem baptismi prolis. "Ad tertium nunc accedimus, baptismum scilicet hebraeis infantibus impertitum, cum fas non sit, (invitis parentibus) ratumne, an vero irritum haberi debeat. Nulla de hac re inter S. Thomam et Scotum dissensio est, cum non in eam sententiam disputaverint, utrum baptismus hebraeis infantibus sine parentum consensu conferri valide possit, verum an licite...Durandus in 4. sententia disp. 4.quaest. 7.art. 13.contendens irritum baptismum esse sine consensu saltem illius, qui baptizatur, ideo si hoc sacramentum hebraeorum aut infidelium filiis, invitis parentibus, impertitum fuerit, illud esse irritum omnino existimat; ea ratione ductus, quod infantulis non alia, quam parentum voluntas sit, quae si desideretur, omnis deest voluntas, cujus necessitas est sane maxima, baptismum ut validum habeatur. Verum haec Durandi opinio singularis nunquam aut plausum aut existimationem nacta est; quod revera constet baptismum esse ratum, ac validum, quotiescumque baptizantis voluntas cum forma et materia necessaria accedat... Argumenta per se clarissimis, tantorum auctoritate nominum corroboratis alia addere supervacaneum ducimus; quaedam vero Congregationum responsa in medium profferre nullo modo non possumus, inter quae primo loco afferramus illud Congregationis S. Offici, habitae die 30 Martii 1630... Conveniunt aliae quoque ejusdem Congregationis resolutiones, quarum altera emanavit die 23 Dec. 1698, et a Leone in suo Thesauro Fori Ecclesiastici, part. 4.num. 8.cap.4., alia huic similis produccitur in Congregatione Concilii habita in casu Fossani quae tamen cum registro conferri non potuit."[7]

Licet quaestio de validitate baptismi ad theologiam sacramentalem pertinet, tamen in codice juris canonici aliqua enuntiatio doctrinalis non deest, nam in canone 737 requisita ad validitatem baptismi enumerantur: "Baptismus,...valide non confertur, nisi per ablutionem aquae verae et naturalis cum praescripta verborum forma". In hoc paragrapho materia et forma enumerantur uti requisita essentialia ad validitatem baptismi; non vero consensus parentum.

Ratio theologica consistit in hoc quia intentio recipientis sacramentorum requiritur ad validitatem tantum in casu quando recipiens usum rationis jam habet, in infantibus autem non requiritur. Infans igitur capax est recipiendi illa sacramenta pro quorum susceptione actus positivus a parte recipientis non est necessarius per se, est necessarius quando recipiens voluntatem suam manifestare jam valet, quia tunc ipse humanum actum in recipiendo sacramento ponere debet. "Quaeritur autem in praesenti, inquit Billot, utrum ex parte suscipientium aliqua alia conditio ad validitatem requiratur, quae etiam sit universaliter necessaria pro omni sacramento, ipso inprimis incluso baptismate. Et distinctione facta inter adultos et infantes vel pepetuo amentes, respondetur requiri pro adultis consensus, id est, voluntatem

---

(7) Benedictus XIV, Epistola "Postremo mense" parag. 25-26 (cfr. Card. P. Gasparri, Fontes J.C. Romae 1928, vol.II, p.72.)

recipiendi sacramentum...At vero intentio in suscipiente necessaria habet solumnodo ut removens impedimentum voluntatis contrariae respectu sacramenti recipiendi, et ideo satis est ut sit habitualis, qualis potest esse etiam in amente vel sensibus destituto."[8] "In pueris non potest esse contraria voluntas, neque habitu, neque actu, et ideo non requiritur voluntas vel intentio in eis, qua prohibens removeatur. In amentibus autem et dormientibus potest esse voluntas contraria habitu- alisquamvis non sit actualis; et ideo sive ante somnum vel furiam, fuerunt contrariae voluntatis, non recipiunt sacramentum, quia adhuc illa voluntas habitualiter manet..."[9]

Scholion

Norma de baptismo infantis infidelum generatim servatur etiam pro baptismo infantis a) duorum haereticorum qui nunquam Ecclesiae catholicae adhaeserunt; b) duorum schismaticorum, qui in schismate baptizati sunt; c) duorum catholicorum lapsorum in haeresim vel schis- mam vel apostasiam apertam. [10] In his casibus jus Ecclesiae bapti- zandi infantem absolute loquendo potest exercere etiam invitis paren- tibus, quia qui valide baptizatus est, sub potestate Ecclesiae habetur, sed propter periculum perversionis infantis contra sanctitatem baptismi, Ecclesia caute pocedit.

Pro baptismo infantis illorum qui "ambo sunt admodum temidi, seu in omni religionis cultu segnes atque socordes, vel quorum alter in prava agendi ratione protervus est, vel etiam quorum pater a fide chris- tiana defecit seu apostatavit, noverint missionarii eos, postulantibus praesertim ipsimet parentibus, posse et debere baptizari, non obstante dubio, seu causa etiam justa metuendi ne, cum adoleverint, educatione christiana frustrentur, imo in gentilium cultu instituantur."[11]

---

(8) Lodovicus Billot S.J., De Ecclesiae Sacramentis, Romaea 1931, vol.I, p.204.

(9) S.Thomas in IV, D.6 a.2, n.3. sol 3 ad 2um cfr.

(10) Collectanea S.C. de, Propaganda Fide, vol.I, n.522.

(11) Primum Concilium Sinense (anno 1924 habitum) n.249. (Shanghai 1930 ed.)

"Valde caute et prudenter se gerant missionarii in baptizandis fidelium filiabus quae gentilibus in matrimonium fuerunt promissae. Si inhujusmodi puellae in infantili aetate adhuc constituantur, spesque non minima affulgeat eas educatione christiana fore imbuendas, tunc sine magna difficultate ad baptismum admittantur. Ipsa S.C.S.Offic., 25 Jun. 1866, non excludit a baptismo puellas in infantili aetate, ubi nihil aliud obstet praeter futurarum nuptiarum periculum cum viro ethnico."[12]

II. Proles in baptismo sequitur ritum parentum

Unitas et magnificentia Ecclesiae catholicae in varietate rituum spledescent; omnes catholici suis cum verbis, suisque cum formis liturgicis Deum unum et verum colunt. Ritus, si summitur in sensu juridico, non solummodo caereimonias significat sed denotat complexum legum riturgicarum et disicipilnarium, quae unam communitatem catholicorum ab alteram differentem facit. Ecclesia catholica antiquam traditionem reverenter conservans, varios ritus a primordiis temporibus exsistentes semper admittit non tantum in rebus liturgicis sed etiam in legibus disciplinalibus.

Necessarium igitur est normam constituere de qua determinatur ad qualem ritum unusquisque pertinere debeat; electio etenim libera in facultate uniuscujusque relinquere non potest, secus magna inconvenientia circa competentiam Ordinariorum oriretur. Canon 98 principium generale statuit: "Inter varios catholicos ritus ad illum quis pertinet, cujus caernmoniis baptizatus fuit, nisi forte baptismus a ritus alieni ministro vel fraude collatus fuit, vel ob gravem necessitatem, cum sacerdos proprii ritus presto esse non potuit, vel ex dispensatione apostolica, cum facultas data fuit ut quis certo quodam ritu baptizaretur, quin tamen eidem adscriptus maneret... Nemini licet sine venia Apostolicae Sedis ad alium ritum transire, aut post legitimum transitum, ad pristinum reverti." Proptera regula ordinaria quae determinat ritum

---

(12) Primum Concilium Sinense (ut in nota prima) n.251.

uniuscujusque est baptismus, qui, uti vivimus, est nativitas in Ecclesia et fundamentum personae. In jure civili proles statum juridicum parentum sequitur, ita jus canonicum ad ejus similitudinem statuit prolem pertinere ad ritum parentum, nam proles in baptismo ritum parentum senqui debet. Proles ritu parentum baptizari debet. Si alter parentum pertineat ad ritum latinum, alter ad orientalem, proles ritu patris baptizetur, nisi aliud jure speciali cautum sit. Si unus tantum sit catholicus, proles hujus ritu baptizanda est." (can. 756)

De ritu in baptismo prolis sermo a nibis fieri debet, quia est materia juridica;[13] et sic nos in diversos casus materiam hanc tractabimus.

1. Uterque parens est vel catholicus latinus vel orientalis

In hoc casu proles in ritu parentum baptizatur, nisi circumstantiae speciales in codice enumeratae adfuerint; scilicet vel sacerdos sui ritus presto esse non potest, vel dispensatio apostolica intervenerit. Parentes pro baptismo suo, quatenus suscipitur in aetate adulta, ritus optationem habent, sed pro baptismo prolis suae sequi debent praescriptionem canonis et beptizare prolem in suo ritu. Quaestio proposita fuit S.C. Offic. "Utrum qui ad preces parentum, contra praescriptum canonis 756, a ritu alieni minisro baptizati sunt, pertineant ad ritum, in quo baptizati sunt, vel ad ritum, in quo juxta praescriptum canonis 756 baptizari debuisset. "responsum est: "Prout casus exponitur, negative ad primam partem, affirmative ad 2am partem."[14] Tamen si circumstantia specialis adest, parentes veniam ab auctoritate ecclesiastica legitime postulare possunt ut proles in alieno ritu ac suo baptizetur. "Aliud reponsum esset, ait clarissimus Ojetti, si fuisset actum de familia latina domicilium fovente apud orientales, vel de familia domiciliata apud latinos, quae majorem invenisset facilitatem

---

(13) Gommarus Michielis, Principia de Personis in Ecclesia, 1932, p.266.

B. Ojetti, Commenstrarium in Codicem J.c., Romae 1928, tom. p.96.

F.M. Cappello, S.J. Summa J.C. Romae 1932, vol.I, p.235.

(14) S.C.Offic. 16 Cot. 1919 (cfr. A.A.S., XI, 1919; p.478, n.II.)

servandi leges ecclesiae alieni ritus, idque fecisset legitime, seu obtenta venia ab auctoritate ecclesiastica. Et ideo prudentissime responsum est: "proud casus proponitur."[15]

2. Si alter parentum pertineat ad latinum, alter ad orientalem catholicum, tunc proles ritu patris baptizetur, nisi aliud lege speciali cautum sit. Lex specialis adest pro Italo-Graecis, quae statuit prolem in ritum latinum matris baptizari posse. "Si vero pater sit graecus, et mater latina, liberum erit eidem patri, ut proles, vel ritu graeco baptizetur vel etiam ritu latino, si uxor latina praevaluerit, idest si in gratiam uxoris latinae, consenserit graecus pater ut latino ritu baptizetur."[16]

3. Filius illegitimus de quo codex hihil dicit in conditione normali regulam a jure stabilitam pro filio legitimo sequi debet in baptismo. Itaque si filius a patre recognoscitur vel saltem a matre, ipse secundum ritum patris vel matris juxta casum baptizetur. Si vero filius illegitimus a patre vel matre non recognoscitur, tamen ille pater vel mater publice cognoscitur ejusque nomen in libro baptizatorum inscribi permittitur, filius illegitimus in ritu patris vel matris prout casus defertur, baptizetur. Sed casus ordinarius pro filio illegitimo consistit in hoc quod pater non cognoscitur, mater vero cognoscitur, tunc filius in ritu matris baptizetur [17].

Si vero nec paternitas nec maternitas filii illegitimi innotescit, filius habetur uti infans expositus.

4. Infans expositus baptizetur in ritu loci in quo inventus est. Contigit enim generatim quod infans expositus baptizatur in loco in quo inventus est; tunc ritus baptismi est ritus in loco vigens. Si vero in loco vigent diversi ritus, regula generalis a codice non datur. Videtur in

---

(15) B. Ojetti, Commentarium in Codicem J.C. Romae, 1928; tom.I, p.97.

(16) Benedictus XIV, Epistola "Etsi pastoralis" (26 Marji 1742) parag.II, n.X.
     cfr. Card. P. Gasparri, Fontes J.C. (Romae 1928) vol.I, p.738.

(17) S.C. de Propaganda Fide 27 Martii 1916. (A.A.S. an. VIII, vol. VIII, p.107.)

casu ita esse faciendum: si infans expositus defertur in aliquo orphan-
otrophio catholico et in eo adolescet, ille baptizetur in ritu eorum qui
orphanotrophium fundaverunt ejusque curam nunc gerunt; si vero
orphanotrophium est publicum et laicum, idest sine professione alicujus religionis, infans expositus baptizetur in ritu ministri cui infans
abluendus traditur; si autem infans expositus inventus fuit a persona
privata ab eaque aleretur, in ritu istius personae, si sit cantholica,
baptizetur; si ipsa persona non sit catholica, infans baptizetur in ritu
ministri baptizantis.

5. In quo ritu infans infidelium baptizatur?

Infans infidelium generatim baptizatur in ritu loci, in quo parentes
domicilium vel in defectu domicilii quasi-domicilium habent. Si vero
in loco isto plures ritus vigent, tunc videtur parentibus dari optatio
ritus; parentes igitur electionem ritus pro baptismo prolis facere
possunt. Si vero parentes electionem ritus non fecerint, proles infans
baptizetur in ritu ministri cui infans abluendus offertur; vel infans
remittitur ad ministrum illius ritus ad quem connationales patris fere
omnes pertinent, quia divisio ritus ordinarie secundum nationem
populi fit.

Scholion

Parentes jus habent eligendi patrinum prolibus baptizandis.

Ecclesia de educatione catholica baptizatorum solicita institutum
consuetudine antiquitus introductum dandi neobaptizatis patrinos in
jure suo confirmaviv. Patrinus habetur pro neobaptizato ut secundus
pater, qui, deficientibus parentibus naturalibus, baptizatum in suam
curam decipere debet. Pro electione patrini sive in sacramento
baptismi sive in sacramento confirmationis, jus canonicum statuit tres
modos quorum primus alterum excludit: electio vel facienda ab ipso

baptizando, vel a parentibus tutoribusve ejus, his defientibus, a ministro baptizante. (can. 7-, n.4., can. 795, n.4.)

Cum proles infans baptizetur, patrinus a parentibus designandus est, baptizandus enim usu rationis carens designationem facere nullatenus valet. Quando vero proles minor ad fontem baptismalem accedit, electio patrini a jure statuitur disjunctive sive facienda ab ipso baptizando sive ab ejus parentibus. Tamen in casu quorum electio praevalere debeat, jus non clare dicit; sed juxta modum exprimendi juris electio a baptizando facta praevalere debet, nam in jure haec electio in primo loco ponitur. Et hic casus est etiam casus in quo jus constitutit exceptionem a potestate patria; nam jus facultatem eligendi patrinum concedit. Si vero electio a parentibus facta praevalere semper deberet, concessio juris quasi in irritum rescideretur. Ergo proles baptizanda est prima ad electionem patrini.

Articulus II. Potestas patria relate ad sedem juridicam prolis

Sedes juridica est locus ex quo persona quaedam immediate superiores sortitur et caeteros effectus in jure statutos recipit. Homo per baptismum spiritualiter et juridice nascitur subditus Ecclesiae. Subditus autem appellatur quando subjicitur superioribus et legibus; sedes juridica subjectionem ad superiorem immediatam et leges determinat. Propterea post considerationem de baptismo inquirimus de potestate patria relate ad sedem juridicam prolis.[18]

Locus relate ad personam in jure canonico dupliciter consideratur: locus originis et locus domicilii. Locus domicilii est proprie sedes juridica personae sed locus originis momentum in sacris ordinationibus etiam habet.[19]

---

(18) Gommarus Michiels, Principia de personis in Ecclesia, 1932; p.60 sq.
(19) Phillipus Maroto, Institutiones J.C. Romae, ed. III, p.471 sq.

I. Locus originis

Locus originis dicitur locus in quo aliquis in lucem editus est. Attamen locus non est materialiter sumendus, sed juridice, quia in jure consideratur tantum locus originis in quo aliquis debet nasci et non locus in quo aliquis de facto natus est. Ad determanandum locum originis jus canonicum its statuit:

1. Si filius est lagitimus et non posthumus et etiam neophytus habet suum locum originis in loco in quo, cum ipse natus est, domicilium, aut in defectu domicilii, quasi-domicilium habebat pater.[20] In casu ordinario uxor sequitur locum domicilii mariti; ideoque jus statuit locum domicilii patris est locus originis prolis. Tamen si uxor legitime et perpetue separata est a marito et post separationem proles nascitur; tunc locus originis prolis neonanatae sitne locus domicilii patris an matris. Videtur locus originis prolis esse locus domicilii matris. Ratio est, quia jus considerat casum ordinarium, hic vero casus est extraordinarius in quo uxor legitime et perpetue a marito separata jam non est subdita marito et ipsa sibi locum domicilii acquirit. Proles vero sequitur ventrem, igitur ipsa hebere debet suum locum originis in loco domicilii matris.

2. Si filius est illegitimus et posthumus pro suo loco originis habet locum, in quo, cum natus, domicilium, aut in defectu domicilii, quasi-domicilium habebat mater. Potest esse quaestio de filio illegitimo, qui natus fuit ex sponsis ante matrimonium et regnoscitur statim a patre atque etiam post matrimonium legitimabitur. Locus originis istius filii illegitimi estne locus domicilii matris, sicut statuitur in jure, an vero locus domicilii patris? Videtur locus originis istius infantis esse locus domicilii patris; nam iste infans, quamvis natus fuisset ex thoro illegitimo, sed effectus illegitimitatis sive in jure civili sive

---

(20) Wernz-Vidal Jus Canonicum, vol.II, Romae 1928, p.8, sq.

in jure canonico non sortitur, ipse enim legitimatur statim. Est ipse infans illegitimus tantummodo quoad nomen.

3. Si parentes sunt vagi, locus originis prolis attenditur in omni casu locus nativitatis naturalis. (can. 90)

Sed quaeritur ubi est locus originis infantis expositi vel filii illegitimi cujus maternitas non cognoscitur? Locus originis est locus ubi ipse infans expositus inventus est et hic locus geratim etiam loco nativitatis correspondet. De filio illegitimo, cujus nec maternitas nec paternitas cognoscitur, idem dicendum est. Sed si, postea pater vel mater naturalis compareat et filius suum recognoscat, tunc filius habet suum locum originis in loco domicilii vel matris vel patris prout casus defertur.

II. Locus domicilii vel quasi-domicilii

Unusquisque "sive per domicilium sive per quasi-domicilium suum parochum et Ordinarium sortitur". (can. 93) Effectus loci domicilii in jure canonico magni momenti sunt. Circa locum domicilii prolis jus canonicum factum naturale secutum est; nam de facto proles naturaliter insimul cum parentibus commorantur. Canon 93, parag. I: "...minor (retinet) domicilium illius cujus potestati subjicitur." Minor igitur habet domicilium necessarium quod a jure ipso statuitur et non dependet a voluntate minoris.

Jus canonicum non expresse dicit quod parentes habent potestatem determinandi domicilium prolis. Attamen noc ex jure apparet; nam proles minor necessario retinet domicilium parentum et non potest sibi aliud domicilum acquirere; electio domicilii a parentibus facta indirecte determinat domicilium prolis. Quaeri potest an parentes possint prolibus domicilium separatum a suo proprio eligere. Reponsio est negativa non propter defectum potestatis ex parte parentum sed ex defectu capacitatis acquirendi domicilium ex parte prolis minoris. Parentes vero possunt eligere quasi-domicilium separatum a suo proprio destinatum proli minori; minor enim "infantia egressus potest quai-domicilium propium obtinere." (can. 93, parag. 2.)

Proles minor in electione quasi-domicilii propriam voluntatem exercere nullo pacto impediri potest a parentibus, potest vero a parentibus impediri indirecte ob causas extrinsecas, v.g. quia locus electus educationi nocet.

Retinetne proles quasi-domicilium parentum?   Jus etsi non expresse excludat retentionem quasi-domicilii parentum, sed scienter omisit verbum quasi-domicilii, dicendum est quasi-domicilium parentum a prole non esse de jure retinendum, nisi in casu defectus domicilii. De facto quasi-domicilium parentum a prole retinetur, si ipsa de facto cum parentibus in loco quasi-domicilii commoratur.

Praescriptio "minor domicilium illius cujus potestati subjicitur retinet" relate ad proles multae applicationes habentur:

1. in casu ordinario proles minor retinet domicilium parentum;
2. filius illegitimus retinet domicilium matris, quae quidem domicilium sui mariti habet;
3. filius illegitimus a patre naturali recognitus et in ejus familia vivet, retinet domicilium patris;
4. filius posthumus retinet domicilium matris, si mater est tutrix; si vero tutor praeter matrem juxta legem civilem datus est, filius retinet domicilium tutoris;
5. filius post mortem patris si mater est tutrix, retinet domicilium matri; si vero alius est tutor, filius retinet domicilium tutoris;
6. filius qui cum matre transivit ad secundum patrem, sub ejusque tutela vivet, retinet domicilium secundi mariti matris;
7. filius expositus retinet domicilium ejus sub cujus cura juridica vivit;
8. filius post legitimam et perpetuam separationem inter patrem et matrem retinet domicilium patris vel matris apud quem aletur et educatur.

Articulus III. Potestas patria relate ad statum clericalem et religiosum prolis

I. Potestas patria relate ad statum clericalem prolis

1. Electio status clericalis non dependet a potestate patria

Potestas patria, cum suum objectum in alimenti educationisque praestatione consistat, statum vitae prolis determinare nequit; quia, uti vidimus, parentes imponendi obligationem prolibus validituram per totam vitam sibi vindicare haud possunt. Status clericalis praeter obligationem status, potestatem etiam spiritualem ordinatis tribuit; quae potestas ab Ecclesia unice confertur. Postea status cericalis, qui pastores et doctores in Ecclesia Christi constituit, propter magnam suam obligationem et propter altam suam dignitatem graves longevosque conatus ad perfectiones exigit ab illis qui ad eum attendendum volunt. Vacatio praeterea divina ad statum clericalem est gratuitum donum ex misericordia dimina; sine hac vocatione nemo ad statum clericalem ascendere praesumere audet. Haec duo vero requisita non sunt in potestate patria, parentes enim non valent conatus ad perfectionem et vocationem divinam prolibus conffere. Effectus, qui gneratim nascuntur ex ordinatione sacra absque vocatione divina, sunt funestissmi ac deplorabiles quia qui sine vocatione divina ad statum clearicalem ascendit, cum habitu quidem non vero cum spiritu clericali vivere contendit. Ad hoc funestissimum malum praecavendum jus graves poenas contra parentes potestate abutentes circa electionem status clericalis: "Excommunicatione nemini reservta ipso facto plectuntur omnes, qualibet etiam dignitate fulgentes, qui quoque modo cogant virum ad statum clericalem amplectendum..." (can. 2352)

2. Sacra ordinatio prolis non dependet a consensu parentum

Ordinatio sacra confertur unice ab auctoritate ecclisiastica, quae ex voluntate Christi sacramentum ordinis conficit sine dependentia ab ulla auctoritate humana. In sacramento baptismi consensus parentum requiritur ad liceitatem, in sacramento ordinis consensus parentum nullo pacto requiritur. Etenim codex juris canonici de requisitis ad validitatem et liceitatem ordinis nunquam mentionem de consensu parentum fecit. Ratio est, quia proles ordinatur, quando ipsi usum rationis jam habent, idcirco ipsi valent exercere jura a jure oivino positivo concesse, quod jus extra potestatem patriam de natura sua habetur.

Execitium ministerii sacri semper est independenter a potestate patria, quia Ecclesiae ministri in suis officiis unice ab Ecclesia dependent.

II. Potestas patria relate ad statum religiosum prolis

"Status religiosus seu stabilis in communi vivendi modus, quo fideles, praeter communia praecepta, evengelica quoque consilia servanda per vota obedientiae, castitatis et paupertatis suscipiunt" (can. 487) obligationes renuntiationesque greves importat.

Adsunt quaedam documenta quae domonstrant antiquam disciplinam ecclesiasticam circa electionem status religiosi factam a parentibus.

"Additistis adhuc, quod si pater vel mater filium filiamve intra septa monasterii in infantiae annis sub regulari tradiderunt disciplina, utrum liceat eis postquam pubertatis annos impleverint, egredi et matrimonio copulari. Hoc omnino devitamus: quia nefas est, ut oblatis a parentibus Deo filiis, voluptatis frena laxentur."[21]

"Monachum aut paterna devotio, aut propria professio facit. Quidquid horum fuerit, obligatum tenebit. proinde his ad mondum revertendi intercludimus additum, et omnes ad saeculum interdicimus regressus."[22]

---

(21) c.2, C.XX, q.I.
(22) c.3, C.XX, q.I.

"Quicumque a parentibus propriis in monasterio fuerit delegatus, noverit se ibi perpetuo permansurum. Nam Anna Samuelem puerum natum et ablactum Deo cum pietate obtulit, qui et in ministerio templi quo a matre deputatus, et ubi constitutus est, deservivit".[23]

In his textis clare statuitur oblationem a parentibus factam liberos in tota vita tenere. Sed quaeritur num haec obligatio sit de natura ipsius oblationis vel simpliciter de jure ecclesiastico. Obligatio haec sine dubio est de jure ecclesiastico, quia disciplina ecclesiastica hodierna jam non est ita, et postea in his documentis adsunt verba constituendae legis "hoc omnino devitamus" "proinde his ad mundum reventendi intercludimus additum et omnes ad saeculum interdicimus regressus." Est auctoritas ecclesiastica quae devitat et interdicit regressum ad mundum.

Disciplina ecclesiastica posterior et praesertim vigens praescriptionem istam deseruit et libertatem liberorum in electione status religiosi sapienter defendit. Omnes species violentiae in hac materia removentur, ita ut nemo obligationem in domo religiosa manendi

---

(23) Zegeri Bernardus Van-Espen, Jus eccles. Universum, Napoli, 1766, Tom. I, part. 1, tit. XXV, cap. III, q. III.:

" Ob eandem libertatem tandem posterioribus saeculis data est facultas integra illis, qui ante pubertatem, id est, masculi ante 14 et puellae ante 12 aetatis annum a parentibus religioni erant oblati, dum ad pubertatem venerint, relicta religione ad saeculum redeundi; contra veterem disciplinam quae pueros a parentibus ante pubertatis annos oblatos ipsi religioni ita obstringebat ac si ipsi per se professionem emississent... Plures in hujus disciplinae probationem canones citat Gratianus ac tandem concludit: ex his auctoritatibus colligitur quod paterna profssio pueros tenet alligatos; nec licebit eis a proposito discedere, quod paterno devotione in puerilibus annis susceperunt...At juxta responsum Celestini III datum anno 1191 et relatum in cap.14 X. (de Regularibus) mutata veteri disciplina, puer in minori aetate oblatus postquam ad annos pubertatis sive discretionis pervenit, si monachalem habitum retinere noluerit, non est ullatenus compellendus: "quia tum liberum, si sit, eum dimittere, et bona paterna, quae ipsi ex successione proveniunt, postulare. "Cui responsio moderna monasticha disciplina est comformis, maxima cum nec ante 16 aetatis annum ullam sive virorum sive mulierum profeasionem admittat."

habeat, nisi haec obligatio ab ipsa persona scienter et libere amplexa est. Puella ante novitiatum et ante professionem ab Ordinario de libertate interrogari debet (can. 552); quicumque invalide ad novitium admittitur, si, metu aut dolo inducti sunt ad ingrediendam religionem (can. 542); quicumque invalide professionem emittit si vi, metu gravi aut dolo inducti professionem emittunt (can. 752); et poena canonica statuitur: "Excommunicatione nemini reservata ipso facto plectuntur omnes, qualibet etiam dignitate fulgentes, qui quoque modo cogant...sive virum aut mulierem ad religionem ingrediendam vel ad emittendam religiosam professiohem tam solemnem quam simplicem, tam perpetuam quam temporariam." (can. 2352)

Propria voluntas pro electione status religiosi in his canonibus iterum atque iterum affirmatur et efficitur elementum essentiale ad constituendam obligationem religiosam. praeterea periculum violentiae a parte parentum in hodierna dicsciplina difficulter accidit, cum codex statuerit ad validitatem novitiatus et professionis requiri aetatem a jure statutam scilicet decimum quintum completum aetatis annum pro novitiatu (can. 555), decimum sexium completum aetatis annum pro professione temporaria et vicesimum primum pro professione perpetua (can. 573). Itaque sive pro novitiatu sive pro professione proles jam habet usum rationis et suam voluntatem manifestare valent.

Oblatio prolis impuberis a parentibus facta nunc jam non admittitur in jure canonico. De moralitate hujus oblationis cum Surez affirmamus actum hunc non esse abusum potestatis patriae.[24]

"Parentes, ait Suarez in n.3. hujus capitis, licite offerre possunt religioni filium ratione utentem ante annons pubertatis sine illius consensu, imo repugante voluntate....quia pater cogendo filium impuberem ad hunc ingressum utitur jure suo, et usus ille de se cadit in majus bonum filii et non privat illum jure suae libertatis, pro ea aetate

---

(24)Suarez, De religiosis, L.V, cap.II, n.I, sq. (Opera omnia, Pariis, 1859, tom.XV, p.293 sq.)

in qua ad illum solum spectabit; ergo talis actus nec continet injusti-
tiam respectu filii, nec malitiam contra religionem aut aliam virtutem;
ergo cum non inveniatur prohibitus, licitus est. Major (caetera enim
clara sunt) probatur, quia pro illa aetate nondum puer est plene sui
juris, sed habet voluntatem suam dependentem a voluntate parentis,
etiam in his quae spectant ad instituendam viam in ordine ad bonum
animae..."

Articulus IV. Potestas partia relate ad matrimonium prolis minoris

Matrimonium considarari potest aut ut actus transiens aut ut status
permanens; ut actus transiens matrimonium est contractus; ut status
permanens est vinculum. In nostro studio praesenti matrimonium
summitur ut contractus et definiri potest: contractus inter virum et
mulierem jure habiles legitime initus ad vitam individuam et conjugalem. Contractus conjugalis vel matrimonialis christianorum characterem specialem habet ex dispositione Christi qui matrimonium christianorum ad dignitatem sacramenti evexit.

Inquiramus in hoc articulos quaenam est compedentia parentum
circa matrimonium prolis minoris et videamus primo de sponalibus
prolis minoris et postea de matrimonio.[25]

I. Consensus parentum relate ad sponsalia prolis minoris

Sponsalia sunt promissiones verae et mutuae inter personas jure
habiles de futuro matromonio legitime factae et aceptatae. Effectus

---

(25) Th. Sanchez, De matrimoniii sac. disputationes, (Venetiis) L. IV, D.22, n.4.

Fr. Schmalzgrueber, Jus c. unuvirs. (Romae 1844) t.IV, part.II, n.86.

F.M. Cappello, S.J. Tractatus canonico-moralis de sacramentis; vol.III, De matrimonio, (Romae 1933) n.185 sq.

De Smet, De Sponsalibus et matrimonio, (Brugis 1927), p.453.

Wernz-Vidal, Jus Can. tom.V. (Romae 1928), p.150 sq.

J. Chelodi, Jus Matrimoniale, 1937; n.33.

sponsalium naturales independenter a jure positivo humano sunt obligatio ad futurum matrimonium contrahendum et fidelitatem quoad integritatem corporalem; effectus vero juridici dependent a praescriptionious juris positivi humani. Jus canonicum effectus sponsalium juxta formam praescriptam initarum ita statuit: "ex matrimonii promissione, licet valida sit nec ulla justa causa ab eadem implenda excuset, non datur actio ad petendam matrimonii celebrationem; datur tamen ad reparationem damnorum, si qua debeatur." (can. 1017; parag. 2.) Sponsalia igitur in jure canonico habent quidem obligationem naturalem celebrandi matrimonium promissum sed non habent juridicam defensionem qua aliquis contra infidelitatem alterius urgere possit celebrationem matrimonii.

In jure ecclesiastico antiquo sponsalia contrahentibus gravem obligationem imponebant ad matrimoni celebrationem cujus observantia poenis et poenitentiis urgebatur.

Quaeritur utrum sponsalia prolis minoris a parentibus facta eos obligent an non. In jure canonico sponsalia per se jam facienda sunt a prolibus ipsis et, si aliquando sponsalia facta sunt a parentibus, consensus prolis semper est necessarius ut sponsalia exsistere possint. Idcirco non potest esse quaestio de obligatione sponsalium factorum a parentibus, quia si adfuit consensus prolis, ipsa obligatione tenetur; si autem defuit consensus prolis, sponsulia non sunt valida.

In jure antiquo ecclesiastico poterat esse quaestio; sed resolutiones datae ab auctoritate pontifica fuerunt nagativae relate ad obligationem.

"Si infantes ad invicem, vel unus major septenio et alter minor, sponsalia contraxerint ipsi, vel parentes pro eis, nisi per cohabitationem mutuam, seu alias verbo vel facto ipsorum voluntas liquido appareat, eosdem in eadem voluntate factos majores septenis perdurare, sponsalia hujuamodi, quae ab initio nulla erant, per lapsum dicti temporis minime convalescunt: et ideo cum sint nulla ratione defectus consensus, publicae honestatis justitiam non inducunt."

"Porro ex sponsalibus quae parentes pro filiis puberibus vel impuberibus plerumque contrahunt, ipsi filii, si expresse consenserint vel tactite, ut si praesentes fuerint, nec contradixerint, obligantur; et ex eis oritur publicae justitia honestatis. Ei est idem, si filii sponsaliorum absentes, et etiam, ignorantes eadem sponsalia post scientes ratificaverunt tacite vel expresse: alias ex sponsalibus contractis a parentibus pro filiis, nec ipsi filii obligentur,nec publicae honestatis justitia surgit."[26]

Aliqua dispositio singularis habetur in suo genere quae sancit obligationem deductam ex sponsalibus a parentibus contractis.[27]

1. Consensus parentum requiritur ad validitatem an ad liceitatem sponsalium prolis minoris. Sponsalia diferunt a matrimoniali contractu; sponsulia enim sunt promissiones ad matrimonium futurum, contractus matrimonialis est vero conjunctio quae consistit in traditione et accpetatione juris in corpus inter virum et mulierem ad invicem. Sucesstio de requisito consensu parentum potest considerari sub duplici respectu, scilicet vel sub respectu juris naturalis vel sub respectu juris positivi ecclesiastici.

A. Sub respectu naturalis juris consensus parentum pro sponsaliis prolis minoris requiritur ad liceitatem. Sponsalia enim sunt contractus promissorius de matrimonio futuro idest de traditione sui corporis. Parentes jus in personam prolis minoris, ideoque in corpus ejus habent; propterea saltem non est licitum prolibus corpus suum alicui promittere sine consensu parentum. Postea sponsalia agunt etiam de instituenda vita conjugali cum quadam persona; vita vero conjugalis multas difficultates secumfert et, si electio personae non processerit cum prudentia, plures infelicitates etiam causabit, idcirco in negotio tanti momenti proles non licite procedit, si rationabilem consensum parentum neglexerit, quorum enim in curam proles commisa est.

B. Sub respectu juris ecclesiastici necessitas consensas parentum pro liceitate sponbalium habetur sicut in jure naturali, nam specialis

---

(26) C. unic. T.2, in Sexto.
(27) c.II, C.XXXI, q.II.

praescriptio de consensu parentum in jure canonico nunc non datur.

C. Tam in jurs naturali quam in jure canonico consensus paretum non requiritur ad validitatem sponsalium prolis minoris.

Consensus parentum in jure naturali non est necessarius ut sponlia prolis minoris valida sint. Ratio est quia "in quibus secundum, quae ad naturam corporis pertinent, homo homini obedie non tenentur, sed solum Deo; quia omnes homines natura sunt pares; puta in his quae pertinent ad corporis sustentationem, et prolis generationem"[28]. Itaque proles minor relate ad matrimonium non est absolute subdita parentum; ipsa enim jus habet ad matrimonium contrahendum et potest independenter hoc jus exercere. In sponsalibus proles igitur non aliquid quod ad ipsam non pertinet, promittit, sed promittit traditionem sui corporis quae in facultate prolis est; propterea disensus parentum non infirmat promissionem matrimonii.

Sposalia in jure canonico pro sua validitate habere debent requisitam solemnitatem; canon enim 1017 dicit: "Matrimonii promissio sive unilateralis sive bilateralis seu sponsalitia, irrita est pro utroque foro, nisi facta fuerit per scripturam subsignatam a partibus et vel a parocho aut loci Ordinario, vel a duobus saltem testibus. Si utraque vel alterutra pars scribere nesciat vel nequeat, ad validitatem id in ipsa scriptura adnotetur et alius testis addatur qui cum parocho aut loci Ordinario vel duobus testibus scipturam subsignet." Inter requisita vero a jure stabilita ad valditatem sponsalium non mentionatur consensus parentum. Itaque consensus parentum in jure canonico non requiritur ad validitatem sponsalium prolis.

Potest esse alia quaestio in jure canonico de reparatione damnorum in casu infidelitatis. Parentes, qui sponsalibus prolis minoris non consenserint, non possunt damnari ad reparanda damna causata propter infidelitatem prolis suae relate ad sponsalia. Idcirco si actio de reparando damno apud tribunal ecclesiasticum introducitur, proles ipsa quae sponsalia sine consensu parentum contraxit damnandus est

---

(28) S.Thomas, II-II, q.CIV, a.V.

ad reparationem, si ipsa capax sit. Si vero causa apud tribunal civile introducitur, apud quod causa haec de effectibus mere civilibus introduci potest, sententia datur juxta jus civile de sponsalibus. Nunc vero in jure civili generatim proles minor sine consensu parentum invalide contrahunt sponsalia, reparatio damni iterum non datur.

II. Consensus parentum relate ad matrimonium prolis minoris

Ea, quae diximus antecetenter de sponsalibus prolis minoris valent etiam pro matrimonio quatenus est conjuctio viri et mulieris legitime facta ad statum conjugalem. Specialitas pro matrimonio habetur, quia matrimonium est sacramentum, cujus validitas ab auctoritate humana non dependet. (etiam in statuendo impedimento dirimenti Ecclesia non irritat matrimonium sed statuit inter istas personas matrimonium non posse celebrari; idcirco matrimonium revera non exsistit).

Si consensus parentum sit necessarius pro validitate matrimonii prolis minoris, hoc provenit vel ex jure divino naturali, vel ex jure divino positivo, vel ex jure ecclesiastico. Atqui nullo ex jure haec necessitas statuitur; ergo consensus parentum non equiritur ad validitatem. Consensus non requiritur a jure naturali; hoc jam probatum est in numero antecetenti de sponsalibus, quia proles jus habet tradendi suum corpus in conjuctionem matrimonialem independenter ab auctoritate parentum. Necessitas non provenit ex jure divino positivo; nam Ecclesia nunquam hanc necessitatem docuit, imo docuit contrarium: "Tametsi dubitandam non est, clandestina matrimonia, libero contrahentium consensu facta, rata et vera esse matrimonia, quamdiu Ecclesia ea irrita non fecit, et proinde jure damnandi sunt illi, ut eos sancta Synodus anathemate damnet, qui ea matrimonia a filisfamilias sine concensu parentum contracta, irrita esse, et parentes ea rata vel irrita facere posse..."[29]

---

(29) Conc. Trident., Sess. XXIV, cap.I, de reform, matrim.

Necessitas consensus parentum pro matrimonio prolis minoris ex jure ecclesiastico provenire potest, si Ecclesia statuit defectum consensus parentum esse impedimentum dirimens. Responsio in jure ecclesiastico vigenti est clara et negativa. Disputatio quaedum adest inter doctores, utrum jus ecclesiasticum antiquum requirebat consensum parentum ad validitatem an tantum ad liceitatem. Schmalzgrueber tenet consensum parentum tuntum requiri ad liceitatem: "sed his non obstantibus, dicendum etiam de jure antiquo canonico non fuisse necessarium consensum parentum ad valorem matrimoniorum contractorum a filiis...Ad textus allegatos in contrarium facilis est responsio. Ad I. Dum ibi Pontifex ait sine consensu parentum non esse legitimas nunptias, intelligendum esse eas non esse contractas secundum sanctiones canonicas; nam absque consensu parentum contractae olim reputabantur clandestinae, gloss, in cap.fin.V. cladestina de clandes.despons.lnnonc.ibidem..."[30] Inter recentes auctores J. Chelodi affirmat consensum parentum esse de validitate matrimonii.[31]

In jure canonico vigenti res clare apparet; nam ad validitatem matrimonii requiritur et sufficit consensus partium contrahentium: "Matrimonium facit partium consensus inter personas jure habiles legitime manifestatus, qui nulla humana potestas suppleri potest." (can. 1081) Jus itaque verbis categoricis expresse excludit necessitatem consensus parentum ad constitutionem matrimonii et affirmat impossibilitatem matrimonium faciendi praeter voluntatem contrahentium.

---

(30) F. Schmalgrueber, Jus C. univers. (Romae 1844) t.IV, part.II, n.75.

(31) J. Chelodi, Jus matrimoniale 1937, n.33: "Consensus parentum, qui apud Hebraeos pro puellis, apud Romanos pro minoribus utriusque sexus ad validitatem nuptiarum requireb atur, vetusto jure germanico e contra generatim, solummodo ut ipsae omnes civiles effectus obtinerent, etiam in jure canonico olim magni momenti fuit. Ecclesia orientalis jus imperiale recepit, eaque hodiernum utitur; ecclesiae germanicae, praesertim ut raptus mulierum radicius extirparent, dirimens impedimentum statuerunt; in ecclesia romana aliisque regionum latinarum consensum parentium necessarium fuisse ad matrimonii valorem non ita constat, at videtur sane affirmandum."

Attamen altera praescriptio in jure canonico habetur: "parochus graviter filiosfimilias minores hortetur, ne nuptias ineant, insciis aut rationabiliter invitis parentibus; quod si obnuerint, eroum matrimonio ne adsistat, nisi consulto prius loci Ordinario." (can. 1034.) Itaque consensus rationabilis parentum requiritur ad liceitatem matrimonii minorum. Ratio hujus praescriptionis obvia est, quia parentes, tutores et instructores, in rebus tanti momenti interrogandi sunt, ne filii minores calidis fraudibus decepti neve impetu passionum compelliti veritatem rei non cognoscant et postea de sua infelicitate dolere debeant.

Consensus parentum semper requiritur nisi parentes irrationabiliter consensum denegent, vel filius bona ratione excusetur. De casibus magie particularibus tractatur apud moralistas.[32]

Scholion

Utrum parentes cogere possunt proles ad matrimonium an non?

Matrimonium, licet sit institutum naturale et conservationi generis humani necessarium, omnibus et singulis hominibus tamen non est obligatorium, quia ad conservationem speciei non requiritur, ut omnes et singuli concurrant, sed sufficit ut, natura disponente, plures hoc opus assumant. Virginitas, virtus de consilio evangelico, superior habetur statu matrimoniali; ac hoc bonum capiendum omnes, qui a Deo vocati sunt, jus habent neque ab aliis impediri possunt. Cogere illum ad matrimonium, qui virginitatem, suadente Deo, servare vult, est impdire consecutionem boni altioris. Potestas patria, quae per se statum vitae prolis deteramiare nequit, multo magis consecutionem altioris boni prolibus impedire non valent." Quia in matrimonio, ait clarissimus Sanchez, est quasi servitus quaedam perpetua, et ideo cum homo liberae conditionis sit, nequit a parente in servitutem hanc

---

(32) F.M. Cappello, Tractatus canonico morali de sacr. (Romae 1933, v.III, n.187.)

compelli. Quod si arguas posse filium a parente in necessitate constituto vendi et ita sua libertate privari...Dic disparem esse rationem. Quia haec servitus non exigit mutuum amorem, nec est perpetua, potest enim redimi; quae secus se habent in matrimonio."[33] Per rationes extrinsecas parentes aliquando prolem ad matrimonium cogere possunt. [34]

Articulus V. De potestate patria relate ad irritationem voti et juramenti prolis

Votum est promissio Deo facta, scilicet libera ac deliberata promissio de bono possibili ac meliore Deo facta. Pertinet igitur votum ad virtutem religienis, cum quo aliquis directe honorem Dei intendit, indirecte ac bonum sui animae. Juramentum est vero invocatio divini nominis in testem veritatis et dividitur principaliter in assertorium et promissorium. De hac ultima specie juramenti agitur in articulo praesenti.

Irritatio est actus liber quo superior obligationem voti vel juramenti promissorii personae subditae tollit aut perpetue aut pro tempore. Codex juris canonici statuit: "Qui potestatem dominativam in voluntatem voventis legitime exercet, potest ejus vota valide, et ex justa causa, et licite irrita reddere, ita ut nullo in casu obligatio postea reviviscat. Qui potestatem non quidem in voluntatem voventis, sed in voti materiam habet, potest voti obligationem tandiu suspendere, quamdiu voti adimplementum sibi praejudicium afferat." (1312)

Parentes potestatem dominativam in voluntatem proils minoris certe excrcent, idcirco quoad irritationem voti prolis potestatem valide adhibere possunt. Idem dicendum est de irritatione juramenti promissorii. (can. 1320)

---

(33) Th. Sanchez, De S. Matrimonii sac. disputationes, (Venetiis) L.IV, D.22, n.4.

(34) F. Schmalzgrueber, Jus C. univers. (Romae 1844) t.IV, part.II, n.86.

I. Subjectum potestatis irritandi votum prolis

Pater, qui potestatem patriam exercet, potest cum certo jure votum prolis irritare ut voti obligatio nunquam reviviscat.

Pater adoptans, qui in filium adoptatum minorem veram potestatem patriam exercet, ejus votum irritum reddere etiam potest. Idem habendum est de patre naturali versus filium illegitimum a se recognitum et sustentatum.

Mater relate ad filium illegitimum jus irritandi votum habet; relate ad filium posthumum etiam idem jus habet, quia de jure naturali potestas patria post patrem ad matrem pertinet et nunc item habetur generatim in jure civili. Relate vero ad filium, vivente patre, mater utrum jus irritandi votum prolis habet necne auctores non concordant; nobis videtur matri competere jus irritandi votum prolis, si jus civile statuit quod mater insimul cum patre potestatem patriam exercet in proles, quamvis subordinata idest non contra voluntatem patris. Si vero mater non exercet potestatem patriam, vivente patre, juxta jus civile, mater jus irritandi non habet, quia de jure naturali potestas patria a patre exercetur.

II. Votum quod irritari potest a potestate patria

Votum debet esse emissum a prole minori. De voto vero emisso a prole minori sed confirmato a parentibus potestas irritandi adhuc remanet in eis, quia consensus non tollit potestatem; parentes igitur posssunt valide irritare istud votum.

Attamen votum quod emissum fuit a prole minori, sed confirmatum post aetatem majorem, non potest irritari a parentibus, quia proles nunc jam non sunt subditae parentibus quoad voluntatem suam totam et parentes in eas non amplius exercent potestatem dominativam in voluntatem. Votum vero factum in tempore minorennitatis et non expresse confirmatum in majorennitate potest adhuc irritari a parentibus secundum aliquos auctores;[35] sed hoc nobis non apparet esse omnino probabile, quia jus clare dicit: qui potestatem dominativam in voluntatem voventis legitime exercet potest irritare votum. Parentes postquam proles aetatem majorem jam adimplevit potestatem dominati-vam in voluntatem prolis non legitime exercent.

Articulus VI. De potesta patria relate ad educationem prolum

I. Parentes sibi vindicare possunt jus educandi proprias proles contra tertiam personam

Officium educationis matrimonio intrinsece inhaerens jus paren-tibus confert contra quampiam alteram personam quae eos ad suum officium implendum deturbare aut excludere tendat. Nam si jus educandi directe aliis quam parentibus etiam competat, unitas, quae est requisitum necessarium educationis, deficit et conatus parentum ab aliis frustrari possunt.[36] Societas civilis jus educationis quidem etiam habet sed sese habere debet ut auxiliarium parentum, neque potest monopolium educationis instituere, spoliando jus parentibus[37] . "Habet igitur familia proxime a Creatore munus proptereaque jus prolis educandae; quod quidem jus cum abjici nequeat, quia cum gravissino officio conjunctum, tum cujusvis societatis civilis et reipub-licae juri antecedit, eaque de causa nulli in terris potestati illud infrin-gere licet."[38]

---

(35) Ballerini-Palmieri, Opus theolog. Morale, (Prati 1899) vol.II, n.680.

(36) V. Cathrein, Philosophia moralis, ed. XVII, n.653.

(37) Ottaviani Al., Institutiones J. Publici eccles. (Romae 1936) vol.II, n.341.

    V. Cathrein, Pholosofia morale, (traduzione italiana, Fierenze, ed.III) vol.II, p.625 sq.

    A. Ferretti, Institutiones phil. moralis, Romae 1891; vol.III, p.126.

(38) Pius XI. Liff Qus. "Divini illius magisten" (31, Dec. 1929) A.A.S. vol.XXI, 1929, p.506.

II. Parentes jus educationis sibi vindicare contra ecclesiam nequeunt

Christus Ecclesiam suam constituit magistram perennem generi humano eique jus ac officium tribuit docendi omnes gentes. Ecclesia igitur relate ad educationem religiosam jus exclusivum habet et parentibus mandatum dat ut proles secundum suam mentem in religione edocent. "Christus Dominus fidei depositum Ecclesiae concredidit ut ipsa, Spiritu Sancto jugiter adsistente, doctrinam revelatam sancte custodiret et fideliter exponeret. Ecclesiae indepdenter a qualibet civili potestate, jus est et officium gentes omnes dctrinam evangelicam docendi: hanc vero rite addiscere veramque Dei Ecclesiam amplecti omnes divina lege tenentur." (can. 1322)

Jus est Ecclesiae non tantum in docendo doctrinam religiosam sed etiam in exponendis scientiis profanis. "Ecclesiae est jus scholas cujusvis disciplinae non solum elementarias, sed etiam medias et superiores condendi." (can. 1375)

Parentes igitur mandatum ab Ecclesia recipiunt docendi proles in doctrinis religiosis; quod mandatum speciatim explicatur in docendo proles ea omnia quae necessaria sunt ad salutem et in praeparendis prolibus ad receptionem sacramentorum.

Caput IV

De Fundamento Et Natura Potestatis Patriae In Jure Sinico

Articulus I. De fundamento potestatis patriae in jure sinico antiquo

Conceptus juridicus potestatis patriae apud Sinenses antiquos a conceptu dignitatis parentum secundum doctrinam confucianam dependet; in doctrina confuciana parentes sunt principium exsistentiae prolum, ideoque ipsi sunt quasi Coelum prolum et participant dignitatem Coeli, creatoris. Proles ad parentes pertinent ut principatum ad principium et ut pars ad totum. Ex hoc apparet potestas patria originaliter fundatur in generatione, qua parentes exsistentiam prolibus communicant. Sed generatio non est productio qualiscumque, est vero continuatio exsistentiae generantis; propterea generatio specialem titulum potestatis generantis in generatum confert. Potestas igitur patria formaliter consistit in dignitate perantum, quatenus ipsi esse principium et totalitas exsistentiae prolum habendi sunt.

Ex hoc principio si secundum vigorem juridicam procedat, conclusio deberet esse ita: parentes jus habent in prolem sicut in rem propriam, i.e. jus proprietatis. Sed non placuit sapientibus antiguis sinensibus urgere obligationes juridicas, quia ipsi procedebant secundum "Li", quod magis sapit obligationes morales. Rigitas igitur juris proprietatis inter parentes et proles a mente sinica aliena est: proles pertinent ad parentes non uti res ad dominum sed ut sanguis ex suo sanguine et caro ex sua carne. "Le analogie nelle organizioni famigliali dei due grandi popoli non sussistono: mentre i Romani l'autorità del paterfamilias, fin dall'epoca quiritaria, era assoluta e si fondeva sull'jus vitae et necis, affievolendosi soltanto nell'età di messo e perdendo gran parte della sua forza nel periodo imperiale, per i Cinesi invece l'autorità e la patria potestas erano sostituite dall' amore e dallo rispetto filiale per il padre, e l'autorità penale spettava' anche nell'ambito familiare, all'imperatore."[1]

Potestas patria apud Sinenses antiquos ita circumscibi potest: complexus jurium quae parentes in proles acquirunt sicut in partem suae exsistentiae. Parentes jus quidem in prolem habent, sed jus suum exercent cum amore paterno, quia proles est continuatio exsistentiae eorum.

Articulus II. De fundamento potestatis patriae in jure sinico vigenti

Conceptus potestatis patriae in jure sinico vigenti est diversus ac in jure sinico antiquo. Jus sinicum familiale actuale conceptum juridicum occidentalem recepit et negat filios de tota sua vita ad parentes ordinari. Potestas patria in jure antiquo nimiam extensionem habebat et non paucos casus abusuum causavit; jus vigens in reactionem potestatem patriam ad minimum terminum restrinxit. In jure civili sinico vigenti non invenitur terminus potestatis patriae et quando agitur de hac materia titulus ponitur de relatione parentes inter et prolas.

Fundamentum potestatis patriae consistit in suis officiis naturalibus versus proles, quae parentes ex naturali lege recipiunt; jura ac officia parentum sunt correlativa et in legibus semper insimul nominantur.[2] "Parentes habent jus et officium protegendi alendi atque educandi proles minores." (art. 1084, jus civile)[3]

---

(1) Ines-Joli-Insubato, Lineamento dellosviluppo del Diritto cinese, Roma, 1937; p.7.

(2) Jus familiale in jue sinico civili vigenti; Hu-chang-tseing. Shanghai, 1936, p.274.

(3)Jus familiale Sinicum vigens; Tsong-hong-shing. Shangh-hai, 1933; p.242.

Articulus III. De natura potestatis patriae in jure sinico antiquo

I. Ambitus potestatis patriae

Potestas patria mensuratur a suo fundamento et fine. Si potestas patria datur, quatenus parentes officium alendi ac educandi proles habeant, potestas haec extinguitur quando officium corespondens cessat. Nunc vero potestas patria in jure sinico antiquo fundatur in relatione parentum ad totam exsistentiam prolum, potestas mensuratur per exsistentiam prolum.

Quoad tempus- Potestas patria non ipso facto cessat, quando proles major facta est vel matrimonium contraxit, sed perdurat usque-dum parentes e vita decesserunt. Nam proles, uptote principatum et pars parentum, ab eis nunquam separari debent, et quando proles cum parentibus insimul cohabitant, sub eorum potestate remanent. Mos apud populum sinicum ab exordiis historiae jam prohibebat separa-tionem prolum a parentibus et constitutionem familiae propriae, ante-quam parentes in sepulchrum descederunt. Jus postveniens morem exsistentem confirmavit et poenis statutis proles cum parentibus commorari urgebat.

"Viventibus avo vel avia, patre, vel matre, proles partem bonorum sibi debitam accipere et familiam separatam constituere praesum-serint, intrudantur in carcerem per tres annos. Parentes vero, idest avus vel avia, pater vel mater, mandaverunt ut proles propriam ac sepa-ratam familiam constituant vel proles suas aliis dederunt illegitime ad successionem hereditariam, in carcere includantur per duos annos; proles vero sine culpa absolvuntur."[4]

"Viventibus parentibus, idest avus vel avia, pater, vel mater, proles partem bonorum sibi debitam accipre et familiam separatam constituere praesumpserint, poenas centum virgarum mulctantur...Si

---

(4) Codex Tang, L.IV. Tom.XII, art. "Proles non debent separari"

parentes hoc indulserint, faciant libenter."[5]

Constitutio familiae sinica erat forma familiae magnae, quae intra suas parietes plures generationes amplectebatur. Auctoritas in ambitu familiae habebatur unica in patre-familias; omnia vero alia menbra, licet essent majores, sui juris non erant. Attamen conceptus patrisfamilias in familia sinica differens est ac in familia romana; nam paterfamilias apud Sinenses non considerabatur ut caput in quo resident omnia jura et potestas, sed considerabatur ut principium a quo omnes suam exsistentiam receperunt. Idcirco paterfamilias potestatem exercet in personas familiae, quia ipse jus in existentiam earum habet.

Quoad objecta- Potestas patria amplectitur omnes actus prolis quia parentes jus habent in totam exsistentiam prolis. Totus filius est sub potestate patria, cujus vero exercitium moderatur criterio hoc: exigere non posse a prolibus id quod esset contra amorem naturalem paternum.

II. Subjectum potestatis patriae

In familia sinica potestatas patria exercetur a patrefamilias, si paterfamilias est ascendens lineae rectae. Si vero paterfamilias est consanquineus lineae collateralis, jura parentum, quae sunt circa ordinem communem familiae uti de bonis, exerceri dedent a patrefamilias, caetera jura versus proles a parentibus ipsis exercentur. Potestas itaque patria plerumque coniugitur cum potestate patrisfamilias et subjectum potestatis patriae est paterfamilias.

Paterfamilias secundum morem jusque sinicum constituitur illa persona quae ascendentem consanquineum in familia non habet et est sensor inter consanquineos aequales.[6]

Quaestio agitur inter jurisperitos modernos Sinenses; an mulier

---

(5) Codex Ts'ing, L.III, tom.VIII, c. de familia, art. "proles non debent..."

(6) Primum schma praeparatorium J.F., art. 1324; "Paterfamilias constituitur illa persona quae est primus interlineas ascendentes."

poterat esse paterfamilias vel non. Plures negant mulierem posse esse patremfamilias (caput familiae) et assertionem probare conantur argumentis deductis ex doctrina morali et praxi [7]. Nam celebra est illa sententia, quae dicit: "mulier...habet triplicem subjectionem: in pueritia subjecit parentibus, post matrimonium subjecit marito, post mortem mariti subjecit filio."[8] Et praxis popularis etiam tendit ad avertendam mulierem a gubernatione familiae.

Attamen, adhaerendo fideliter spiritui juris, debemus contrarium tenere et affirmamus mulierem secundum jus posse habere potestatem patrisfamilias. Certum est quando maritus in vita adhuc dies degit et est sanae mentis, mulerem nunquam sibi gubernium familiae arripere debere. Sed, murtuo marito et deficiente consanquineo ascendente, mulier gubernium familiae sibi suscipere potest; de facto vero propter defectum cognitionis experientiaeque mulier difficultatem timens filio, si jam major est, negotia familiae committit. Assertio non obstantes doctrina et praxi morali, firmis argumentis probari potest. Primo quia jus, quando loquitur de patrefamilias, non distinguit sexum et quando loquitur de avo, avia associatur, item quando de patre, mater associatur. Secundo quia jus explicite supponit mulierem posse esse caput familiae; jus enim, quando statuit responsabilitatem delicti commissi in detractione tributorum et servitii publici, clare dicit: si caput familiae sit mulier et ipsa realiter non teneat gubernium familiae, tunc responsabilitas cadit super personam quae familiam regit sub nomine ipsius mulieris.[9]

Sub nomine patris hahendus est pater adoptans, qui filium adoptavit in successionem hereditariam idest per adoptationem perfectam. Relatio enim inter parentes adoptantes et filium adoptatum per adop-

---

(7) Tchu-chiao-yang, Parvum studium originis J.F. Sinici; (Shanghai 1934; p.69; Tcheng-ku-yuang, Parva historia matrimonii sinici Shanghai 1935; p.93.

(8) I-li, (cèremonial) (traductio S. Couvreur Hsien-Hsien 1916, p.400) c.XI.

(9) Codex Tang, L.IV, tom.XII, art. "de fraude in censu."
Codex Ts'ing, L.III, tom.VIII, c. de familia, art. de faude in censu".

tionem perfectam est eadem ac inter parentes et filium naturalem.[10]

Sub nomine matris praeter matrem naturalem veniunt uxor principalis patris et uxor secundi matrimonii patris. Ob consuetudinem polygamiae unus vir plures uxores habere poterat; sed inter uxores, erat una principalis, quae erat prima et habet titulum uxoris; caeterae mulieres sunt concubinae et non eandem positionem juridicam habent ac uxor principalis. Liberi concubinarum versus uxorem principalem patris habent relationem sicut ad matrem suam et idcirco, mortuo patre, sub potestate ejus esse debent. Uxor secundi matrimonii patris relate ad liberos prioris uxoris mariti habent auctoritatem matris et ab ipsis venerantur sicut mater.

Articulus IV. De natura potestatis patriae in jure sinico vigenti

I. Ambitus potestatis patriae

Potestas patria in jure sinico vigenti ob mutationem conceptus juridici non jam exercetur in bonum parentum, sed in bonum prolum, quia fundamentum hujus potestatis in officiis parentum versus proles invenitur. Ambitus potestatis proportionatur fini. Jus sinicum vigens ambitum potestatis patriae stabilivit in articulo supra citato: "Parentes

---

(10) Tchu-chiao-yang, Parvum studium originis J.F. Sinici; Shanghai 1934; p.8.
Filius adoptatus per adoptionem perfectam vocatur filius hereditarius. Cum consuetudo sinica juxta principia moralia familiam continuari in suis posterioribus debere affirmaret, parentes prolibus carentes filium adoptivum ad continuationem suae familiae assumere tenentur. Hereditas in jure sinico antiquo constituitur principaliter non ex bonis, sed ex titulo ad filium hereditarium seu ad sacrificium antenatis offerendum. Heres, qui legitime antenatis suae familiae sacrificare possunt, esse primogenitus uxoris principalis debet. Si quando uxor principalis ulvam non aperuerit, vel perdiderit omnes filios natos, tunc filius ad hunc titulum constituitur secundum ordinem stabilitum a jure. Filius hereditarius debet esse ex suae gentis consanquineis et esse non ex superiore generatione, scilicet secundum generationem non esse superiorem parentibus adoptantibus.

habent jus et officia protegendi, alendi atque educandi proles minores." (art. 1084) Potestas parentum igitur circumscribitur objectis et tempore.

Quoad objectum- parentes suam potestatem non exercent, sicut in jure antiquo, in totam exsistentiam prolis et consequenter in omnes actiones prolis, sed in actus qui pertinent ad officia alendi, protegendi atque educandi. In his etiam objectis parentes non habent absolutum exercitium potestatis sed inter limites legis.

Quoad tempus- potestas patria cessat, quando filius jam major factus vel matrimonium contraxit. Potestas parentum conmensuratur capacitate agenti prolis; crescitur enim capacitas agendi liberi, decrescitur potestas parentum. De capacitate agendi jus civile vigens ita statuit: "Qui viginti aetatis annos complevit, est persona major." (art. 12) "Persona minor septem aetatis annos completos nundum habens, incapax agendi hebetur. Persona minor post septem aetatis annos completos, capacitatem diminutam agendi habet. Persona vero minor post matrimonium capacitatem agendi habet." (art. 13)

II. Subjectum potestatis patriae

Subjectum potestatis patriae est pater et mater: "Nisi lex aliter statuat, jus et officium in proles minores pater et mater insimul exercent et adimplent. Quando in exercendo jure voluntates patris et matris concordes non sunt, jus a patre exercetur. Quando pater et mater non possunt insimul adimplere omnia officia, officia adimpleantur ab illa parte quae capax est." (art. 1089)

Hic statuitur summa aequalitas inter patrem et matrem relate ad jura ac officia versus proles, quia spiritus legis ad absolutam aequalitatem mulieris et viri tendit. Praeferentia viri quidem adhuc habetur, quando voluntates patris et matris non sunt concordes, sed haec praeferentia est minima. Circa officia jus dicit, quando duae partes non possunt insimul adimplere, adimpleat pars capax. Hoc valet quoad educationem, valet quoque quoad protectionem et sustentationem. Pro administratione enim familiae jus non statuit quod vir est caput vel administrator familiae et admissit systema separationis bonorum conjungum et conjuges reciproce pro negotiis familiae esse procuratorem adinvicem. (art. 1003) Propterea pro adimpletione officiorum versus proles conjuges conccurrere debent et, deficiente una parte, altera suplet.

Pro filio illegitimo mater habet potestatem patriam, ad quam acquirendam non requiritur recognitio filiationis facta a matre, quia jus statuit relationem inter filium illegitimum et matrem esse sicut filium legitimum cum matre (sine recognitione juridica). Pater vero potestatem patriam in filium illegitimum acquirit, quando ipse filium illegitimum esse suum filium recognovit. Recognitio fit vel explicite per actum recognitiois, vel implicite per ministrationem sustentationis atque educationis. (art. 1065)

Relatio inter parentes adoptantes et filium adoptatum est sicut inter parentes et liberos naturales, nisi lex aliud cautum sit. (art. 1077) Itaque parentes in filium adoptatum potestatem patriam exercent, si ipse est adhuc minor.

Articulus V. De effectibus juridicis potestatis patriae in jure sinico antiquo

I. Incapacitas agendi prolis

In familia antiqua sinica, quae erat magna in sua constitutione et inter suas parietes plures generationes continebat, primus de consanguineis superioris generationis officium patrisfamilias retinebat et unicus potestatem in alia menbra exercebat. Menbra familiae, licet sint majores, imo etiam senes, capacitatem agendi non habebant; omnia enim quae sunt relate ad vitam familiae, pertinet ad patremfamilias et omnes actiones prolum sunt sub potestatem parentum. Ideoque proles, quamdiu sub tecto familiae paternae vivebant, semper nuncupabantur minores. Nam, cum proles essent in familia parentum, omnia bona, quae prolibus sub quocumque titulo proveniunt, habentur esse bona parentum et proles de his bonis nullo modo disponere possunt; ideo relate ad bona proles sunt incapaces in agendo. Quoad electionem status vitae scilicet de matrimonio contrahendo et professione exercenda proles a voluntate parentum semper dependent neque per seipsos statum suum statuere valent. In aliis rebus proles nunquam firmiter agere possunt, quia sunt sub potestate dominativa parentum. Ratio summatim est haec, quia proles sub potestate paremtum viventes, non habent aliquid suum proprium; omnia enim prolum sive vita, sive facultates, sive bona ad parentes pertinent et de his omnibus proles sine voluntate parentum invalide et illicite disponunt.

Exceptiones vel immunitates a patria potestate non dantur et etiam immunitate a jure naturali stabilitae a jure sinico antiquo non recognoscuntur uti de electione status vitae. Matrimonium sine consensu parentum consistere non potest, imo matrimonium antea valide contractum disolvi etiam potest a parentibus, si mulier ipsis non placuerit. "Si filius admodum concordet uxori suae (eam amat), et parentes eam non ament, ejiciet (filius eam); si filius non concordet uxori suae, et parentes dicant: illa bene inservit nobis, filius exequatur conjugalem regulam (retinet eam) et ad finem vitae non pessundabit."[11]

In jure antiquo sinico aderat instituio juridica majorennitatis et persona distinquebatur in majorem et minorem. Ritus pro festa majorennitatis est ritus imponendi pileum; annus ad recipidum pileum statutus consideratur esse annus major. In regula demestica libri Li-ki annus pro viro est vigesimus aetatis, pro femina est decimus quintus.[12] Dynastia Tang personam ita distinquit: "Anno quinto-U-teng (624 P.C.) magnae dynastiae Tang decretum publicatum fuit: masculus vel femina nuper natus vocatur infans; quattuor annorum natus vocatur minor; sexdecim annorum natus vocatur medius; ving-

---

(11) Li-ki, cap. de domestica regula; (cfr. Zottoli, Curusus litteraturae sinicae, Shanghai, 1880; vol. III, p.693)

(12) Li-ki (ut in nota prima p.713)

inti unius annorum natus vocatur major et sexaginta annorum natus vocatur senex."[13] Dynastia Song habet personam majorem viginta unius annorum natam; dynastia Ming statuit personam majorem esse sextecim annorum natam; dynastia Ts'ing idem constituit ac Ming.[14]

Attamen effectus juridicus majorennitatis toto coelo differt a majorennitate in aliis juribus; majorennitas in jure sinico antiquo statuta est non ad concedendam capacitatem agendi, sed ad stabiliendam obligationem tributorum et laboris publici. Persona minor tributa non solvebat neque labores publicos praestabat; quando vero una persona pervenit ad majorem aetatem, tunc incipit habere obligationem tributa et laborem pubilicum solvendi.

Proles in certis circumstantiis agere per seipsas valent, scilicet cum permissione parentum extra domum paternam commercium vel munus publicum gerebant. Nam in his casibus proles in iis omnibus relate ad commercium et munus publicum semper valide agunt et etiam circa actus ordinarios in disponendis bonis capaces nuncupantur. Hoc quidem in jure non dicitur sed in consuetudine ita semper erat.

II. Obligatio juridica pietatis filialis

Pietas filialis per se est virtus moralis et obligationem moralem tantum habet. Tamen apud Sinenses antiquos res diversa hahebatur, quia propter intimam connexionem ordinis moralis et ordinis juridici, obligationes morales induunt characterem juridicum. Praeterea quia parentes jus habent in totam existentiam prolis, obligationes pietatis filialis adiveniunt obligationes judicae, quae a parentibus juridice exigi possunt.

Jus statuit poenae graves contra diversas species delicti impietatis, contra defectum sustentationis, contra violationem personae parentis, contra honorem parentis. Sed adest generalis lex quae statuit

---

(13) Yang-hong-lie, Historia J.S., Shanghai, 1933; vol.I, p.507.
(14) Yang-hong-lie, (ut in nota I.), vol.I, p.627; vol.II, p.853, 997.

omnes actus impios puniendos esse poenis congruis; idcirco omnes actus pietatis filialis sunt imperati sub poena legali et parentes a prolibus pietatem exigere possunt cum vigore hujus praescriptionis legalis.[15]

Articulus VI. De effectibus juridicis potestatis patriae in jure sinico vigenti

I. Parentes sunt tutores legales prolis

Jus vigens sinicum civile clare determinavit effectus, qui ex potestate patria nascuntur. Principium generale sic proponitur: "Parentes habentur esse tutores legales prolum minorum." (art. 1086) Persona infans capacitatem agendi non habet et persona minor capacitatem agendi diminutam habet. Tam illi quam isti in agendo indigent interventu tutoris legalis vel in toto vel in parte. "Persona incapax agendi per tutorem exprimit et recipit consensum (voluntatem)." (art. 76) "Persona habens diminutam capacitatem agendi, sine permissione tutoris legalis sola agit, invalide agit." (art. 78) Potestas igitur, patria in actionibus prolum minorum est elementum constituens, quo deficiente actio stare non potest.

Parentes, quantenus tutores legales prolum, agunt momine prolum et sua auctoritate voluntatem prolum complent vel confirmant.

II. Incapacitas agendi prolum

Proles in agendo capacitatem habent secundum suam aetatem. Criterium enim dividendi aetatem est capacitas agendi, quae in tres species disperscitur: capacitas plena agendi, capacitas diminuta seu

---

(15) Codex Tang, L.VIII, tom.XXIV. art. "proles contra jusum"
Codex Ts'ing, L.VI, tom.XXX, cap. de processibus, art. "proles contra jusum"

imperfecta agendi et incapacitas absoluta agendi. Persona infra septennium est incapax absoluta agendi; persona supra septennium sed infra
vigesimum habet capacitatem diminutam; persona vero supra vigesimum annum aetatis habet plenam capacitatem. Praeter majorennitatem
naturalem matrimonium quidem capacitatem agendi personae confert.
(art. 13) Itaque si proles infans est, absolute incapax habetur ad agendum et agit mediantibus parentibus. Proles minor, licet capacitatem
diminutam agendi habeant, agere debent vel mediantibus parentibus
vel cum parentibus, exceptis iis de quibus jus aliud cautum sit.
"Persona habens capacitatem diminutam agendi ad manifestandum et
recipiendum consensum indiget permissione vel consensu tutoris
legalis; exceptis iis, quae de acquisitione simplici beneficii juris vel
de actionibus pro ejus statu et aetate ad vitam quotidianam necessariis." (art. 77) "Persona habens capacitatem diminutam agendi sine
permissione tutoris legalis invalide agit." (art. 78) "Persona habens
capacitatem diminutam agendi sine permissione tutoris legalis contractum iniverit, contractus post recogntionem (ratihabitionem) tutoris
legalis validitatem tandem recipit." (art. 79) "Persona absolute incapax agendi non potest conficere testamentum. Persona vero habens
capacitatem diminutam agendi sine permissione tutoris legalis testamentum conficere potest; sed infra sextecim annos aetatis completos
minor non potest conficere testamentum." (a. 1186) "Persona quae per
actum juridicum sibi obligationem independenter suscipere valet,
capacitatem in judicio agendi habet." (art. 42 J. proc. civile) "Persona
incapax agendi in judicio invalide causam introducit et invalide facit
alias actiones judiciales.." (art. 45, J. proc. c.)

Exceptiones ab incapacitate agendi prolibus minoribus a jure
conceduntur sed sunt paucae. (art. 77, 84, 85.)

Caput V

De Exercitio Potestatis Patriae In

Jure Sinico Antiquo

Articulus I. De potestate patria in personam prolis

Jus sinicum scriptum, quod est potius poenale quam disciplinale, non statuit quid potestas patria agere posset, sed prohibuit ea quae a parentibus fieri non deberent. Exercitia hujus potestatis cognosci possunt ex principiis moralibus ac juridicis et ex prohibitionibus. Distinguimus exercitia in tres partes, scilicet in personam, in statum vitae et in bona prolis.

Persona, individuata exsistentia, filii tota sub dependentia parentum habetur; potestas igitur patria primo loco exercetur in ipsam personam et facultates filii.

I. Jus utendi

Finis potestatis patriae in jure sinico antiquo ad bonum prolis non ordinatur, sed consistit in utilitate parentum, quia parentes jus habent in proles quatenus sunt principium eorum; sed principium non ordinatur ad principiatum, principiatum vero ad principium suum ordinari debet. Cum tota exsistentia filii consideretur ut continuatio et complementum exsistentiae parentum, exsistentia prolis ad perfectionem seu ad utilitatam exsistentiae parentum tendit.

Itaque parentes exigere possunt ut proles suas facultates physicas, spirituales...in eorum servitium ordinent. Labores cujuscumque speciei, salvata semper natura humana, prolibus imponere ipsi parentes valent ut proles cum propris sudoribus conatisque omnia necessaria vitae, etiam abundantia, si qua possibilis sit, eis praestent. Proles igitur labores exercere debent, non tantum quia ipsi sustentationem a familia recipiunt, sed praesertim quia ipsi nati sunt ut suppleant parentes in laboribus. Mencius, magnus discipulus Confucii, (circa a. 372-289 a.C.) saepe saepius affirmat jus parentum ad quietem, quando ipsi proles ad labores jam ideneas habent. In hoc capite filii considerari possunt ut servi genitorum.

Hoc autem jus utendi non est confundendum cum jure proprietatis, quia Sinenses antiqui non concipiebant jus proprietatis nisi in rem irrationalem.

II. Jus castigandi

Castigatio, malum physicum aliquo modo infligens, medium educationis est et habetur semper in potestate parentum. Jus sinicum castigationem habet primario non ut medium educationis, sed ut poenam quandam contra inobedientiam. Si parentes jus in proles exercere valent, necessarium est ut datur eis medium ad urgendam obligationem. Hoc medium est castigatio.

Pro castigatione limes in jure statuitur, ne parentes in utendo jure suo excesus committant. Castigatio infligi potest usque ad mutilationem; mutilatio jam prohibitur." quando gradus superior (ascendens) percutit inferiorem gradum consanguinitatis, si sine mutilatione, casus non consideratur; si vero cum mutilatione, punitur poenis ordinariis de mutilatione cum diminutione..."[1]

Parentes, qui in castigatione infligenda involuntarie mutilaverunt vel occiderunt proles, a delictis vacant; casus hic scilicet absolvendus ille qui involuntariam mutilationem vel occisionem commissit, non datur in jure, nisi parentibus.[2]

Jus est parentibus, ut, si ipsi vellent, proles inobedientes judicibus tradere possint. "Quando parentes, idest avus vel avia, pater vel

---

(1) Codex Ts'ing, L.VI, tom.XXVIII, c. de conflictis, a. "superior gradus..."
(2) Codex Tang, L.VIII, tom.XXII, a. "Percutio et maledictio contra..."

mater, accusant proles inobedientes et petunt eas in exilium mitti, mittantur proles accusatae in extremam regionem..." "Si parentes idest avus vel avia, pater vel mater, liberos suos eorumque uxores judici tradunt, petentes eorum exilium, liberi una cum uxoribus in exilium mittantur..."[3] Tamen erroneum est, si quis affirmat potestatem infligendi poenam legalem parentibus competere; quia castigatio non sapit poenam legalem.

III. Non datur jus necis

Videtr esse consequens naturale admittere jus necis; quia si parentes jus in totam exsistentiam prolis sicut in rem suam habent, naturale est quod ipsi possunt vel conservare vel tollere exsistentiam prolis. Tamen de facto jus necis non datur parentibus Sinensibus. Hoc provenit ex duabus rationibus: una ratione juridica, altera ratione morali. Ratio juridica, qua jus necis parentibus Sinensibus non confertur, haec est: parentes jus absolutum in prolem non habent. Nam proles non sunt considerandae ut res irrationales, in quas jus proprietatis absolute exerceri potest; proles pertinet ad parentes, sed secundum naturam suam. Natura liberorum est natura humana quae jus ad vitam inviolabile unicuique concedit. Quapropter diximus supra, quod parentes jus in exsistentiam prolis exercere possunt, salvata

---

(3) Codex Ts'ing, L.VI, tom.XIII, c. de accusatione, a. "Si parentes..."

N.B. In jure sinico antiquo dantur quinque classes poenarum quarum unaquaeque in diversos gragus dividitur. (Codex Tang, L.I, tom.I, c. de poenis.)

1) Flagelatio: a) 10 ictus; b) 20 ictus; c) 30 ictus; d) 40 ictus; 3) 50 ictus...

2) Virga: a) 60 ictus; b) 70 ictus.; c) 80 ictus.; d) 90 ictus.; e) 100 ictus..

3) Carceratio: a) unius anni cum 60 virgis; b) unius et dimidii an. cum 70 vir.; c) duorum an. cum 80 vir.; d) duorum et dimidii an. cum 90 vir.; e) trium an. cum 100 virgis.

4) Exilium: a) in terram 2000 "Li" distantem; b) in terram 2500 "Li" distantem; c) in terram 3000 "Li" distantem unacum 100 virgis.

5) Poana mortis; stragulatio et decapitatio.

semper natura humana. Ratio moralis, qua jus necis parentibus negatur, consistit in duobus capitibus. Primum quia occisio prolis habetur abhorrenda amori naturali quem parentes versus prolem sicut versus partem et continuationem suiipsius habere debeant. Secundum quia occisio prolis est magnum delictum contra pietatem filialem versus antenatos; etenim cum proles occisa fuerit, sacrificium antenatorum a nemine continuetur, vel saltem diminuetur. Jus itaque sinicum jam ab antiquissimis temporibus occisionem prolum prohibuit:

"Parentes, idest avus vel avia, pater vel mater, cum armis proles suas occiderint, puniatur poena carceris quinque annorum; si occiderint propter odium, poena augetur per unum gradum."[4]

"Parentes (avus, avia, pater, mater) liberos suos occiderint, mulctantur poenas carceris duorum annorum cum dimidio."[5]

"Superior gradus consanguinitatis si occisionem inferioris gradus tentaverit, puniatur poena de occisione cum diminutione duorum graduum; si vero jam vulneraverit, poena de occisione cum diminutione unius gradus; si occiderit poena de occisione puniatur."[6]

"Si propter inobedientiam parentes (avus vel avia, pater vel mater) proles occidere praessumpserint, puniatur poena carceris unius anni."[7]

"Parentes sine causis cum armis prolem occiderint, puniatur virgis septuaginta septem ictuum. Parentes cum audivissent filiam suam nuptam crimen commississe, eamque occiderint, mulctantur poenas flagelationis quiquaginta septem et restituant arrhas familiae mariti filiae. Cum filius se impie gessisset versus parentes, parentes ideoque

---

(4) Tou-yim, Collectio misceilanea in art. 167 citat hanc praescriptionem quae est de jure dynastiae Wei septentrionalis (s.V-VI p.c.) cfr. Yang-heng-lie, Historia J.S. (Shanghai 1933), vol.I, p.258.

(5) Codex Tang, L.VIII, tom.XXII, a. "Parentes prolem occiderint..."

(6) Codex Tang, L.VII, tom.XVII, a. "Superior gradus..."

(7) Codex Tang, L.VIII, tom.XXII, art. "Propter inobedientiam..."

eum ejusque uxorem occiderint, puniantur poena septuaginta septem virgarum."[8]

"Cum proles inobedientiam commississet, parentes idest avus vel avia, pater vel mater, irrationabiliter (non secundum legem) eam occiderint, puniantur centum virgis; sine ulla causa prolem occiderint, mulctantur poenas sexaginta virgarum et unius anni carceris."[9]

Non defuerunt quidem casus expositionis vel imersionis infantium speciatim puellarum. Sed doctrina moralis confuciana hoc inhumanum factum esse permissum nuuquam docuit et mos jusque sinicum ad stirpandum hoc malum conati sunt. Codex Yuen ita statuit: "Si quis suam puellam in aquam imerserit et ita eam occiderit, puniatur poena expoliationis dimidii bonorum ejus."[10]

IV. Non datur jus venditionis

Jus venditionis intelligitur jus quo parentes proles proprias in venditionem traddere possunt. Jus sinicum parentibus hanc facultatem non concessit propter principia moralia. Cum proles totaliter sint in potestate parentum, absolute loquendo, jus venditionis non est extra ambitum potestatis, quia proles ordinantur ad utilitatem parentum. Prohibitio venditionis provenit ex principiis moralibus. Principium morale prohibet genitoris et geniti separationem quae vel procedat ex parte genitoris vel procedat ex parte geniti, quia genitor genitusque unum quoddam efformant. Continuatio sacrificii antenatorum etiam exigit ut proles in alterius familiam non transferantur sine magna necessitate.

---

(8) Codex Yuen, Sectio de occisione, art. Occisio inter consanguineos" cfr. Yang-hong-lie, Historia J.S. (Shanghai 1933), vol.II, p.721.

(9) Codex Ts'ing, L.VI, tom.XXVIII, c. de conflictis, a. "Percutio..." etiam in Codice Ming, L.VI, tom.XX.

(10) Cfr. Yang-hong-lie, Historia J.S. (Shanghai 1933), vol.II, p.723.

"Venditio prolum punitur poena unius anni carceris; si vero supe-rior gradus consanquinitatis ab inferiore gradu venditur, venditio puni-tur poena mortis..."[11]

"Qui violenter vendiderit consanquineos inferioris gradus in servitutem, punitur poena de occisione; si cum consensu personae venditae, venditio punitur poena de occisione cum diminutione unius gradus..."[12]

"Qui cum cognovisset personam venditam esse a parentibus, ninilominus eam emerit, puniatur poena de venditione cum augmento unius gradus..."[13]

"Parentes proles in servitutem vendiderint, puniantur virgis octoginta..."[14]

Prohibitio tamen venditionis non est tan severa et absoluta ac prohibitio occisionis; etenim occisio directe pugnat contra naturam humanam et est prohibita propter rationem tam juridicam quam moralem; venditio autem vetatur solum propter rationes morales. In conditione normali parentes propter nullan causam proles, pretio aesti-mato, aliis traddere possunt, sed in extrema necessitate parentes, ne dicam permissi sint, tollerati saltem sunt, si ipsi proles pro pretio aliis dederint sub conditione futurae redemtionis. Factum hujusmodi in societate non raro evenerunt et auctoritates miseriam ingnorantiamque parentum istorum magis commiserabant quam eis delictum imputare volebant.

V. Parentes non possunt prostituere filias

Adest alud limen constitutum potestati patriae. Parentes jus suum

---

(11) Tou-yiu, Collectio miscelanea in art. 167 refert jus dynastiae Wei septentri-onalis. (cfr. yang-hong-lie, Historia J.S. v.I, p.257.)

(12) Codex Tang, L.VII, tom.XX, a. "ratpus et venditio personae."

(13) Codex Tang, L.VII, tom.XX, a. 'complicitas in raptu et venditione."

(14) Codex Ts'ing, L.VI, tom.XXV, c. de latroniis, a. "raptus et venditio..."

utendi persona prolis exercere debent rationabiliter; si vero irrationabiliter exercent, tunc ipsi abutuntur jure suo. Abusio potestatis
est prohibita Filia quidem officium habet servitium parentibus praestandi, sed servitium praestatur secundum normas morales. Nunc vero
prostitutio, vel etiam simplex fornicatio, in doctrina morali confuciana est summum delictum contra fidelitatem; ergo potestas patria ad
hoc extendi non potest. Fidelitas mulieris tam ante matriamonium
quam post matrimonium altis laudibus severisque vigilantiis a populo
sinico custoditur et in jure antiquo favore speciali semper gaudet.
Mulier ad conservandam suam fidelitatem praeferre debet mortem
caeteris quibuscumque violationibus. Itaque parentes ob propriam
necessitatem ad lucrum faciendum filias ad vendendam suam fidelitatem cogere nequaquam possunt. Spiritus legis et aestimatio socialis
malunt tollerare venditionem personae filiae in servitutem quam pros-
tituere filiam.

"Qui adulterio uxoris suae indulserit, ipse, uxor adultera et adulterator, unusquisque mulctatur poenas nonginta virgarum. Qui vero
uxorem suam aut filiam adoptivam ad adulterium vel fornicationem
cogere ausus fuerit, ille puniatur centum virgis, adulterator ootoginata
virgis, uxor et filia non comdamnantur; uxor etiam a matrimonio separetur et restituatur familiae parentum, ita et restituatur filia adoptiva
parentibus naturalibus. Qui filias proprias aut uxores vel concubinas
filiorum ad adulterium vel fornicationem cogerit, puniatur sicut qui
cogit uxores priprias vel filiam adoptivam.[15]

"Qui indulgere vel cogere filiam propriam vel uxorem propriam et
concubinas proprias vel filias adoptivas vel uxores et concubinas filiorum ad adulterium vel fornicationem, praeter poenas stabilitas contra
indulgentes et cogentes adulterium vel fornicationem, punitur adhuc
ad portandum "cangue" per unum annum extra portam suae habitationis..."[16]

---

(15) Codex Tang, L.VI, tom.XXV, c. de adulteriis, a. "Qui indulserit..."
(16) Codex Ts'ing, L.VI, tom.XXXIII, c. de adulteriis sponsio ad art. de indul
gentibus et cogentibus adulterium.

Articulus II. De potestate patria in statum vitae prolis

Status vitae a Sinensibus antiquis considerabatur esse simplex modus exsistentiae, vel modus vivendi. Cum tota exsistentia prolis sub potestate parentum remaneat, ejus modus certe a voluntate parentum dependet. Si potestas patria suum fundamentum in officiis sustentationis ac educationis ponit, tunc parentes quidem non valent imponere prolibus obligationem per totam vitam duraturam; si vero fundamentum hujus potestatis est in exsistentia prolis, parentes jus in totam exsistentiam prolis exercent et obligationem pro tota vita prolihus imponere queunt. Quaestiones circa statum vitae sunt praesertim duae; scilicet de professione et de matrimonio.

I. Potestas patria in determinada professione prolis

In jure sinico expresse praescriptionem circa hanc quaestionem non habetur, sed elementa juridica nobis in prompto sunt. Jus parentibus competens ad determinandam professionem prolis vindicatur ex ratione supra dicta; nam parentes habent potestatem non circumscriptam ab aetate prolis vel ab objectis educationis, sed extensam ad totam vitam prolis. Professio importat unam obligationem et quandam quasi servitutem quotidianam prolibus; quae obligatio a parentibus imponi potest quatenus ipsi jus in totam exsistentian prolis exercent.

Utilitas et bonum familiae postulant ut omnia menbra ejus fructificent. Fructificatio haec ordinatur ad bonum commune familiae, ideoque regulari debet ab ipsa persona ad quam bonum familiae pertinet. Postea bonum parentum etiam exigit ut proles illis auxilium in laboribus praestent vel eos sustituant; modus defferendi auxilium et modus supplendi determinari debent ab ipsis parentibus. Itaque electio professionis semper facienda est sub voluntate potestatis patriae.

Proles, viventibus parentibus, propriam familiam separatam constituere prohibitae sunt a lege; haec vero prohibitio in jure aequivalet prohibitioni constituendi propriam personam, quia quando prolis est in familia parentum, ipsa nunquam est sui juris, sed juris parentum, et a voluntate parentum dirigitur; ideoque ipsa incapx agendi semper remanet. Professio autem, quae non tantum est quaedam exercitio physica, sed effectus juridicos plures secumfert, non potest esse in potestate prolis, quae propriam voluntatem juridice exercendi capax non est.

In antiquitate scholae artis vel professionis nundum habebantur, sed educatio ad professionem fiebat privatim apud magistros peritos in famila. Mos erat in Sinis quod magistri non tantum electi sunt a parentibus, sed considerati sunt uti locum parentum tenentes. Omnes magistri apud Sinenses magno honore venerabantur a discipulis, quia ipsi repraesentant parentes.

Ex his rationibus concludi legitimum est quod professio prolis in antiquitate sinica a parentibus determinari, idest electio professionis est penes parentes.

II. Potestas patria in matrimonium prolis[17]

1. Conceptus juridicus de matrimonio

Jus sinicum antiquum de juribus civilibus perpauca statuit; in his paucis praescrptionibus civilibus major pars est circa matrimonium. In doctrina morali matrimonium est constituio quae altam exsistimationem meretur; matrimonium enim significat continuationem sacrificii antenatorum et ita in libris rituum pluribus praescriptionibus circumdatur.

Conceptus juridicus de matrimonio apud Sinenses antiquos differens est ac apud dotrinam catholicam. Nam matrimonium in jure sinico consideratur ut contractus inter duas familias, non vero inter duas

---

(17) P. Pierre Hoang, Le mariage chinois, Shanghai 1898.

personas privatas, scilicet inter patresfamilias duarum familiarum.[18] Hic conceptus in doctrina morali confuciana continetur, quae, cum matrimonium esse continuationem antenatorum considerat, id ad bonum familiae ordinari asserit. Finis enim mattimonii consistit in procreatione liberorum, qui, licet directe exsistentiam parentum continuent, indirecte continuationem antenatorum et familiae perficiunt; itaque matrimonium non ordinatur ad bonum privatum, ordinatur vero ad bonum familiae commune. Cum matrimonium in bonum familiae ordinari debet, id ad potestatem parentum pertinet, quorum curae bonum familiae commendatum est a naturae lege. Conceptus hic de matrimonio manifestatur in singulis caerinoniis, quae fiunt per mandatum parentum a personis specialiter electis.[19] In jure quando loquitur de duabus partibus contrahentibus, terminus thecnicus est familia viri vel familia mulieris; hoc luculenter demonstrat conceptum quem jus de matrimonio habet.

2. Matrimonium prolis juridice contrahitur per parentes

Sponsalia in antiquo jure sinico obligationem ad matrimonium contrahendum sub poenis imponebant duabus contrahentibus; ita fidelitas conjugalis pratice post sponsalia esse incipit.

In jure statuitur sponsalia perficienda esse a contrahentibus legalibus, qui non sunt ipsae personae realiter contrahentes sed sunt duae personae de parentibus sponsorom juxta ordinem jure stabilitum. Codex Tang saepe loquitur de contrahentibus lagalibus, ordinem autem observandum inter parentes adhuc non praescripsit. Code Ts'ing ordinem pro constitutione personae contrahentis legalis inter parentes expresse statuit.

"Conducere uxorem et nuptiis dare filiam, idest sponsalia prolum,

---

(18) Tchen-koo-yuan, Parva historia matrimonii sinici, Shanghai 1935; p.23.
(19) Tchen-koo-yuan, (ut in nota I.) p.96.

perficiunt parentes scilicet avus vel arius, pater vel mater; his omnibus deficientibus, ceteri consanguinei ista sponsalia contrahunt. Mortuo marito, mulier secumtulit filiam ad alterum matrimonium, ipsa perficiet sponsalia istae filiae..."[20] Terminus ceteri consanguinei in commentario officiali hujus articuli indicat personas sequentes: patruos eorumque uxores de linea paterna, amitam paternam, fratres majores et soreres majores, avum vel aviam de linea materna; deficientibus his omnibus, tunc consanguinei inferioris gradus, pro quibus luctus unius anni observatur, et consanquinei superioris gradus vel inferioris, pro quibus luctus novem mensium observatur.[21]

Aliud argumentum, quod probat sponsalia prolum juridice perficiuntur per parentes, habetur in jure quando statuitur de responsabilitate delictorum in sponsalibus commissorum. Jus, responsabilitatem horum delictorum non super personam realiter sponsalia contrahentes sed super contrahentes legales idest parentes constituit. Si isti contrahentes legales responsabilitatem super seipsos portare debent, signum est, quod ipsi in sponsalibus contrahentes principales juridici fueruat. Ergo sponsalia prolum juridice perficiuntur per parentes.

---

(20) Codex Tang, L.III, tom.X, c. de sponsalibus; responsio I and art. de contrahentibus..."

(21) Modus enumerandi consanguinitatem fit per durationem luctus in jure sinico antiquo. Luctus variatur secundum propinguitatem personae mortuae; pro persona propinguiore luctus habetur longior et gravior, pro persona magis distante luctus habetur brevior et levior. Luctus dividitur in quinque gradus:

a) primus gradus perdurat per tres annos cum vestimento confecto ex lino rudissimo sine confectione partis inferioris;

b) secundus gradus perdurat per annum cum vestimento confecto ex lino rudiori sine confectione partis inferioris, et cum virga luctusa vel sine.

c) tertius gradus perdurat per novem menses cum vestimento ex lino rudi.

d) quartus gradus perdurat per quinque menses cum vestimento ex lino ordinario confecto sed si pro persona superiori tunc cum vestimento ex lino rudiori sicut in secundo gradu luctus.

e) quintus gradus perdurat per tres menses cum vestimento ex lino ordinario confecto sed si pro persona superiori tunc cum vestimemto ex lino rudiori confecto sicut in secundo gradu luctus.

"Qui libellum sponsalium vel promissionem privatam jam fecerit de nubenda sua filia, postea vero fidem non servat, puniatur sexaginta virgis. Licet antea libellum sponsalium non scripserit, sed arrhas recipit, fide non servata, eadem poena puniatur. Si vero non tantum fides non servatur, sed etiam filia promissa alteri in matrimonium data fuerit, poena est centum virgarum. Si istud matrimonium contractum fuerit, poena erit unius anni carceris. Parentes mariti, qui hanc mulierem conduxerit, si antea cognoverit mulierem jam promissam fuisse alteri, puniantur poena eadem ac ipsi qui filiam promissam in matrimonium alteri viro tradidderit cum diminutione unius gradus. Mulier separetur a matrimonio et tradetur primo viro cui mulier prima vice promissa fuerit; si vero primus vir eam conducere non vult, tunc datur secundo viro."[22]

"In sponsalibus si familia mulieris substitutionem personae fecerit, puniatur (contrahentes legales) poena unius anni carceris. Si familia viri substitutionem fecerit, poena augetur per unum gradum. Si matrimonium nudum contractum fuerit, contrahatur inter personas antea intentas a duabus partibus. Si matrimonium vero contractum fuerit cum substituione personae, matrimonium separetur."[23]

"In sponsalibus, si una pars habet morbum incurabilem, vel defectum menbri, vel est longe senior vel junior, vel nata ex concubina, vel est adoptiva, certiores facere duas contrahentes familias opporteat, quae sicut voluerint, sponsalium libellum inscribant et secundum leges arras mittant" Postea si fides non servatur, contrahens legalis partis culpabilis punitur.[24]

"In sponsalibus vel matrimonio, si substituio personae a familia mulieris facta fuerit, puniatur (contrahens legalis) octoginta virgarum poena; arrhae familiae viri restituantur. Si substitutio facta fuerit a

---

(22) Codex Tang, L.IV, tom.XIII, art. "sponsalia de filia nubenda."

(23) Codex Tang, L.IV, tom.XIII, art. "de substituione in sponsalibus..."

(24) Codex Ming, L.III, tom.VI, cap. de matrimonio; a. "Sponasalia filiarum..."

familia viri, poena augetur per unum gradum et arrhae non restituuntur. Si matrimonium nundum contractum fuerit, contrahatur inter personas promissas; si matrimonium cum substitutione personae perfecerit, dissolvatur."[25]

"In initio sponsalium, si vir vel mulier morbum incurabilem habet, vel defectus est in uno menbro, certiores esse factas duas familias contrahentes opporteat. Si ad sponsalia intervenire voluerint, tunc liberllus sponsailum inscribatur et arrhae secundum legem mittantur et postea matrimonium regulariter contrahatur. Si casus evenit, quod puella alicui in sponsalia jam data fuerit, sed parentes de his sese penitent et propterea fides non servatur, puniuntur parentes flagelatione quinguaginta ictuum; licet antea libellus sponsalium non fuerit conscriptus, sed arrhae jam traditae sunt, casus idem habetur.- Puella jam alicui desponsata, iterum alteri in sponsalia traditur, ante matrimonium punitur (contrahens legalis) septuaginta virgarum poena; post vero matrimonium cum viro secunda vice promisso, punitur octoginta virgis. Familia, quae scienter puellam jam alicui antea promissum conduxit, habet (contrahens legalis) eandem poenam; arrhae restituantur aerario publico. Si familia conducens nesciverit puellam antea esse promissam alicui, non condemnatur et sibi restitutionem arrharum petat. Et matrimonium divolvendum est et mulier tradatur viro cui ea prima vice promissa fuit; si vir eam conducere nonvult, mulier datur secundo viro. Si familia viri hae omnia scilicet infidelitatem ad sponsalia commisserit, poena eadem habetur et arrhae non restituentur. (Jubetur quoque conducere puellam prima vice desponsatam) Ante matrimonium vir vel mulier fornicationem commiserit, praescriptiones supra dictae non applicantur. -In matrimonio, si substitutio personae a familia mulieris commissa fuerit, punitur (contrahens legalis) octoginta virgis et restituantur arrhae. Si vero substitutio personae a familis viri facta fuerit, poena angetur per unum gradum,

---

(25) Codex Ming, (ut in nota 2) a. "de substitutione..." (pro notis 2, 3, cfr. Yang-hong-lie, Historia J.S. (Shanghai 1933) vol.II, p.852.

neque arrhae restituentur. Matrimonium si nondum contractum fuerit, contrahatur inter personnas antea promissas; si jam contractum fuerit cum substitutione personae, disolvatur. -Post libellum sponsalium et arrhas traditas sed dies praefixus pro matrimonio contrahendo nondum pervenit, familia viri violenter sponsam ad matrimonium rapere tentavit; vel postquam dies matrimonii contrahendi pervenit, familia mulieris sine causis matrimonii celebrationem procrastinare praesumit; punitur (contrahens legalis) flagelatione quinquaginta ictuum. - Cum familia mulieris fidem sponsalium servare nollet, familia viri sponsam rapere praesumpserit, punitur (contrahens legalis) poena de raptu cum diminutione duorum graduum. Aut familia mulieris cum mulier secundum sententiam judicis viro tradita fuisset, eam rapere de familia viri praesumpserit, punitur poena de raptu."[26]

In omnibus textibus supra citatis jus responsabilitatem delictorum super contrahentes legales considerat, sive contrahentes reales cooperationem dederint sive non. Itaque clare manifestatur qualis conceptus de matrimonio in jure habeatur.

3. Parentes proles ad matrimonium contrahendum cogere possunt

Virginitas, quae a Christo Domino in genere humano planta est, in antiquitate mentem humanam quasi superabat absconditaque erat ab hominum sapientia. Populus sinicus, licet sit amator virtutum naturalium, hanc virtutem non cognovit neque coluit, sed matrimonium omnibus obligatorium esse consideravit. Ratio specialis etiam aderat, quia pietas filialis confuciana continuationem familiae, scilicet continuationem sacrificii antenatorum procurare tenetur; ideoque matrimonium omnibus filiis piis necessarium habetur.

"Moncius ait: defectus pietatis exstat triplex: carere posteris est maximus."[27] Haec sententia, bravis sed perspicax, influxum immen-

---

(26) Codex Ta'ing, L.III, tom.X, c. dematrimonio; a. "sponasalia et mat..."
(27) Mon-tze, cap.IV, pars.II, n.26. (cfr. Zottoli, Cursus litteraturae sinicae, Shanghai 1879, vol.II, p.507)

sum in populum Sinensem excercuit et dabat'rationes quibus multae constitutiones sociales et juridicae cohonestantur uti ducere concubinam. Proles sunt ordinatae ad continuationem parentum non solum in exsistentia physica, quae realiter brevis est; sed in memoria et amore, qui perpetuantur in sacrificiis annualibus. Sacrificium vero antenatis offerrendum perfici debent a suis posteris, non ab extraneis. Ideoque pietas filialis exigit, ut sacrificium istud nunquam cesset. Cumque sacrificium non offeratur nisi a posteris familiae, propterea procreatio prolum ad continuandum sacrificium est actus pietatis; procreatio prolum habetur tantum in matrimonio; matrimonium ergo a nulio fillo pio negari potest.

Officium itaque est unicuique ut de continuatione suiipsius et antenatorum excogitet. Cum continuatio fit per matrimonium prolum, parentes igitur jus imponendi obligationem contrahendi matrimonium prolibus valent. Hoc jus parentum, licet in codicibus non expresse dicatur, sed impliciter supponit et in consuetudine diurnis praxibus sancitum est.

Hoc jus in codicibus supponitur:

"Mortuo marito, uxor viduitatem servare volens, si coacta fuerit ad secundas nuptias, separetur a matrimonio caoacto, nisi coactio, provenisset a parentibus, idest ab avio vel avia, vel patre vel matre. Mulier a matrimonio separata in domum prioris viri restituitur; cogentes (non parentes) puniuntur poena unius anni carceris."[28]

"Mortuo marito et finito luctu, uxor in viduitate remanere volens, si coacta fuerit ad alteras nuptias, nisi cogentes fuerint parentes (avus vel avia, pater, vel mater) separetur a matrimonio coacto et restituatur familiae prioris viri ut suam viduitatem servare possit; cogentes (non parentes) puniuntur octoginta virgis..."[29]

---

(28) Codex Tang, L.IV, tom.XIV; a. de coactione vidaue.

(29) Codex Ming, L.III, tom.VI; c. de matrimonio; a. de coactione. cfr. yang-hong-lie, Historia J.S. Shanghai, 1933; vol.II, p.853.

Viduitas apud populum sinicum summis laudibus exaltabatur, quia est confirmatio fidelitatis uxoris quae juxta doctrinam confucianam uni viro traddi tantum debet. Tamen potestas patria praevalet viduitatem et filiam viduam ad matrimonium cogere valent. Ex hoc legitime deduci potest jus cogendi proles ad matrimonium contrahendum in jure supponi; nam matrimonium filiis est officium pietatis, parentes ergo proles ad officium adimplendum cogere certe queunt. Coactio vero viduae ad secundas nuptias tandem in cedice Ts'ing sub omni respectu prohibita est, etiamsi coatio fuisset facta a parentibus.[30] Haec vero prohibitio assumi ad probandam spoliationem juris cogendi matrimonium non potest, quia viduitas habetur in jure ut aliquid licitum et laudabile et ideo statuitur defensio; virginitas vero a jure non approbatur; matrimonium e contra omnibus necessarium erat.

Hoc jus etiam in consuentudine diuturnis praxibus sancitum est. Nam consuetudo erat ut sponsalia prolum aliquando fieret in annis, in quibus proles usum rationis nondum habent, immo etiam aliquando adhuc foetus sunt. Haec autem sponsalia contrahabantur a parentibus et obligationem eandem habehant acsi sponsalia in maturi aetate prolum facta. Sed casus potuit esse, in quo proles matrimonium contrahere nolebat, nihillominus fides a parentibus data ab ipsa prole servanda est et sic matrimonium nuncupatur esse obligatorium. Codex Ts'ing hanc consuetudinem sponsalia in tenerissimis annis prolum faciendi prohibere tentavit, sed consuetudo, non obstante prohibitione, in societate propter suam profundam radicem removeri non potuit, nisi in his ultimis temporibus.[31]

---

(30) Codex Ts'ing, L.III, tom.X, c. de matrimonio; a. Nuptiae Viduae:

"Mortuo marito et finito luctu, uxor in viduitate remanere volens, cum coacta fuerit ad alteras nuptias; si matrimonium coactum jam contractum fuerit, ipsa in matrimonio remaneat; si matrimonium nondum fuerit contractum, sponsalia disolvantur et mulier in viduitate maneat. Cogentes si fuerunt parentes (avus, avia, pater mater) puniantur octoginta virgis..."

(31) Codex Ts'ing, L.III, tom.X, c. de matrimoio; responsio 2 ad art. de nuptiis.

4. Parentes determinant matrimonium prolum

Electio sponsi vel sponsae pro matrimonio prolum fit a parentibus; si sponsalia fiunt in aetate in qua proles usum rationis nondum adepta est; hoc clarum est, nempe proles in eo momento quo sponsalia contrahuntur, nec sciunt eligere neque sciunt quid sint sponsalia; si vero sponsalia fiunt, postquam proles usu rationis jam gaudet, parentes sunt semper contrahentes principales et nomine proprio faciunt. De facto parentes voluntatem prolum interogare solent, sed de jure ipsi non sunt obligati ad petentum consensum prolum et si ipsi contrahunt sponsalia pro prolibus, insciis vel absentibus iis, vel etiam contradicentibus, sponsalia suam obligationem ad matrimonium contrahendum prolibus imponunt.

Consensus parentum pro matrimonio prolum est elementum principale; eo deficiente, matrimonium non potest exsistere. Nam si sponsalia fiunt quasi nomine parentum, consequens est ut eorum consensus sit necessarius ad validitatem. Nam id quod fit nomine proprio, fit de ejus consensu.

Postea cum sponsalia considerantur esse contracta inter duas familias et in his sponsalibus parentes duarum familiarum sibi mutue proles in matrimonium promittunt, sponsalia igitur perficiuntur per consensum parentum. Hoc consequitur etiam ex alio capite; eo quod parentes jus in personam prolum habent, propterea parentes sibi jus vindicant ne proles se alteri traddant sine eorum praevio consensu.

In jure sinico antiquo consensus prolum pro proprio matrimonio non comtemplatur; non propter quod jus affirmat matrimonium sine proprio consensu perfici posse, sed quia consensus parentum est principalis, de quo jus tantum lequitur. Reapse non deficiebat consensus prolum, quoniam proles cognoscebant sponlia a parentibus contracta a se observanda esse et sibi praesto non esse aliud medium ad solvenda haec sponsalia, in matrimonio de facto, licet aliquando coacta, consenserunt, vel saltem per vitam conjugalem matrimonium tacite ratihabuerunt.

Datur casus in quo proles sibi in matrimonium mulierem a se electam sine praevio consensu parentum conducere valent; quando enim filius de consensu parentum extra domum paternam longe se degebat pro commercio vel officio publico fungendo; si ipse, insciis parentibus, sponsalia cum muliere honosta fecit sponsamque in matrimonium conduxit; ejus matrimonium valet etiamsi parentes domi manentes alia sponsalia pro ipso filio fecerant, inscio quidem filio.[32]

Articulus III. Potestas patria in bona prolum

I. Omnia bona prolis sunt bona parentum

Omnia bona sive mobilia sive immobilia familiae sub potestate patrisfamiliae administrantur; paterfamilias jus proprietatis habet in bona familiae et ipse de eis sicut vult disponere potest.

Proles quamdiu familiam separatam a familia paterna non constituerit, bona privata nomine proprio nunquam possidet. In jure sinico inveniri non potest aliqua species peculii prolum, et mos proles possidere prohibet. "Tant ses parents sont en vie, il ne promet pas à un ami de se devouer pour lui jusqu'à la mort, (parce que la vie ne lui appartient pas, mais appartient a ses parents) il ne possède rien en propre."[33]

Si omnia bona sunt in proprietate parentum, proles de bonis nihil possunt agere sine mandato vel saltem consensu eorum. Jus propterea sanctiones poenales statuit contra actiones illegitimas prolum circa bona.

---

(32) Codex Tang, L.IV, tom.XIV, a. "de sponsalibus prolum qui sunt extra..."

(33) Li-ki, cap. K'ui-li, part. I, art. III, n.14. (tradutio S. Couveur 1913; v.I. p.14)

"Consanquinei inferioris gradus vel filiifamilias sua voluntate bona familiae impendere praesumpserint, pro unoquoque decimo "P'i" puniantur decem ictuum flagelationibus; sed summum flagelationis non excedat centum ictus..."[34]

"Consanguinei inferioris gradus vel filiifamilias sua voluntate bona familiae impendere praesumpserint, pro unoquoque decimo "Lian" puniantur viginiti ictuum flagelationibus..."[35]

Exceptio de possessionis incapacitate non datur prolibus; datur vero exceptio de incapacitate administrationis. Cum proles majores de mandato vel de consensu parentum commercium vel publicum officium extra domum paternam gererent, tunc proles de bonia suis independeter disponere possunt, sed acquirunt bona parentibus. Idcirco filii ipsi ad omnes actus dispositivos circa haec bona capaces sunt.

II. Officium prolis ad sustentandes parentes

Jus parentum in bona prolis magis in claritatem redditur, si aliquo modo consideramus officium prolis ad sustentandos parentes. Nam hoc officium si consideratur ex parte prolis est officium pietatis filialis; si vero consideratur ex parte parentum, est una consequentia naturalis juris parentum in bona prolis. Proles, sive manentes in familia paterna, sive etiam viventes in familia separata, habent semper in suis humeris officium sustentandi parentes. Doctrina de officio sustentationis uti officio ordinario prolum clare apparet in assertionibus doctorum confucianistarum. "Tseng-tse ait: pius filius serviens senioribus (parentibus) exhilabit eorum cor, non contradicet eorum

---

(34) Codex Tang, L.IV, tom.XII, a. "de comsumptione illegitima."
(35) Codex Ts'ing, L.III, tom.XIII, c. de servitio familiali, a. de comsumptione lilegitima.

sensui, recreabit eorum auditum visumque, commodabit eorum mansionem cubitumque, et cum propriis potioribus cibisque fideliter nutriet eos, pii filii tota; tota vita, inquam, non tota parentum vita, sed tota ipsius vita (filii) scilicet:..."[36] "Propter hoc sapiens princeps constituens populi patrimonium, profecto efficiet ut sursum satis ad serviendum patri et matri, deorsum sufficiat ad nutriendum uxores et liberos;..."[37]

In jure defectus sustentationis punitur cum gravibus poenis et ex alia parte officium sustentationis plures favores in jure conceduntur uti suspensio et diminutio poenarum.

---

(36) Mong-tse, L.IV, Pars.I, n.19. (Zottoli, Cursus litteraturae sinicae, Shanghai 1879, vol.II, p.505.

(37) Mong-tse, (Zottoli, vol.II, p.387.) L.I, Pars I.n. 7.

Caput VI
De Exercitio Potestatis Patriae In
Jure Sinico Vigenti

Articulus I. Principia generalia circa exercitium potestatis patriae

In capite secundo, ubi egimus de fundamento et natura potestatis patriae in jure sinico vigenti, diximus de subjecto, quod potest exercere potestatem patriam. Jus enim vigens sinicum civile tribuit aequalitatem patri et matri quoad exercitium potestatis patriae versus proles suas; tantummodo in casu discordiae inter patrem et matrem jus praefert voluntatem patris, tunc jus in filium a patre exercetur. Praeter hoc principium generale relate ad exercitium potestatis patriae adsunt adhuc alia principia quae a jure stabilitae sunt uti regulae observandae.

I. Praescriptiones contra abusus

Parentes, qui naturalem amorem versus proles habent, in exercitiis suae potestatis naturaliter de utilitate prolum excogitant; attamen propter concupiscientias accidere potest, quod parentes ratione obcaecata, suam potestatem in detrimentum liberorum convertunt. Tunc intervenit lex ad protegendos liberos et praecautiones contra hos abusus statuit.

Jus sinicum vigens in articulo 1090 ita praescribit: "Quando parentes abutuntur potestate sua versus proles, consonguinei eorum propinquiores eos moneant, vel consilium familiae hanc monitionem faciat. Si autem hanc monitionem incassum ceciderit, consanguinei illi vel consilium familiae potest petere inhibitionem partialem vel totalem potestatis patriae parentibus a tribunali competenti."

Praecautiones sunt igitur duae: monitiones et inhibitio. Monitio facienda est vel a consanguineo propinquo vel a consilio familiae. Consanguineus iste, qui officium et jus monendi habet, debet esse propinquus et superior patris vel matris: nam monitio a superiore provenit, non vero ab inferiore. Consilium familiae est illum ens juridicum quod secundum normam in art. 1130, 1131 stabilitam constitutum est. -Inhibitio potestatis potest esse vel partialis vel totalis juxta exigentiam concretam a judice definiendam; post inhibitionem tutor prolibus datur quoad ea omnia, quae a parentibus exerceri non possunt.

II. Cessatio potestatis patriae

Potestas patria suum terminum quidem habet et naturaliter cessat, quando parentes mortui sunt vel proles majores facti sunt aut matrimonium contraxerunt. De his vero cessationibus naturalibus non loquimur hic; loquimur de aliis cessationibus quae a jure positivo sinico stabilitae sunt.

1. Propter morbum; in articulo 14 jus statuit: "Qui propter morbum mentalem vel propter debilitatem nervorum incapax est disponendi res suas, inhibitus declaratur quoad actus juridicos a tribunali per petitionem conjugis vel duorum consanguineorum propinquiorum." Persona hujusmodi inhibita "capacitatem agendi non amplius habet" (art. 15) et pro suis negotiis "tutorem a lege datum (art. 1111) obtinet. Itaque haec persona non gaudet exercitio potestatis patriae, quia ipsa minori personae comparatur.

2. Propter declarationem mortis; In articulo 8 statuitur: "Persona deperdita post decem annos sine notitiis tribunal ob petitionem personae, cujus interest, mortem illius personae deperditae declarare potest; si persona est senex septuaginta annos aetatis completos habens, declaratio mortis fieri potest post quinque annos. Si deperditio interfuit in extraordinariis calamitatibus, declaratio mortis fieri potest post tres annos." Post declarationem mortis exercitium jurium illius personae habetur uti post mortem realem; idcirco exercitium

potestatis patriae etiam cessat. Tamen haec cessatio non est absoluta; nam si illa persona, de qua declaratio mortis facta fuit, realiter vivit et etiam in familiam reversus est, exercitium potestatis patriae reviviscere debet. Praesumptio enim veritati cedit. Itaque ista cessatio potius vocari debet suspensio potestatis. Si vero mors revera interfuit, tunc potestastis patriae exercitium absolute cessat.

3. Discesio parentum; potestas patria non extinquitur, nisi per causas naturales, ejus vero exercitium per causas juridicas extinqui potest; ita, mortuo patre, mater in alteras nuptias transivit, ipsa non amplius conservat exercitium potestatis patriae versus proles; quae in familia mariti mortui remanent. Idem dicendum est, quando pater, qui in matrimoniali contractu sese obligaverat in familia uxoris manere et in conditione quasi filii adoptivi, mortua vero uxore in alteras nuptias transive voluit et liberos apud familiam uxoris prioris relinquit. In his casibus prolibus tutor semper datur.

Videtur res eodem modo habenda esse, quando divortium interfuit,, et duo conjuges in alteras nuptias transiverunt. Potestas patria exercetur ab illo parente (patre vel matre), penes quem proles educantur. Nam altera pars de facto impossibilis habetur relate ad exercitium potestatis patriae in proles quae apud alteram partem commorantur.

Articulus II. De potestate patria in personam prolis

I. Acquisitio nationis

Natio hic summitur in sensu qui significat unam personam ad certam nationem pertinere (nazionalità, nationalitè, nationality). Homo jura civilia sibi vindicare et vindicata defendere non potest, nisi ad determinatam nationem pertinet, quia unaquaeque natio jura civilia eorumque defensiones suis civibus largitur. Itaque acquisitio nationis uti fundamentum jurium civilium nuncupari potest.

Jus de acquisitione nationis Sinensis praescripbit duos modos acquisitionis: modus naturalis et modus derivativus acquisitionis. Modus naturalis, quo aliquis ad nationem Sinensem pertinet, est modus qui sine positivo interventu auctoritatis publicae perficitur, suppositis requisitis. Modus acquisitionis est modus qui perficitur in determinatis circumstantiis ab auctoritate publica.

1. Modus naturalis:

"Personae sequentes (naturaliter) ad nationem Sinensem pertinent:

In momento nativitatis, pater erat Sinensis;

Posthumus, sed ejus pater quando moriebatur, erat Sinensis;

Pater ignoratur vel non habet nationem, mater vero est Sinensis;

Nascitur in territorio sinico, pater et mater ignorantur vel non habent nationem." (art. 1, jus de acquisione nationis Sinensis.)[1]

Modus naturalis acquisitionis nationis Sinensis est nativitas conjuncta cum determinatis circumstantiis vel requisitis; hae requisita sunt consequentiae illius principii generalis: liberi sequuntur conditiones personales parentum." Itaque cum pater sit de natione Sinensi, liberi nascuntur Sinenses.

2. Modus acquisitionis:

"Personae alterius nationis nationem Sinensem acquirere possut, si una de circumstantiis sequentibus intervenit:

A. datur in matrimonium cum viro Sinensi; sed si juxta legem propriae nationis mulier nationem propriam conservat adhuc durante matrimonio; haec praescriptio non applicatur;

B. nata ex patre Sinensi (illegitime) et recognita a patre;

C. pater nescitur vel non recognovit prolem esse suam; mater est Sinensis et recognovit prolem esse suam;

D. adoptata a parentibus Sinensibus in filium;

---

(1) cfr. Collectio Jurium et Decretorum vigentium, (Accademia juridica, Shanghai 1931) vol.I, tom.III, p.23, sq.

E. recepit concessionem a gubernio Sinensi acquisitionem nationis Sinensis. (art. 2, jus de acquisitione nationis.)

Ex his requisitis apparet quod in modo acquisitionis nationis potestas patria etiam magnum influxum habet, nam filii illegitimi et adoptivi parentum sinensium acquisitionem nationis Sinensis faciliter recipiunt.

II. Domicilium prolis

In jure sinico non loquitur de loco originis, loquitur vero de loco domicilii. Jus civile vigens, quod vigorem habere incepit an. 1929, statuit praescriptiones tantummodo de domicilio, nunquam vero mentionem de quasi-domicilio fecit. Videtur quod jus civile non admittit exsistentiam quasi-domicilii. Attamen in legibus de censu, quae in anno 1934 publicatae sunt et in eodem anno vigere inceperunt, expresse loquitur de domicilio et quasi-domicilio, quia praescripsit sex menses commorationis pro acquisitione quasidomicilii, prohibuit duo quasi-domicilia comtemporannea et tribuit acquisitionem quasi-domicilii civibus alterius nationis in territorio Sinensi. Non constat vero de effectibus juridicis quasi-domicilii, quia in legibus de censu nihil relate ad hoc dictum fuit. Videtur effectus admittendus esse saltem in casu, quando persona domicilium non habet, uti pro civibus alterius nationis in territorio Sinensi domicilium habere non valentibus.

Quoad domicilium prolis tam in jure civili quam in legibus de censu regula generalis est, quod proles sequitur domicilium parentum[2], quando ipsi minores sunt.

---

(2) art. 21, "persona incapx agendi vel habens capacitatem diminutam agendi sequitur domicilium tutoris legalis."

art. 1060: "Proles minores sequuntur domicilium parentum."

art. 4, n. 2, Legum de censu. (cfr. Collectio parva sex jurium, compilata ab accademia juridica, Shanghai, 1936; tom IX, p.108 sq.

Ex praescriptione generali juris relate ad domicilium prolis non clare apparet utrum parentes domicilium prolis determinare valeant. Jurisperiti generatim affirmant jus esse parentibus domicilium prolis determinandi[3]. Hoc nobis videtur esse tenendum, quia determinatio domicilii ad educationem prolis multum refert.

De domicilio filii illegitimi, attendum est domicilium matris; si vero filius a patre recognitus fuit, tunc ipse sequitur domicilium patris.   Si vero filius illegitimus neque a matre neque a patre recognoscitur, ipse comparandus est infanti exposito, qui habet domicilium tutoris.

III. Jus castigandi

Educatio puerorum sins castigatione et correptione, ne dicam impossibilis, certe semper inefficax habetur; natura, quae educationem prolum parentibus commisit, eis quoque jus medium necessarium adhibendi tribuit. Jus sinicum civile vigens potestatem castigationem infligendi parentibus expresse recognovit, quamvis cum quadam restrictione: "parentes in casibus necessariis, servato moderamine, proles castigare possunt." (art. 1085) Amplitudo hujus, potestatis sine dubio non extenditur ultra limites juris antiqui, quod prihibebat mutilationem; et castigatio infligitur sub conditionibus "in casibus necessariis et servato moderamine." Si hae conditiones non servantur a parentibus, casus habetur abusus potestatis patriae et parentes monendi sunt ab consanguineo propinquiore vel a consilio familiae.

In schemate primo juris civilis habebatur etiam alia praescriptio circa castigationem infligendam, ubi dicitur: "Parentes, qui actualiter exercent potestatem patriam, in casibus necessariis possunt per seip-

---

(3) Hu-chang-ts'ing, Jus familiale sinicum vigens, (Shanghai 1936), p.279.

sos castigare proles suas vel eas tradere tribunali ut proles in loco correptionis castigentur." (art. 1374) Traditio tribunali in jure vigenti non amplius invenitur. Si interpretatio fit secundum jus antiquum et secundum consuetudinem jus hoc adhuc sustineri potest; sed si interpretatio fit secundum spiritum juris vigentis, jus hoc parentibus negandum est, quia spiritus juris vigentis tendit ad tollendum vel restrigendum jus parentum et relinquit parentibus ea jura quae suis officiis stricte necessaria sunt.[4]

IV. Jus educandi

Jus ac officium naturale educandi proles a jure civili sinico vigenti parentibus recognoscuntur et expresse enuntiantur in articulo 1084: "Parentes relate ad proles minores habent jus ac officium protegendi, alendi atque educandi." Itaque parentes contra tertiam personam, quae jus educationis eis tollere vel restringere tentat, actionem apud tribunal competens promovere possunt.

Gubernium autem sinicum, quod reipublicanum appellatur et jura populi protegere satagit, jus educationis parentibus directe non expoliavit, sed indirecte multa obstacula interponit; nam monopolium educationis magis in diem a gubernio affirmatur, exercitium juris educationis, quod parentibus competit, semper restringitur. Tentamen imponendi obligationem omnibus pueris puellisque ad frequentationem scholae[5] potest interpretari in favorem parentum ut ipsi in adimplendo officio educationis auxilium a gubernio recipir possint; nam major pars parentum incapax proles suas educandi ac instruendi

---

(4) Tsong-hong-shiung, Jus familiale sinicum vigens, Shanghai, 1933; p.245.

(5) Leges de schola obligatoria publicata anno 1932 (cfr. Collectio omnium jurium sinicorum vigentium; compilata a ministerio lagislativa, Nanking 1935; tom. VIII.)

habetur. Sed leges, quae absolute obligant scholas privatas recognitionem a gubernio obtinere et schema educationis a guvernio propositum observare, sunt gravia obstacula, quominus parentes jus suum
educationis libere exercere valeant. Scholae privatae, quae a gubernio
non recognoscuntur, exsistere non possunt et si exsistant, documentum
discipulis de examinibus dare nequeunt; discipuli educati in schola
privata non recognita a gubernio magistros et officiales esse non
possunt. Itaque gubernium, licet directe parentes non impellit ut
proles ad determinatas scholas mittant, sed indirecte obligationem
moralem parentibus imposuit, ut scholas a gubernio recognitas pro
educatione prolum eligant.

Ex jure educandi parentes potestatem habent praescribendi libertatem prolum, quando educatio hanc praescriptionem exigit. Libertas,
quae unicuique personae a jure naturali tributa est, a jure positivo
humano recognoscitur, ejus autem exercitium a jure positivo limitari
potest pro bono communi. Jus constitutionale Sinicum, quod datum
fuit anno primo Reipublicae (a. 1912) et temporaneum vocatur, tribuit
unicuique civi Sinensi has libertates: "Cives habet jura sequentia libertatis: a) Persona civis non potest capi et in carcere teneri, nisi juxta
leges; b) Domus civis non potest perquiri, nisi juxta leges; c) Cives
habet libertatem possidendi bona et faciendi commercia; d) Cives
habet libertatem loquendi, scribendi et societatem fundendi; e) Cives
habet libertatem litteras et secreta mittendi; f) Cives habet libertatem
domicilium mutandi; g) Cives habet libertatem profitendi religionem." (art. 6)[6] Haec omnia jura, quae jus unicuique civi elargi-
tum est, competunt quidem prolibus etiamsi minoribus; attamem
proles in exercendis his juribus semper dependent a voluntate parentum, quia proles non sunt personae sui juris.

---

(6) cfr. Collectio ex jurium, compilata ab accademia juridica, Shanghai, 1931;
vol.I, p.34 sq.

Articulus III. De potestate patria relate ad electionem status vitae prolis

I. Consensus pro electione professionis

Electio status vitae secundum jus vigens sinicum libere fit a prolibus; jus quidem ex una parte non praecipit electionem faciendam esse a parentibus, ex altera parte etiam non prohibuit parentibus hanc electionem cum consensu prolis facere. Si aspiciatur finis vel ambitus potestatis patriae, status vitae habetur extra parentum potestatem; quia obligatio per totam vitam valitura a parentibus imponi prolibus non potest.

Si electio professionis a prolibus minoribus perficitur; ut effectus juridicus obtineatur, requiritur consensus parentum; nam jus non recognoscit actus minorum, nisi corroboratos a consensu tutoris legalis.

Exercitium professionis a prolibus minoribus sine permissione parentum perfici nequit. Parentes permissionem dare vel recovare in omnibus casibus valide possunt. "Si tutor legalis permissit, ut persona capacitatem diminutam agendi habens sola professionem faciat, persona ipsa minor capax est ponendi omnes actus qui ad professionem suam pertinent. Si vero persona ipsa in exercenda professione ineptam se ostendit, tutor potest revocare permissionem suam vel eam limitare." (art. 85)

II. Consensus parentum pro sponsalibus et matrimonio prolis minoris

Contractus sponsalium, qui juxta jus praeteritum a parentibus perfici debebat, in jure vigenti a ipsis contrahentibus perficiuntur: "Sponsalia a contrahentibus viro et muliere perfici debent." (art. 992) Sponsalia, quae contracta sunt juxta formam praescriptam, actionem ad damnum reparandum dant, non vero urgendam celebrationem matrimonii. (art. 995, 978) Sponsalia contrahere vel non contrahere est in facultate uniuscujusque personae; matrimonium enim in jure vigenti omnibus necessarium esse jam non consideratur. Attamen libertas, quae competit prolibus minoribus, propter impecillitatem aetatis in earum damnum converti potest, et ideo jus limitem posuit: "Persona minor in contrahendis sponsalibus tutoris legalis consensum exquirere debent." (art. 974)

Consensus tutoris legalis pro sponsalibus minorum requiritur non ad validitatem, sed ad liceitatem; id manifeste deducitur ex eo, quod jus affirmat sponsalia perfici per voluntatem duarum contrahentium. Contra sponsalia illicite contracta jus non statuit remedium parentibus, sed ex dispositione de matrimonio sine consensu parentum contracto parentes petitionem disolvendi sponsalia illicita possunt. Hoc speciatim valet, quando fides sponsalium a prole non servatur et pars altera reparationem damnorum petit.

Quaestio de consensu parentum pro matrimonio prolis minoris est aliquantisper obscura. Jus statuit de consensu parentum: "Minores pro contrahendo matrimonio consensum tutoris legalis obtinere debent." (art. 981) Agiturne de validitate vel tantum de liceitate matrimonii?

Matrimonium invalide contractum secundum jus sinicum vigens habet duas species, quae enumerantur in articulo 988: "matrimonium est invalidum, si una ex circumstantiis infra enumerandis occurrerit: 1) Si forma matrimonii in art. 982 praescripta non observata fuerit; 2) Si contra art. 983 de impedimentis consanguinitatis et affinitatis matrimonium contractum fuerit."

Enumeratio matrimoniorum invalide contractorum videtur esse taxative et extra casus in articulo commemoratos non habetur matrimonium invalidum. Sed hoc criterium non est absolutum; nam in jure sunt impedimenta, quae matrimonium non ipso facto dirimunt, sed secundum jus naturale sunt revera impedimenta dirimentia et matrimonium semper invalidum faciunt, uti impedimentum impotentiae ablutae et insanabilis et impedimentum vinculi. Impedimentum defectus consensus parentum non quidem provenit ex jure naturali, procedit unice a jure humano. Auctoritas civilis suprema pro infidelibus, suis civibus, impedimentum defectus consensus parentum, sicut vult, valide potest constituere vel ad liceitatem vel ad validitatem matrimonii. Fons effectus hujus impedimenti in jure civili est ipsum jus civile. Nunc effectus impedimenti defectus consensus parentum in jure sinico vigenti non extenditur ad dirimendum ipso facto matrimonium; etenim hoc imedimentum non comprehenditur in articulo 988, in quo declarantur impedimenta dirimentia. Effectus unicus a jure huic impedimento concessus consistit in hoc: "Si matrimonium initum fuerit contra praescriptum articuli 981, tutor legalis habet jus petendi a tribunali disolutionem hujus matrimonii. Jus vero petendi cessat post sex menses a die cognitionis rei, cessat etiam post annum matrimonii vel post conceptionem."

Impedimentum defectus consensus parentum confert igitur parentibus jus petendi dissolutionem matrimonii et ista petitio, probato defectu consensus, a tribunali frustrari non potest. Nunc vero quaerendum est utrum matrimonium ab initio fuerit validum sed illicitum an etiam invalidum. Si matrimonium ab exordio jam fuerit validum, quomodo postea a petitione parentum dissolvendum sit.

Si consideramus unasimul jus matrimoniale sinicum vigens et mentem legislatoris, debemus affirmare matrimonium sine consensu parentum contractum ab initio fuisse validum ob rationes supra expositas. Matrimonium vero validum postea dissolvi potest, quia legislator sequens opinionem modernorum indissolubilitatem mattrimonii non admittit et propterea divortium in jus vigens introduxit. Effectus hujus impedinenti directe non dirigitur ad matrimonium sed ad defensionem juris parentum. Parentes jus habent imponendi consensum suum pro matrimonio prolis minoris; cum hoc jus violatum fuerit, lex dat parentibus actionem ad vindicandum suum jus et ad reparandas injurias sibi illatas. Jus parentum non vindicatur et injuriae illatae non reparantur, nisi matrimonium, quod est causa omnium malorum, destruatur; ergo matrimonium ad petitionem parentum dissolvendum est. Lex limitem parentibus imposuit, ne matrimonium prolum semper incertum remaneat. Limites sunt tres: transitus sex mensium post cognitionem matrimonii, transitus unius anni post matrimonium et conceptio. Terminus a jure status pro cessatione juris petendi dissolutionem est tempus continuum, quia jus non dicit tempus non currere, quando parentes jus petendi prosequi non valent.

Articulus IV. De potestate patria in bona prolis minoris

Bona familiae et bona, quae prolibus ex labore suo acquirunt, sunt bana parentum et de his bonis jus parentum est plenum, scilicet jus proprietatis.

In jure sinico antiquo proles nulla bona propria possidere poterant, neque titulus peculii dabatur eis; in jure vero vigenti prolibus minoribus concessio fit ut ipsae bona propria habere valeant. "Bona, quae prolibus minoribus ex heraeditate, vel ex dono, vel ex titulo gratuito proveniunt, sunt propria prolum." (art. 1087) De potestate patria in haec bona prolis nunc tractamus. Jus vigens parentibus duo jura tribuit in bona propria prolis: jus administrationis et jus fructum percipiendi.

1. Jus administrations. Parentes in bona propria prolis minoris jus et officium administrationis habent: "Propria bona prolum a patre administrantur; deficiente patre, a matre." (art. 1088, parag. 1) Pater igitur, vel mater in his bonis disponendis prolem minorem repraesentat et agit nomine prolis; proles vero ipsa sola sine consensu patris vel matris (juxta casum) bona propria disponere non valet. Parentes in administrandis his bonis curam diligentiamque adhibere ordinariam debent, sed obligati non sunt ad observantiam praescriptorum de administratione bonorum pupillorum a tutore dato administranda. Jus praescribit ut tutor datus ante susceptionem administrationis unacum delegato consilii familiae inventarium omnium bonorum conscribat (art. 1099), rationem administrationis unoquoque anno consilio familiae reddat (art. 1103), de bono immobili pupilli disponat, audito consilio familiae (art. 1101) et bona pupilli per cessionem recipere nequat (art. 1102). Hae praescriptiones non applicantur parentibus administratoribus bonorum prolis, nam jus expresse exempsit avum et aviam ab his oneribus, quando ipsi tutores neptis dati sunt; ideoque a fortiori parentes exempti sunt ab his praescriptionibus. Attamen parentes in administratione bonorum prolis omnino liberi non sunt, scilicet non possunt disponere bona prolis semper secundum propriam voluntatem, nam jus statuit: "attamen parentes prolum bona propria disponere non possunt, nisi in utilitatem prolum."

2. Jus fructum percipiendi. "Parentes de bonis prolum propriis usufructum habent; attamen parentes prolum bona propria disponere non possunt, nisi in utilitatem prolum." (art. 1088, parag. 2) Jus usufructus parentibus concessum non habetur uti remuneratio administrationis, sed potius uti quoddam exercitio potestatis patriae. Postea jus hoc justum est, quia proles minores a parentibus sustentationem recipiunt, ideo ad suam sustentationem et etiam ad comsumptum educationis, in quantum possunt, conccurrere debent.

Quaestio a jurisperitis movetur circa bona prolis majoris in familia paterna adhuc degentis. Parentes jura administrationis et usufructus in bona prolis majoris exercere valentne vel non? Plures doctores negant jus administrationis et usufructus a parentibus exerceri posse in bona istius prolis majoris. Ratio est, quia proles major plenum exercitium suorum jurium jam habet.[7]

Attamen distinctio facienda est inter jus administrationis et jus usufructus. Jus enim administrationis est in auxilium prolis minoris, quae capacitatem diminutam in agendo habet. Proles major capax habetur ad exercendum jus suum et normaliter adaptus etiam invenitur administrationi. Idcirco non est ratio cur jus administrationis paren-

---

(7) Fu-chang-ts'ing, Jus familiale sinicum vigens, Shanghai, 1936; p.284.

tibus vindicatur. Jus autem fructus percipiendi de bonis prolis non connectitur cum aetate prolis, sed cum remanentia prolis in famila parentum, quia proles sive minor sive major in familia paterna remanens sustentationem et comsumptum educationis de bonis familiae idest de bonis parentum recipiunt et ideo ad hanc sustentationem et comsumptum educationis conccurrere semper obligata est. Itaque parentes jus usufructus etiam in bona prolis majoris in familia paterna remanentis exercere possunt.

Conclusio

Post sex capita, in quibus potestas patria explicatia est quomodo se habet in jure canonico et in jure sinico antiquo vigentique, nobis licitum jam est quandam comparationem instituere.

I. Fundamentum et natura potestatis patriae

Fundamentum potestatis patriae ejusque natura in jure canonico, servata semper supernaturalitate Ecclesiae, adhaerent juri naturali et correspondent necessitati prolis. Potestas patria remote fundatur in generatione, proxime vero fundatur in officiis naturalibus sustentationis educationisque. Finis igiutr hujus potestatis exsurgit ex suo fundamento et principaliter in bonum prolis ordinatur; per finem suum potestas patria mensuratur et habet ambitum in determinato tempore minorennitatis prolis et in determinatis objectis ad officia naturalia parentum referentibus. Ambitus potestatis parentum ad res spirituales non extenditur et si aliquid habet in hoc campo, obtinet ex begnigna concessione Ecclesiae.

Jus sinicum antiquum, principium morale-mysticum de unitate genitorum et geniti sequens, fundamentum potestatis patriae in generatione remote reponit, proxime autem reponit in unitate exsistentiae prolis cum exsistentia parentum, quatenus existentia prolis est pars et continuatio exsistentiae parentum. Ex fundamento deducitur, quod finis potestatis, parentum est in bonum parentum et ambitus potestatis parentum ad totam exsistentiam prolis extenditur. Differentia inter conceptum juridicum catholicum et conceptum sinicum confucianum de potestate patria elucida est et ab omnibus percipitur. Veritas vero in Ecclesia Christi unice et indefectibiliter invenitur; propterea doctrina catholica habetur uti criterium, secundum quod doctrina confuciana perpendenda est. Fundamentum remotum tam in jure canonico quam in jure sinico antiquo consistit in generatione, qua parentes exsistentiam proli communicant et insimul jus in eam acquirunt. Fundamentum autem proximum, quo jus parentum per generationem in prolem acqusitum in speciem determinatur, non potest consistere in unitate exsistentiae parentum et prolis; nam existentia prolis post generationem ab existentia parentum non amplius dependet et ad eam non ordinatur. Itaque unitas neque realiter neque juridice exsistit, exsistit quaedm unitas moralis inter affectus, quae unitas fundamentum potestatis patriae esse non valet. Ex erroneo fundamento erroneus finis ac ambitus deducuntur, quia ex naturali jure potestas patria non sese extendit ad omnes actiones prolis.

Jus sinicum civile vigens, traditione juridica abjecta, conceptum juridicum occidentale recepit et sic relate ad fundamentum et naturam potestatis patriae sat propingue accdeit ad jus canoicum, quia ponit jus vigens civile potestatis patriae fundamentum in generatione et in officiis sustentationis et educationis. Attamen legislator propter facilem propensionem ad recipiendum conceptum occidentale liber omnino non est ab erroribus. Qui errores praesertim in duobus punctis manifestatur: primum in concentratione excesiva potestatis in Statum uti in monopolio educationis; secumdum in absoluta aequalitate mulieris cum viro. Ex primo errore jus civile vigens tendit ad restringenda jura parentum; ex secundo errore aequalitas matris et patris in exercitiis potestatis patriae. Contra tendentiam emancipationis erroneae mulieris Primum Concilium Sinense (habitum 1924 in civitate Shanghai) suam damnationem pronuntiavit: "Emancipationem, quam vocant, mulieris Concilium prorus reiicit, quia vinculum sanctitatemque familiae dissolvit, quae est seminarium reipublicae et maximum populi sinensis praesidium. Restituendam vero mulieribus dignitatem, cessante concubinatus ignominia et sponsalium servitute, Concilium alte proclamat. Utique sarta tectaque sit auctoritas patris matrisque familiae sed sensu christiano temperata atque honestata."[1]

---

[1] Primum Concilium Sinense (an. 1924) ed. Shanghai Zi-ka-wei 1930, p.87. L.II, tit.XLV. n.208.

II. Effectus juridici potestatis patriae

proles in jure canonico dispescitur in minorem et majorem; proles major habetur extra potestatem parentum, proles minor sub potestate patria manet. Unaquaeque subjectio effectus juridicos importat, praesertim subjectio prolis est quoad voluntatem. Parentes auctoritatem suam in voluntatem prolis exercent, ipsi prolem in agendo repraesentant, voluntatem prolis integrant eamve confirmant. Proles minor, quatenus non est persona sui juris, incapax agendi vel dependens a voluntate parentum habetur. Incapacitas agendi prolis minoris in jure canonico generaliter affirmatur, execeptis iis casibus a jure statutis.

Jus sinicum antiquum, cum fundamentum potestatis parentum in unitate exsistentiae prolis cum exsistentia parentum posuisset, effectus parentum potestatis ad totam vitam prolis extendit, quia jus praescripsit cohabitationem prolum cum parentibus et jussit absolutam subjectionem prolis parentibus. Proles igitur tam major quam minor in agendo semper dependent a voluntate parentum. Hoc est aliquid nimis contra naturalem capacitatem agendi prolum.

Jus sinicum vigens effectus juridicos potestatis parentum ad determinatos terminos reduxit et proponit in hac regula: parentes sunt tutores legales prolis minoris. Persona minor secundum jus in agendo dependet a voluntate tutoris legalis et per seipsam solam invalide agit. Sed incapacitas agendi minorum non est universalis in omnibus actionibus, quia jus excepit actiones, quae secundum aetatem et statum prolis ad vitam necessaria sunt et actiones, quae ad acquisitionem favorum simplicium a lege concessorum ordinantur. Effectus juridici igitur potestatis patriae habiti in jure sinico vigenti si comparantur cum effectibus in jure canonico habitis, conveniunt in principiis et differentiantur in applicationibus propter specialem naturam Ecclesiae.

Una pars effectuum juridicorum a jure sinico statutorum influxum in jure canonico etiam exercet et est circa contractus prolis minorum, quia jus canonicum in contractibus praescriptiones civiles recipit, nisi jus canonicum aliud specialiter cautum sit vel jus civile aliquid contra jus divinum statuerit. Jus sinicum praescripsit, quod minor proles in contractibus a potestate parentum dependet et contractus, qui a prole sola initus fuerit, validitatem recipit post ratihabitionem parentum. Hae praescriptiones aliquid contrarium juri divino sive naturali sive positivo non continent.

III. Potestas patria in personam prolis minoris

Persona prolis minoris subjicitur parentibus. Haec subjectio manifestatur in diversis negotiis juridicis. Proles minor sequitur conditionem personalem parentum, ita jus canonicum statuit proles in baptiamo sequi ritus parentum; proles minor sequitur domicilium parentum, hoc habetur etiam in jure canonico; proles minor est sub potestate parentum relate ad ea omnia ad educationem pertinentia, ita in jure canonico habtur prohibitio baptismi infantis infidelium sine consensu parentum et vindicatur parentibus jus ad eduncandos liberos suos.

In jure sinico antiquo persona prolis totaliter est subjecta parentibus; parentes igitur jus habent utendi persona facultatibusque prolis ad suam utilitatem et jus sibi vindicant castigandi proles, infligendo punitiones physicas. Limites quidem habentur in exercitiis hujus juris parentum, quia jus prohibuit occisionem, venditionem et prostitutionem prolis. Tamen excessus semper datur in affirmando hoc jure parentum in personam prolis. Etenim persona prolis subjicitur parentibus, in quantum necessitas protectionis et educationis exigunt, non vero subjicitur, quia est res parentum etsi salvetur natura humana.

Jus sinicum vigens saevitiam juris antiqui mitigavit et statuit subjectionem personae prolis parentibus in deteminatis rebus. Proles sequitur nationem parentum eorumque domicilium; proles in casibus necessariis a parentibus castigari potst; proles quoad educationem plane a parentibus dependet. haec subjectio ab auctoritate humana negari non ptoest sine offensione ad jus naturale.

IV. Potestas patria ad electionem status vitae prolis

De jure naturali est quod electio status vitae a proli minori independenter a voluntate parentum valide fieri potest, sed generatim illicite, nisi rationabilis causa prolem a petitione consensus excusaverit. Libertas electionis status vitae speciatim in jure canonico vindicatur prolibus, propter sanctitatem status religiosi et clericalis et propter etiam sacramenti dignitatem matrimonii. Consensus parentum requiritur ad liceitatem horum statuum electionis, non vero ad validitatem.

Jus sinicum antiquum maguam injuriam libertati naturali prolis commissit, ipsum enim statum vitae esse modum vivendi considerat et electionem status vitae totaliter sub potestate patria ponit. Difficultates et mali effectus speciatim ex matrimonio coacto nascebantur et molestias innumerabiles Missionariis creabant. Hi excessus potestatis patriae a jure vigenti jam abrogati sunt, sed propter suam profundam radicem in consuetudine statim cessare non possunt. Propterea prudentes praescriptiones circa matrimonium a Primo Consilio Sinensi datae sunt.

"Conventiones a parentibus factas de matrimonio futuro filiorum sive infantium sive saltem impuberum sed insciorum, eo quod sint vere perniciosae, semper prorsus reprobavit et detestata est Ecclesia. "Hinc graviter monendi sunt fideles ut, relicto iniquo patriae more desponsandi filios in infantili aetate, Ecclesiae regulis sese omnino comforment." (Syn. Sutchuan, an. 1803, C/IX, III)

"Quod ad filios puberes attinet, prohibendi sunt parentes ne, absque eorum consensu, pro eis praesumant inire sponsalia. Hae sunt pro utroque foro irrita."

"Missionarii ne se immiscant intempestive negotiis sponsalium et matrimoniorum, et nihil aliud curent nisi in his contrahendis leges Ecclesiae sedulo serventur. Valide cauti sint ne indiscriminatim suadeant puellis, quae fidelibus olim validis ratisque sponsalibus in matrimonium fuerint promissae, ab istis sponsalibus resilire, eo solo praetextu quod virginitatem servare velint. Multa enim et saepe gravissima incommonda, sponsalibus ressolutis, evenire solent tum missionario, tum christianis, qui sponsalium dissolutionem admiserunt. Satius est igitur utramque partem, in hoc casu, suae libertati prorsus relinquere."

"Ne facile missionarii audiant puellas quae, more patriae jam sponsatae, contendunt se, ut volunt et sine ullo onere, rescindere sua sponsalia, eo quod non ad normam can. 1017 inita fuerint, moneantur igitur illae puellae, et praesertim earum parentes, quod, etsi ex hujusmodi sponsalibus non datur actio ad petendam matrimonii celebrationem, datur tamen ad reparationem damnorum, si qua debeatur, secundum legitimas regionis consuetudines."[2]

"Prohibendum est" ne puellae desponsatae, cujuscumque aetatis, in domum sponsi recipiantur inuptae, ut scandalis via praecludatur, atque ea innumera praepediantur peccata, quae diu familialiterque versantibus sponsis inter se impossibile fere est non evenire." (Syn. Sutch. an. 1803, CIX, IV.) Missionarii licentiam super hoc nunquam concedant, nisi meliori modo quo fieri poterit, provissum fuerit, ut occasio proxima peccandi omnino amputetur. Haec enim, cum sit ex se peccaminosa, ne quidem vitandi majoris mali cusa unquam licet. Cum ad benedictionem nuptialem devenietur, attendat missionarius ut plena libertas sponsae reliquatur in consensu dando; nec matrimonio benedicat nisi moraliter certus sit de consensu puellae; in casu dubii consulat Ordinarium."[3]

Conceptus de necessitate matrimonii post propagationem Budismi et constitutionem Taoismi in Sinis sensim mutationem subivit, eo quod Budismus vitam monachismi indiani in Sinis plantavit et Taois-

---

(2) Primum consilium Sinense (Shanghai, Zi-ka-wei 1930); L.III, tit. VII, art. 381, n.1,2,3,4.
(3) Primum Concilium Sinense, (ut in nota prima) art.382, n.1,2.3.

mus ad imitationem Budhismi suos conventus religiosos fundavit. Cun vita monastica incompatibilis habetur statu matrimoniali et monachus votum castitatis proferre debent, consideratio virginitatis apud populum sinensem paulatim diffundebatur et eo usque ut status virginitatis in societate magis quam status matrimonialis exsistimaretur. Ad hoc probandum sufficit notare factum; quando imperator U-ti dynastiae Tcheou septentrionalis (circa an. 584 P.C) persecutionem contra Budhismum movit, tria millia millium religiosi budhisti diversi sexus in saeculum redire coacti sunt.[4] Dynastia Tang, cum praeoccupationem de nimia multitudine religiosorum budhistarum et taoistarum concepisset, leges reservandi vestitionem religiosam publicae auctoritati tulit, quae legea in codicibus dynastiarum subsequentium etiam inveniuntur.[5]

Cum missiones catholicae tandem in Sinis incepissent, opus principale, quod in corde omnium Missionariorum erat et est, consistit in formatione cleri Sinensis. Pro hoc opere missionarii campum ideologicum jam praeparatum invenerunt et de numero vocationum multas difficultates haud habuerunt. Incommodum vero non omnino potuit deesse, quia excogitatio de continuatione familiae in mente populi semper remanet. Primum Concilium Sinense hoc statuit: "Sanctuarii alumni non solum ex humilioribus societatis condicionibus colligantur, sed etiam ex familiis quae splendore natalium aut publicis muneribus aut copia rei familialis conspicuae sunt. Impellendae sunt hae familiae ut filiorum vocationibus obsecundent, consciae quantum coram Domino meriti lucrifacturae sint, et quanam gloria, ex regali christiano sacerdotio, sint semetipsas honestaturae."[6]

Jus civile sinicum vigens a parentibus jus determinandi statum vitae prolis abstulit et speciatim relate ad matrimonium omnia ligam-

---

(4) Chang-wei-chiao, Historia Budhismi in Sinis, (Shanghai 1933), v.I, p.38.
(5) Codex Tang-L.IV, tom.XII, art.de vestione privata.
(6) Primum Concilium Sinense, (Shanghai Zi-ka-wei) L.IV, tit.IV, n.654.

ina juris antecedentis agrogavit. Tamen quoad matrimonium jus vigens aliud ligamen constituit, nam matrimonium sine consensu parentum contractum ad petitionem eorum dissolvendum est a tribunali competenti. Indissolubilitas matrimonii est de jure naturali et omnes sive fideles sive infideles obligat. Itaque peccatum, etsi materiale tantum, multiplicatur in hac materia, quia primum matrimonium sine consensu parentum valide contractum excludit aliam quancumque conjungationem matrimonialem. Nunc vero, cum hoc patrimonium ad petitionem parentum dissolutum fuisset, proles in alteras nuptias transeunt et sic semper vivunt in concubinatu, etiamsi sine conscientia de hoc peccato. Postea quaestio potest causare gravem difficultatem neobaptizatis. Nam si unus ex istis antea primum matrimonium propter petitionem parentum dissolvit et secundum matrimonium contraxit et nunc vivit cum secunda muliere, quae tamen baptismum recipere non vult nec cum viro cohabitare recusat.

V. Potestas patria in bona prolis

Jus canonicum de bonis prolis non loquitur, nisi relationes speciales inter bona et jura Ecclesiae exigunt. Sed ex dispositionibus de bonis novitii vel professi mens Ecclesiae est ut proles bona propria habere possint.

Jus sinicum antiquum propritatem privatam non concedit prolibus, non quia jus proprietatis negatur, sed quia capacitas possidendi prolibus non datur.

Jus sinicum civile vigens facultatem possidendi bona propria prolibus minoribus etiam concedit sub aliqua dependentia parentum. Conflictum inter praescriptiones juris canonici de bonis novitii, de testamento in favorem causae piae et praescriptiones de capacitate prolis minoris quoad bona sua exsurgere potest. Jus canonicum praecepit ut novitius ante professionem simplicem administrationem et usufructum boni proprii disponere, jus vero sinicum statuit administrationem et usufructum bonorum prolis minoris ad parentes pertinere ideoque proli minori capacitatem libere cedendi administrationem et usufructum negat. In hoc casu, sicut diximus in pag. 208, cessio prolis vigorem recipit, quando ipsa major facta est. Pro testamento in favorem causae piae conficiendo jus canonicum expresse statuit requiri tantum capacitatem naturalem et non prohibitionem ecclesiastican, ideo proles minor post usum rationis testamentum de bonis suis in favorem Ecclesiae facere potest; jus vero civile sinicum vigens pro testamento conficiendo in art. 1186 statuit: "Persona incapax agendi testamentum conficere non potest. Persona capacitatem diminutam agendi habens sine consensu tutoris legalis testamentum conficere potest, sed ante sexdecim annos aetatis completos persona testamentum non potest conficere." Pro testamento a prole minori supra sexdecim annos aetatis facto non habetur difficultas; pro testamento a proel infra sexdecim annos aetatis facto in favorem Ecclesiae oppositio haberi potest a parte parentum vel consanguineorum. Sed in his casibus jus canonicum semper attendum est et consanguinei vel parentes monendi sunt ut testamentum valide conditum in exsecutionem mandetur.

VI. Modestissimum nostrum hoc studium

Deo adjuvante propitianteque Maria, per scapulosas vias ad finem devenit tandem. Fatemur sincere multas imperfectiones pluresque obscuritates desse non posse tam in ordine expositionis quam in collectione materiae. Hic infelix defectus provenit partim ex pennuria fontium juris sinici antiqui, partim ex adaptatione methodi occidentali ad explicandum jus sinicum vetus. Studium hoc fit Romae, in qua urbe, licet biblithecae antiquis pretiosissimisque voluminibus locupletantes sparsim inveniantur, fontes juris sinici antiqui magna paupertate laborant. Paupertas haec adhuc acrescit, quando comparatur cum immensa quantitate materiarum, quas jus sinicum per tot saecula cumulavit. Additur iterum huic pennuriae altera pennuria, quia usque nunc non adfuerunt auctores, qui studia systematica de jure antiquo sinico fecerunt.

Conati sumus in hoc studio, in quantum vires nostrae permisserint, quaestiones circa patriam potestatem ordinatim procedere et omnia scientifice absolvere.

Deo Gratias!

Bibliographia

I. Pro parte juris canonici

Fontes:

1 . Corpus juris canonici academici auctore Christianae Henr. Freileen, Pragae, 1728.
2 . Fontes juris canonici, Card. P. Gasparri, Romae 1928.
3 . Collectanea S.C. de Propaganda Fide.
4 . Primum Concilium Sinense (anno 1924) (ed. Shangai 1930).

Auctores:

1 . Jac. A. Zallinger, Institutiones juris naturalis et juris canonici, Romae 1832.
2 . Fr. Schmalzgrueber, Jus canonicum universale, Romae 1844.
3 . Th. Sanchez, De matrimonio sac. Disputationes, (Venetiis) 1618.
4 . Zegeri Bernardus Van-Espen, Jus eccles. universale, Napoli 1766.
5 . De Smet, De sponsalibus et matrimonio, (Brugis 1927).
6 . Wennez-Vidal, Jus canonicum, Romae.
7 . Gommarus Michiels, Principia de personis in Ecclesia, 1932.
8 . Philippus Maroto, institutiones juris canonici, Romae ed. III.
9 . B. Ojetti S.J. Commendarium in Codicem J.C., Romae 1928.
10 . F.M. Cappello, S.J. Summa J.C., Romae 1932.
11 . J. Chelodi, Jus de personis, Tridenti 1932.
12 . Alb. Toso, Commendaria minora ad Codicem J.C., 1932.

13. Vermeersch-Creusen, Epitome J.C., Brugis 1933.

14. Marianus De Luca S.J. Preaelectiones juris canonici, Romae, 1897.

II. Pro parte juris sinici

Fontes:

(pro jure sinico antiquo)

1. I-li (ceremonial) S. Couvreur S.J. Hsin-Hsien 1916.

2. Li-ki, S. Couvreur S.J. Ho-kien-fu 1899, 1913.

3. Codex Tang ed. sub imperatore Tao-kuang dynastiae Ts'ing.

4. Codex Ts'ing ed. sub imperatore Tao-kuang dynastiae Ts'ing.

5. Cheng-shu-te, Inquisitio scientifica jurium novem dynastiarum, (collectio jurium antiquorum ante codicem Tang) Shanghai 1934.

Auctores:

(pro jure sinico antiquo)

1. Yang-hong-lie, Historia juris sinici, Shanghai 1933.

2. Cheng-koo-yuan, Historia juris sinici, Shanghai 1934.

3. Tchu-chiao-yang, Parva historia juris familialis sinici, Shanghai 1933.

4. Cheng-koo-yuan, Parva historia matrimonii sinici, Shanghai 1935.

5. Tchu-chiao-yang, Parva historia juris poenalis sinici, Shanghai 1933.

6. Wang-gin-cheen, Philosophia juris sinici, Shanghai 1934.

7. Andreozzi, Le leggi penali degli antichi Cinesi, Firenze 1878.

8. Ines Joli-Insabato, Lineamenti dello sviluppo del Diritto cinese, Roma, 1937.

Fontes:

(pro jure sinico vigenti)

1 . Collectio omnium jurium sinicorum vigentium, compilata a ministerio legislativo, Nanking, 1935.

2 . Collectio sex jurium, compilata ab academia juridica, Shanghai 1927, 1933.

3 . Collectio parva sex jurium, compitala ab academia juridica, Shanghai 1936.

4 . Collectio jurium et decretorum vigentium, compilata ab academia juridica, Shanghai 1937.

5 . Fr. Thery S.J. Le droit chinois moderne, Tien-tsin.

6 . Cyrillus R. Jarre O.F.M. Codex civilis Reipublicae sinicae, Tsinanfu 1934.

7 . The civil code of the Republic of China, ed. Kelly and Walsh.

Auctores:

(pro jure sinico vigenti)

1 . J. Escara Le droit chinois, ed. Henri Vetch, Peping, 1936.

2 . Lo-Hoai, La nouvelle legislation chinoise, Paris, 1932.

3 . Hu-chang-ts'ing, Jus familiale sinicum vigens, Shanghai 1936.

4 . Tsong-hong-shing, Jus familiale sinicum vigens, Shanghai, 1933.

5 . Tu-gin-san, Principia juris familialis vigentis, Shanghai, 1932.

6 . Tchou-tchiao-gin, Commentarium in jusfamiliale, Shanghai, 1932.

7 . Tsong-vu-kong, Parva commendaria in jus heraeditatis, Shanghai 1932.

8 . Hu-chang-ts'ing, Jus matrimoniale sinicum vegens, Shanghai, 1930.

9 . Li-mo; Jus vigens heraeditatis, Shanghai 1932.

10. Marc Van Ier Valk. An Outline of modern Chinese family law. (monumenta services-monograph II. Hemi Vetch-Paking, 1939).

11. Marc. Van. Ier Valk. Freedom of Marriage in modern Chinese law. monumenta serica. V. III. 1938-1939 for I.)

Fontes:

" Collection of summaries of the decisions of the Supreme Court in 3 parts, Peking 1919.

" Complete collection of the decisions of the Ta-li-yüan" Shanghai ed. IV. 1933, by Kuo Wei.

" Complete text of the interpretations of the Ta-li-yüan" Shanghai ed VII. 1933 by Kuo Wei.